暴力とエロスの現代史

戦争の記憶をめぐるエッセイ

Ian Buruma
イアン・ブルマ
堀田江理＝訳

人文書院

暴力とエロスの現代史　目次

III　政治と旅　219

暴力とエロスの現代史——戦争の記憶をめぐるエッセイ

序文

よく言われる。「あなたは本当に沢山のことについて書きますね」と。たぶん好意的に言ってくれているのだろう。それで私も褒め言葉として受け取ることにしている。しかし果たして多くの題材について書くことが、そんなに大したことなのだろうか。限られた話題でも深く掘り下げることは可能だし、それはそれで重要なはずだ。私の比較的広い守備範囲は、自分の好奇心や飽きっぽい性格を反映した、あくまでも自然の結果だと考えている。

私が興味をそそられる話題は確かに多岐にわたっている。だが同時に、自分にはいくつかの気がかりで情熱を感じるテーマがあることも確かだ。私はまるで犬がお気に入りの木で用足しするように、結局それらのテーマに引き寄せられ、戻ってくる（ドイツ語の似たようなあまり有り難くない表現が、好事家を表す「小便野郎」だ。そこここで所構わず用を足すということに由来している)。だが、なぜ自分がそのようなテーマに惹かれるのかを考えるのは、有益だと私は思わない。自己分析が過ぎれば自意識過剰を生む。それは書き手として必要な言葉の源泉を、自ら枯らすことになりかねない。

確実に言えることは、いくつかの個人的な興味が、このエッセイ集にある一定の性格を与えているということだろう。第一の興味に「何が人間を残虐行為に駆り立てるのか」という問題がある。動物は食糧として他の動物を殺す。ライバルを蹴落とすためならば、同種でも標的になる。だが人間だけが、時には悪意に満ちた快楽のために、極端でしばしば無意味な暴力行為をやってのける。

なぜそれが気になるのかと言えば、私が多くの人々と同様、暴力を恐れるからだろう。よって、おそらくはじめから合理性などない暴力行為にも理由を見つけようと、不合理な努力をすることになる。世の中には恐怖の対象から目を背けることで恐怖に対処しようとする人もいる。だが、私の傾向は正反対だ。ニューヨークの地下鉄で、ふてぶてしく太ったドブネズミが線路を這い回っているのを見つけたら、私はそれから目を離せなくなる。大嫌いな物に魅了されてしまうのだ。

他の形態の恐怖についても同じだ。「恐怖」と「魅惑」は戸惑うほどの至近距離に存在している。私は悪魔を信じない。邪悪な行為は、しばしば良いことをしていると自分に言い聞かせ、それを信じているタイプの人間によって行われる。一九四三年にポーゼンで、ハインリッヒ・ヒムラーがナチス親衛隊（ＳＳ）将校を相手に、ユダヤ人を「根絶する」することは「祖国への愛」のためだと演説した時、たぶん彼は本気だったのだろう。自分の権力に酔っていたことは確かだろうが、彼が本質的に邪悪であることを望んでいたとは思わない。

ヒムラーはサタンではなく、狂気の殺人的ファンタジーを実践する手段を持った、とても嫌な人間だった。そして彼には何百万人もの汚い仕事をやってのける手下がいた。流血を好んだからか、または順応主義で命令に従ったのかは人それぞれだろうが、それらの殺人者の中には、別の環境におかれればごく普通で、一匹のハエさえも殺さないような人もいたのだと思う。

私は第二次世界大戦の終結から五年後、ナチスの占領を経験した国であるオランダに、ドイツの工場で強制労働を強いられたオランダ人の父親と、ユダヤ系イギリス人の母親のもとに生を受けた。そんな出自は幼い私に、自分がまるで道義的優位に立っているかのような錯覚をもたらした。「自分は善人の間に生まれたのだ」「悪者はドイツ人だ」というように。「善」と「悪」の境界線がそこまで明確に引けないことがわかったのは、もっと後になってからだった。やがてドイツによる占領下、ヨーロッパの非ドイツ人も、ナチスの犯罪に積極的に加担することがあったことを認識するようになった。

戦争の影の中に育った私の世代に共通するのは、「もし自分たちが同じように過酷なプレッシャーを受けたら、いったいどのように振る舞っただろうか」という疑問に執着していることだろう。自らの命を捨てる覚悟でレジスタンス運動に参加するような勇気があるのだろうか。ひどい拷問を受けても、ずっと口をつぐんでいられるのだろうか。答えは見つからないが、私がさらに興味を持つのはもう一つの、これまた答えのない疑問だ。それは一定の状況下で、自分自身が他人に残酷な振る舞いをする可能性がどれくらいあるのかという問いだ。

一九三〇年代のドイツで、教育を受けた、文化的に非常に洗練された人々が殺人狂の独裁者を信奉し、道徳的などん底へ陥った事実は、私の好奇心を摑んで離さない。しかしその一方で、ヒトラーに従ったドイツ人たちが、とりわけ特別だったとも思わない。

この世には「永遠の」善人や悪人は存在しないのだ。だからといってシニカルに、我々の誰もが自分の中に、邪悪な、いつ飛び出してくるかわからないナチスを住まわせているとも思わないが、それでも絶対的権力を他の人間に行使するチャンスが与えられれば、多くの人間がそれを悪用するであろうことも疑わない。制限なしの権力は、しばしば道義主義的大義の下に拷問部屋に居場所を見つける。

我々が「権力」「残酷性」「死」といったテーマに恐怖を感じながらも惹かれることは否めない。それならどのようにその誘惑に対処することができるのだろうか。一つの手段として、芸術を通して疑似体験をすることが挙げられる。何も私は、すべての芸術がそのような不穏なテーマと向き合うべきだと言っているのではない。だが、私は個人的には、俗に言う「洗練された振る舞い」の下にある、何かをさらけ出すタイプの芸術に惹かれる。私が一九二〇年代ドイツの芸術を愛する理由は、まさにそこにあるのだろう。マックス・ベックマン、エルンスト・ルートヴィヒ・キルヒナー、ジョージ・グロスといったアーティストは、人間がいかに野蛮になり得るかを、第一次世界大戦の塹壕や戦後のベルリンの路上で目撃した。戦時の記憶、貧困、犯罪、道徳的崩壊で荒廃したベルリンには「どん底」の風景があり、彼らはそれを凝視しながら芸術を創造した。

第二次世界大戦でドイツの同盟国だった日本は、二〇世紀に行われた最悪の非人道行為のいくつかに関わったもう一つの国だ。そのことについては、今まで多岐にわたる説明がされてきた。日本にはキリスト教の概念である「罪悪感」が存在せず、そのため「侍魂」に歯止めがきかなくなり惨事を引き起こしたと言う人もいる。他国と境界のない地理環境が日本に極端な島国根性を育み、その倫理的基準を崩壊させたとする意見もある。

だが、それらの一般論のどれをとっても納得のいく説明にはなっていない。中国やアジア各地での日本軍の野蛮な振る舞いは、それぞれが異なる、具体的な状況下において起きたものだった。そのことは決して残虐行為の言い訳にはならないが、同時に正確に把握されるべきことでもあるのだ。

私自身が一九七〇年代に日本に暮らしたことは、その戦争とは何も関係がない。オランダの大学で何を学ぶか迷った挙げ句に私が専攻として選んだのは、何の前知識もなかった中国語と中国史だった。何やらエキゾチックな魅力があり、もしかしたら実際に役に立つかもしれないという理由で行き着いたのだった。しかしそれは一九七〇年代前半の話で、中国に関する知識を実際どのように活用できるのかは、まったくもって明らかでなかった。文化大革命はまだ続いていた。近代中国はまるで月のように遠く感じられた。中国を自由に旅することは、当時は幻想に等しかったのだ。

中国語を学びながら、やがて私は多くの日本映画や日本の演劇に親しむようになった。アムステルダム、パリ、ロンドンなどで垣間見た日本は、冒険を望む若者だった私にとって、その頃の中国よりもはるかに魅力的に映った。そして当時の文部省の奨学金を得て、日本大学芸術学部で日本映画を学ぶに至った。

多くの外国人が興味を持つ日本の武道や禅仏教などには、さして心を揺さぶられなかった。一番魅惑的だと感じた日本映画や演劇、作家などは、それが古くてもモダンでも、ワイマール共和国時代のドイツの芸術で私が好きな側面と、ぴったりとオーバーラップしている。日本人には、もしかしたら他の国の人々よりも、洗練された振る舞いの下に隠れる人間のどす黒い部分を芸術の中で表現する傾向があるかもしれない。

日本の日常生活がより厳しくややこしいルールやエチケットによって束縛されているということは、その傾向と矛盾するものではない。いや確かに二つの傾向はしっかりと繋がっているのだろう。社会の規則や掟に縛られ、他人との諍《いさか》いごとや野生の衝動を極力抑えようとすればするほど、普段は抑えられている感情を芸術として昇華する必要が生じるはずだ。日本のアーティスト、作家、劇作家は通常よりもはるかに、人間の根本的な生存意欲を象徴する「性」「エロス」そしてその延長における「暴力」や「死」といったテーマに取り組んできた。私の目にそれは「東洋的」な残酷さとか、エキゾチックなものとしてではなく、むしろ普遍的な人間性の表れとして映った。

私の日本滞在は六年間で終わった。好奇心や、惰性から忍び寄る退屈の危険が、私を他の土地へと導いて行った。香港、ロンドン、ベルリン、そしてニューヨーク。私は「アジア専門家」として見られるのを何としてでも避けたかったのだろう。私よりもさらに不案内な読者に向けて、異国の作法や習慣について説明し続けるのはまっぴら御免だった。

このエッセイ集で扱っているその他のテーマも、私の情熱を反映していると言えよう。しばしば批判的な文芸批評を読んだり、または書いたりすることは面白いことではある。しかしスーザン・ソンタグから教わったことの一つに「称賛は理知的に表現することが困難でありながら、長く生き残る」という気づきがあった。このコレクションには、私が魅了されたテーマが詰まっている。

収められたエッセイのほとんどが『ニューヨーク・レビュー』に掲載された作品だ。『レビュー』の編集長のロバート・B・シルバーズは、物書きとしての私の人生を導いてくれた恩人だ。これらのエッセイを通して、私の敬愛するアーティストや映画作家、私の心を捉えて離さなかった題材、そして善かれ悪しかれ作家としての私自身について、読者が何か感じてくれれば幸いに思う。

I

戦争、その歴史と記憶

On War and Remembrance

被害者意識、その喜びと危険性

The Joys and Perils of Victimhood

イスラエル人ジャーナリストのトム・セゲヴは、著書『七番目の百万人——イスラエル人とホロコースト（*The Seventh Million*）』の中で、イスラエル人高校生がポーランドのアウシュヴィッツや、その他の強制収容所で行っている校外学習について書いている。宗教色のない学校や反対に宗教系の学校など様々なバックグラウンドから学生が集まるのだが、その全員がイスラエル教育省の指導で、出発前に入念な研修を受ける。本を読んだり、映画を観たり、収容所の生存者に会ったりと準備に余念がない。

それにもかかわらず、ポーランドに到着すると、学生たちは一様に不安になるという。「突然気絶するのではないか」「この経験後、別の人間になるのだろうか」などという疑問が、彼らの頭をよぎるのだという。そんな不安は無理もない。何しろ学生たちは、その訪問がユダヤ人としての、そしてイスラエル人としての「アイデンティティー」に大きな影響を及ぼすことを信じて疑わずに、その経験に挑まされるのだから。

このような死のキャンプへの定期的な学習ツアーは、イスラエルの市民教育の一環として行われている。付随する明確な政治的メッセージは、以下のようなものだ。「イスラエルは第二次世界大戦のユダヤ人大量虐殺、ホロコーストの遺灰の上に設立された国家だ。もしも一九三三年にイスラエルがすでに存在していたならば、ホロコーストは決して起こらなかっただろう。イスラエルにおいてのみ、ユダヤ人は安全で、自由でいられる。ホロコーストがそれを証明した。したがってヒトラーの犠牲となった者は、実際、潜在的なイスラエル市民であり、ユダヤ人の故郷のために殉教した人々だ。イスラエル国家はユダヤ人生存の象徴であると同時に、それを保証する存在でもある」

これら一連のメッセージは、ユダヤ人が絶滅の危機にさらされた寒々しい収容所で、イスラエル国旗を掲揚し国歌斉唱することなどで、さらに顕著に表現される。しかしセゲヴが気にするのは、強制収容所訪問に独特の宗教的、または疑似宗教的な側面があることだ。彼の目にはポーランドを訪問するイスラエル人学生が、聖地以外の物がまったく目に入らない、エルサレムを訪問するキリスト教巡礼者のように映る。

学生たちがアウシュヴィッツ・ビルケナウの鉄道沿いを行進する様子は「ヴィア・ドロローサ（苦難の道）」を巡礼する信心深いクリスチャンを想起させる。彼らは磔刑に処されるイエス・キリストが自らの十字架を背負い、途中、三度倒れながらエルサレム市内からゴルゴダの丘まで歩いたとされる道のりを、ひたすら祈りながら辿るのだ。そんなキリスト教信者同様、廃墟と化したガス室の前で、イスラエルの学生たちは持参した祈禱書、詩集、詩篇などから朗読する。両親がホロコースト生存者のヤフーダ・ポリケールという作曲家の歌を、ステレオで流したりもする。またある収容所の火葬場ではろうそくが灯され、学生たちが跪《ひざまず》きながら祈るのだった。

収容所「巡礼」を世俗的宗教の一形態として見る向きもある。歴史家のソール・フリードランダーはさらに手厳しく、「俗悪趣味と死の融合」と呼んだ。私自身、一九九〇年にただ一度だけアウシュヴィッツを訪問した際に、俗悪趣味の感情のるつぼに自分自身が引き込まれるのを感じた。ここで言う「俗悪趣味」というのは、何も華美やケバケバしさを指しているのではない。「場違い」で「見当違い」な感情といった意味で使うのであって、それは概して「不適切」という表現に集約できるかもしれない。

私はホロコースト生存者の子供ではない。母はユダヤ人であっても、それ以前に生粋のイギリス人であり、ロンドンっ子であった。ごく近い親戚でナチスに殺された人はいなかった。そんな私でも収容所を訪問した際、特にドイツからの観光客の姿を見ると、瞬時に自分がいかにも道徳的に優位な立場にいる人間であるかのような錯覚を覚えた。ドイツ人の彼らは悪役で自分は潜在的な犠牲者というわけだ。ともすれば自分もここで殺されたかもしれないのだ、と。

だが、本当にそうなのだろうか。さらにグロテスクな思いが頭中をよぎった。いったい自分は、ナチスの人種政策を方向付けたニュルンベルク法のどこに当てはまるのだろうか。私は「第一級」のユダヤ人混血（ハーフ）なのか、または「第二級」のユダヤ人混血（クォーター）なのか。二人の祖父母がユダヤ人だと、完全なユダヤ人と解釈されるのか。またはおぞましい殉教の名誉に浴するためには、より多くのユダヤ人の血が体内に流れている必要があるのか。私の場合、強制移送されるとしたら、どの時点でその憂き目に遭ったのだろうか。

そんな独りよがりの不健全な夢想をしていた私だったが、突然、現実に引き戻された。目の前にはアメリカン・インディアンの衣装を身に纏《まと》った長身の男性に続いて、日本人、ドイツ人、その他様々な国籍と思しき若者たちがタンバリンを叩きながら、世界平和について声高に祈禱する姿があった。こんな状況のすべてが、プリーモ・レーヴィの言う「忘却の恐怖」からかけ離れているように感じられる。アウシュヴィッツのSS将校が、ユダヤ人収容者に投げかけた最も残酷な罵りの一つに、「もしも生き残ったとしても、誰とてお前らの身に起こったことが本当だとは信じないだろう」というものがあった。

その将校はもちろん間違っていた。収容所での苦しみを想像することはできないが、我々はそれが起こったということを信じる。そしてユダヤ人の長い苦難の歴史の中でも最も最近に起こり、最も恐ろしいそれらのエピソードを、我々が忘れることはない。その歴史は積年で風化されるどころか、増大する様相さえ見せている。年毎にホロコースト関連の博物館や記念碑が建てられ、映画やテレビドラマは興行収入の記録を破っている。朽ち果てた兵舎は綿密に修復され、記念館や映画のセットと化した収容所には、ますます多くの人々が見学に訪れる。

奇妙なことにユダヤ人大量虐殺は、非ユダヤ人にも多大なインスピレーションを与えてきた。国家であれ、宗教、民族、性的少数派などであれ、ほとんどすべてのコミュニティーにおいて不平不満がくすぶっているのだろう。個々の少数派コミュニティーには、それぞれ不当な扱いを受けた過去がある。そしてそれぞれがその過去を公的に、儀礼的に、時には財政保障というかたちで清算してもらおうと躍起になる。それは往々にして行きすぎる。

危険なのは、何も我々が過去に注意を向けるよう求められることではない。それに向き合うことがいかに苦しくても、歴史がなければ我々は自分たちが誰であるのか、または他者が誰であるのかを理解することは不可能だろう。歴史感覚の欠如は、視点の欠如を意味する。視ることができなければ、我々は暗闇の中でつまずき、どれほどひどいことでも何でも信じるようになるだろう。だからこそ歴史は大切で、孤独のうちに悲惨に死んでいった犠牲者は、記憶されるべきなのだ。

それにチベット人など一部の少数派は、依然として迫害を受け続けている事実がある。だが警戒すべきは、多くの少数派が歴史の被害者としてのアイデンティティーを何よりもの拠り所にする、近年顕著な傾向だ。思うにそれこそがまさに歴史的視点の欠如を証明している。

時折、自分たちの被害を誰しもがユダヤ人を襲ったホロコーストの悲劇と競わせるつもりなのか、と考えることがある。イスラエルの友人はその世界的な競技を「苦しみのオリンピック」と呼んだ。ベストセラーになった中国系アメリカ人アイリス・チャンによる一九三七年の南京大虐殺についての著書に、一種の羨望のトーンを察知するのは間違っているだろうか。何しろチャンは『シンドラーのリスト（*Schindler's List*）』を監督したスティーヴン・スピルバーグのような人物に、虐殺事件を記念碑化してもらいたいと願っているのだから（その著書『ザ・レイプ・オブ・南京（*The Rape of Nanking*）』には、まさしく「第二次大戦の忘れられたホロコースト（*The Forgotten Holocaust of World War II*）」という副題がつけられている）。

チャンの論理でいけば、中国系アメリカ人にとってのアイデンティティーは、偉大な世界文明の相続人という誇りだけでは成り立たない。中国系アメリカ人は、彼ら自身のホロコーストの継承人として世界から認められることを望んでいる。インタビューでチャンは語る。見知らぬ女性読者がチャンに話しかけてきた。その人は虐殺事件について読んだことで「中国系アメリカ人であることを誇りに思えた」と、涙ながらに感謝したそうだ。自尊心や「誇り」の源としては、いささか奇妙ではないか。

そのような共同受難によって培われた「苦しみの歴史」を共同体のアイデンティティーの拠り所とするのは、何も中国系アメリカ人だけではない。ヒンズー・ナショナリスト、アルメニア人、アフリカ系アメリカ人、アメリカン・インディアン、日系アメリカ人、そしてエイズをコミュニティーの苦難のアイデンティティーとして掲げた同性愛者などもそうだろう。

ラリー・クレーマーのエイズに関する著書のタイトルは、実に『ホロコーストからの報告（*Reports from Holocaust*）』という。戦争の残酷さからは程遠い、穏やかで豊かな社会に育った一〇代、二〇代のオランダ人でさえ、第二次世界大戦中のドイツ軍占領下の自国民の苦難の歴史を、自分たちのアイデンティティーとすり替える傾向がある。二〇世紀以前の歴史は不必要とされてカリキュラムから事実上排除されているのだから、オランダでそのようになってしまったのもさして不思議ではないだろう。スピルバーグの名前が出たことも、もちろん驚くべきことではない。というのも、人々が歴史上の受難を追体験するのに、ハリウッド映画はうってつけのメディアだからだ。

オプラ・ウィンフリーが映画『愛されし者（*Beloved*）』で奴隷役を演じた際、セットで倒れて震えが止まらなくなった経験をインタビューで語っている。「生《なま》の経験をした気がして狂乱状態に陥ったの。私を変えた瞬間だったわ。毎日さらされる虐待、暴力、畑仕事のような肉体的な苦痛は「自分が自分の命を所有できない」という気づきに比べれば、大したことがないと悟ったの」。さてここで思い出してほしい。これはすべて映画撮影での話だ。

私は何も他人の苦しみを軽視することを推奨するのではない。中国で日本軍が無数の犠牲者を出した南京大虐殺は、もちろん痛ましい出来事だった。アフリカや中国で奴隷として取引された無数の男女の残酷な人生や暴力的な死は、決して忘れられてはならない。オスマン帝国におけるアルメニア人の大量殺戮は否定できないし、多くのヒンズー教徒の命やヒンズー寺院が、イスラム教の侵略者によって破壊された歴史もある。

女性や同性愛者も差別を経験してきた。一九九八年、ワイオミング州のララミーで起こった、同性愛者の大学生殺害という事件は、まだまだ過酷な差別が存在することを明らかにした。そしてコロンブスを大量殺人犯と呼ぶのが正しいかはわからないが、アメリカン・インディアン人口がアメリカ大陸「発見」によって激減したことは、否定できない事実だ。

これらすべては正しい指摘であり、集団受難が起きたことを端から否定することが「歴史の再検討」だと勘違いするのは甚だ危険、かつ愚かである。しかし、文化的、民族的、宗教的、あるいは国家的な共同体のアイデンティティーを、感傷的な、過去の犠牲の記憶に基づいて形成することは疑問視されるべきだ。なぜならばそのような態度は近視眼的歴史観を生み、極端な場合は、復讐心をも生むからだ。

なぜこんなことになったのだろう。なぜ多くの人々が、受難者、犠牲者の代理人として認識されたがるのだろうか。もちろん一般的な答えはない。歴史はそれぞれ異なり、その用途もまた異なるからだ。一九世紀の国民国家ナショナリズムの多くは、それが架空であるか現実であるかにかかわらず、共同受難の記憶に頼っていた。だが、今日の「代理被害者」にとっては、ナショナリズムがまったく関係ないわけではないものの、主な原動力ではないようにうかがえる。何か他に、理由があるようだ。

第一の理由には、正真正銘の被害者の「沈黙」がある。それは必ずしも死者の沈黙だけでなく、受難を生き残った者の沈黙もある。ナチスの強制収容所を生き延びた人々が、錆びた船に乗って、すし詰めの状態でイスラエルに到着した。それらの人々のほとんどが、羞恥心とトラウマから、収容所での経験を詳しく語ることはなかった。生存者は、イスラエル建国の英雄的ナラティブの中で微妙な存在だった。弱さを象徴する彼らはまるで消されたり、見過ごされなければならない汚点とも言え、そのために彼らの沈黙がさらに深まった。

西ヨーロッパ、特にフランスでも同様のことが起こった。ド・ゴールはレジスタンス、ヴィシー派、対独協力者、自由フランス運動の参加者、ユダヤ人生存者など、戦争を生き残ったすべての人々を「永遠のフランス」という一つの傘下に収め、公式には、すべての人がドイツに抵抗したという愛国フィクションを作り上げた。ユダヤ系フランス人は戦後、再度フランス人ではない「別枠」に括《くく》られることを恐れたため、この事実とは反するフィクションに、あえて異議を唱えることはなかった。

　自国の政府に「ジャップ」として拘留された日系アメリカ人の受難は、ヨーロッパのユダヤ人のそれと比較することはできないが、それでも彼らの戦後の反応は著しく似ていた。フランスのユダヤ人のように、日系アメリカ人は喜びをもってアメリカ市民として再統合され、戦時中の屈辱を沈黙で覆うことを選んだ。中国の状況は、より政治的だった。

　一九三七年に国民党の首都だった南京を舞台にした南京大虐殺が、中華人民共和国で問題になることはなかった。実際のところ、そこに共産主義者は皆無だった。南京、上海、または中国南部のどこでも、犠牲になった人の多くは、蒋介石の統率する国民党軍の兵士だった。良からぬ階級に生まれたり、あるいは良からぬ政治的背景を持つ生存者は、毛沢東の粛清を生き残るのに必死で、共産党支配以前の日中戦争中に起こった惨事について、深く考える余裕などなかった。

　だから沈黙を破ることは、当事者世代ではなく次世代、つまり犠牲者の息子や娘たちまで先延ばしになったのだ。中国の場合、それは政治の変化とともにやってきた。鄧小平が先導した日本や西側諸国に対する改革開放政策は、民族主義の隠れ蓑に包まれて遂行された。日本資本への依存は、日本の贖罪意識を刺激することで正当化された。そのため中国共産党政府が南京大虐殺に注意を払い始めたのは、一九八二年以降のことだった。

しかし、中国の例は別として、他の次世代生存者たちは、なぜ一九六〇年代、七〇年代に多く発言するようになったのだろうか。父親をアウシュヴィッツで殺害され、ユダヤ系フランス人の歴史を誰よりも一般社会に知らしめたセルジュ・クラースフェルトのような人物の根気強さを、どうやって説明できるだろうか。

人類にとって両親を思い出すことは、普遍的な敬意を表す行為だ。だが、親が自分の身に起きた苦しみについて沈黙し、周りからもそれが認識されていない場合、子供は混乱する。黙り込む両親を思い、その沈黙を理解しようとすることが、自分自身を「こういう人間だ」と理解し、主張することに繋がる。

客観的に見れば、ユダヤ系フランス人や日系アメリカ人が戦後、静かに傷跡を隠し、普通の顔をして社会の主流に戻ることを望んだのは理解できる。だが、彼らの子供や孫たちには納得できなかった。それはあたかも自分の体の一部が、親の沈黙によって切断されたような感覚だったのではないだろうか。

自分の先祖の共同受難をユダヤ人として、日系アメリカ人として、中国人として、またはヒンズー教徒として公然と語ることは、自分は「こういう人間だ」というアイデンティティーを世間に知らしめる、一種の「カミングアウト」に値する。新世代が前世代の苦しみを自分のものにする唯一の方法は、その繋がりを何度も復唱し、公的に認めてもらうことだ。そのような承認欲求は、特に生存者世代の主流への同化願望が強く、沈黙の度合いも深い場合、次世代で激しくなる。

現代アメリカ社会において「ユダヤ人」としてのアイデンティティーが、たとえばウッディー・アレンの映画を鑑賞したり、ベーグルを食べたりすることに終始し、「中国人」としてのアイデンティティーが、エイミー・タンの小説を読んで、日曜に飲茶を食べに行く程度のことになると、「共同受難」の歴史の重みが非常に魅力的に思えるのだろう。

哲学者クワメ・アンソニー・アッピアは以前、『ニューヨーク・レビュー』誌上で、現代アメリカにおける「アイデンティティー政治」について、素晴らしい論評を展開した。移民の子供たちがアメリカ社会に根を下ろすにつれて、親の祖国の言語、宗教、神話、そして歴史は、消え去る傾向にある。そうなると、しばしば、むきになって何とかそれらを守ろうとする人が出てくる。アッピアはアフリカ系アメリカ人を含む「〇〇系アメリカ人」について、こう述べている。

「中流アメリカ人になった移民の子孫たちは、家でも英語で会話し、皆一様に、テレビで『となりのサインフェルド（*Seinfeld*）』を観ながら、中華料理のテイクアウトを食べる。ふと祖父母の世代と比べて、そんな自分たちの「アイデンティティー」がいかに希薄であるかに気づき、当惑する。そして他人が「いかに自分と違うか」を認めない限り、自分がちっぽけな存在になってしまうのではないかと、ひたすら恐れるようになる」

さらに続く。「昨今はやりの「アイデンティティー」は、失われた、より豊かな伝統に根付いた「民族」に所属する安心を穴埋めする。アイデンティティーを持てば、それだけで他者に認められ、仲間と連帯感を持てるのだ」

だが、そのようなアイデンティティーは、あまりにもソール・フリードランダーが言う「俗悪趣味と死の融合」に似通っている。「アイデンティティー」は、ますます共同受難を祀る疑似宗教的要素を含んでくる。アッピアのアメリカにおけるマイノリティーグループの分析は、女性にも適用できるだろう。

アメリカにおけるウーマンリブは多種多様なフェミニズムを生み、それを一つの「女性解放運動」として見ることは不可能だ。だが、その中でも好戦的および狂信的なタイプのフェミニストには、女性のことを「男性の餌食になった無力な犠牲者」だと自己定義する傾向が強い。それはあまりにも短絡的な歴史観であり、かえってフェミニズム促進の妨げになり得る。

そもそもアメリカにおける「少数派」や「女性」というアイデンティティーは、一般的な「国籍」では区別できないがために、何がグループの拠り所になるのかで意見が分かれ、ますます混乱を呼ぶのだろう。その一方で、アメリカで見られるようなマイノリティー問題は、グローバル化の様相を見せている。

元来、異なる国籍の人は異なる言語を話し、異なる食の嗜好、異なる歴史、異なる神話を持っているとされ、それが近代における国民国家主義的ナショナリズムの礎となってきた。だがそのようなオーソドックスな区分けは、現在、確実に曖昧になっている。というのもある程度、特に世界の裕福な国々では、人々はアメリカ化された世界におけるマイノリティーになりつつあるからだ。皆、中華料理のテイクアウトを食べながらテレビで『となりのサインフェルド』を観る。
確かにイランやアフガニスタンは、宗教の役割を復活させることに躍起になっているが、それでも宗教によって定義される国家は、ほとんどない。国家の英雄を讃え、国の継続性を宣伝するプロパガンダ的な歴史は、多文化主義を祝う歴史観に置き換えられた。ヨーロッパで古典文学は、アメリカほどではないかもしれないが、時代遅れになりつつある。イギリス、ドイツ、フランス、オランダのような国々への移民の流入とともに、自前のヨーロッパ国民国家主義の名残りは、消え去っていく。

おそらく国家共同体を団結させる、最も力強くかつ致命的な接着剤は、我々に課される、もしくは我々が選ぶ政治体制にあるのだろう。いくつかの国は、主にその政治によって定義される。アメリカはその最たる例だ。時折、君主制において、政治と宗教が結びつく場合もある。おそらく政治に非合理な要素がまったく残っていない国家などないだろう。

風習、宗教、歴史に由来する奇癖は、跡を残す。政治的ユートピアが純粋理性に基づいて確立できるというのは、啓蒙主義やフランス革命の極端な驕りだった。国家を国民の集団的意志の表現として崇拝する民族主義は、そんな驕りの一部だった。

かつては政治が宗教、地域、または人種の絆を置き換えると主張された。良い結果がもたらされることもあった。だが、それはまた大きな害も及ぼした。共産主義とファシズムという悲劇的結末を招いた二大イデオロギーは、国民国家を国民の意志の純粋な表現と見なすことが、どれほど危険であるかを証明した。いずれにしろ一七八九年にフランス国会を二分し、冷戦によってさらに悪化した左右のイデオロギー分裂は、ソヴィエト連邦の終焉とともに事実上崩壊した。

近年ではグローバル資本主義と多国間の政治の取り決めが、特に欧州において国家間の違いを、ある程度希薄なものにしている。欧州連合の場合、政治的決断はいつも国家を超越した別の場所で下されるのだから、国家システムがどのように機能しようと関係ないということなのだろう。現在のイギリスにおける「イギリス文化」に対する執着は、まさに複数の欧州機関への統合に反動するかたちで増している。

イデオロギー、宗教、国家、文化的境界線の崩壊した世界から、我々はどこに向かって歩いているのだろうか。世俗主義、国際主義、コスモポリタン主義などの観点から見れば、悪いことばかりでないようにも思える。もちろん、それは富める社会に住んでいればの話だが。国粋主義的な歴史が排除され、同性愛者がカミングアウトして社会の主流に加わり、女性が今まで就けなかった職に就き、世界中の移民が加わることで文化を豊かにし、もはや宗教政治の教義を恐れる必要がないというのは、まったくもって喜ぶべきことだ。

半世紀にわたる世俗的、民主主義的、進歩主義的な変化は、大きな成功を収めてきた。我々はやっと、非合理な民族的「心地良さ」から解放されたのだ。それにもかかわらず、ますます多くの人々が、そんな心地良さに立ち返ろうと躍起になっている。そして、その努力はしばしば「俗悪趣味と死の融合」という、似非《えせ》宗教的呪縛のかたちで現れる。

トム・セゲヴは、ホロコーストを市民宗教に変える現代イスラエルの傾向は世俗的なシオニズムに対する反発である、と主張する。かつて「新人類」と呼ばれ、イスラエル建国に貢献した社会主義者、英雄、開拓者では、新興国イスラエルの信憑性を確立するのに、不十分であったのだ。人々はますます歴史的なルーツを再発見したいと考えるようになる。だが、特に信心深くもない現代人の多くにとって、宗教と本気で取り組むことは容易なことではない。セゲヴは述べる。

「ホロコーストについて感情的かつ歴史的な意識を持つことで、人々はユダヤ史の主流の中に、自分自身を位置付けることができる。（ユダヤ教における）個人的、道義的な義務を全うせずとも、「ホロコーストの遺産」は、無宗教のイスラエル人をユダヤの遺産と向き合わせてくれる。彼らにとってそれは、（宗教をバイパスして）自分と歴史との繋がりを表現する方法なのだ」

同じことが、我々の多くについても言えるだろう。ユダヤ人、中国系アメリカ人、その他、誰であってもである。たとえばインドのヒンズー・ナショナリズムの復活は、特に中流層で強い。都市部に住む、うわべだけのヒンズー教の知識しか持たない人々にとって、イスラム教徒を憎む方が宗教に取り組むよりも、より簡単なのだ。だからインドで特異な状況が生まれる。多数派のヒンズー教徒が、貧しく、はるかに力のない少数派の人々に過剰反応する。

そんな傾向は、特に西洋では、より大きな先例がある。ヘルダーやフィヒテによる理想主義や文化礼賛は、フランスの哲学者による世俗的な合理主義の後に、反動として起こった。そして非合理的で、感傷的な俗悪趣味や死のカルトは、ロマン主義の到来とともに訪れた。

共同体に重きを置く時代になった。ビル・クリントンとトニー・ブレアの政治にも、同じ衝動を認めることができた。社会主義的な理想に代わって彼らがアピールしたのは、「コミュニティー」の繋がりだ。苦しみを分かち合うことが、政治だと訴えるのだ。

ダイアナ妃死去のニュースを取り巻く異常な情景は、さらにそれを実感させた。ニュースのアナウンサーによれば、「世界はダイアナ妃の死を悔やみ、一つになった」という。事実ダイアナ妃は、我々の中にある受難への執着を、完璧に表現した人物だった。妃はしばしば称賛されるべき行動力で、そこここに赴き、エイズ患者やホームレスを抱擁した。

だがそれだけでなく、ダイアナ妃自身が「被害者」だったという認識が世間一般にある。男性優越主義、王室の鼻持ちならない傲慢、マスコミ、イギリス社会等々、ダイアナ妃を被害者として見立てる図式は枚挙にいとまがない。「苦しい思いをした」と感じるすべての人々がダイアナ妃の物語に自らを照らし合わせ、何らかのレベルで共感したということだろう。

そう感じた人は、特に女性やマイノリティーに多かった。イギリス社会は移民の波、アメリカ化、ヨーロッパ化によって大きく変わったが、そのヨーロッパ内での立ち位置はいまだ不明だ。「苦しみの妃」死去のニュースで、やっと国民に連帯感が生じたという事実は、心許ないイギリス社会の現況を大きく反映しているのではなかろうか。

そんな「苦しみ」の分かち合いは、我々の歴史観にも影響を及ぼしている。歴史研究とは実際に起こった事柄を発見し、事態がどのように起こったか説明しようとする学問のはずだ。だが「歴史的真実」は、無意味であるだけでなく存在しない、という考えが一般的になってきてしまった。すべてが主観の産物であるか、または社会によって構築されたものだという主張だ。

もしも学校で学ぶ道徳教育が何かを教えるのであれば、それは他者が構築した真実を尊重すべし、ということに尽きるだろう。だから、我々は「歴史」そのものよりも、「記憶」を学ぶことになる。つまりそれは、「歴史がどう感じられたか」ということだ。中でも特に、犠牲者によって歴史がどう感じられたか、ということが主題になってくる。他人の痛みを分かち、気持ちを理解することが、自分自身の感情を理解することに繋がるというわけだ。

ウェスリアン大学で東アジア研究をするヴェラ・シュワルツ教授は、最近『壊れた時にかかる橋（*Bridge Across Broken Time*）』という本を著した。それはホロコースト生存者の子供としての自分自身の記憶を、南京大虐殺の中国人犠牲者や、一九八九年の天安門広場で暴力的弾圧を生き抜いた人々の記憶と結びつける試みだ。天安門事件がまだ記憶に新しい頃、シュワルツはエルサレム市外にあるイスラエル国立ホロコースト記念館ヤド・ヴァシェムを訪問した。

そこで彼女は「一九八九年以降、または一九三七年の南京大虐殺以降、記念されることを許されなかった人々の苦しみの大きさを実感した。数え切れない死者が、日本やアメリカの共同体の記憶にまだ刷り込まれていない。私はまた、蠟燭が百万回照らされたとしても安らかになることのない、私自身の喪失の大きさを感じていた」

私は何もシュワルツ教授の崇高な感情を疑うわけではない。だが、マヤ・アンジェロウの詩が登場することを考えても、この本が歴史的な意味で啓蒙的な著書であるのかは、疑わざるを得ない。実際、これは非歴史的な本だ。犠牲者の歴史的な経験が、一種の「苦しみのスープ」に混ぜ合わされて調理されている。中国人、ユダヤ人、同性愛者、その他の人々が苦しんだというのは事実だ。だが、彼らの苦しみは十人十色だ。その区別が、そのごった煮スープの中で、失われがちになっている。

高名なオランダ人バレエダンサーで小説家のルディ・ファンダンツィヒは、アムステルダムのレジスタンス博物館が発行したパンフレットに書いている。オランダの同性愛者やその他マイノリティーは、反ナチス運動に携わった人々を模範にして、社会差別に抵抗するべきだと。これはネオロマン主義的なこの時代における、典型的な声明と言えよう。

おそらく我々の多くが目指すゴールは、「啓蒙」ではなく「信憑性」なのだろう。あらゆる真実が主観的だと切り捨てられてしまう時、本物として残るのは真実を信じる「感情」だけだ。そしてその感情の真偽は、被験者のみぞ知る領域だ。

この点について小説家のエドマンド・ホワイトが注目すべき発言をしている。エイズ文学に関する記事で、病状をめぐる文学的表現は批評家的な基準では判断できないとしている。いささかドラマチックな表現だが、ホワイトはこう語る。「私が弁明として言えることはただ単に、死の淵をさまよい苦しんでいる人々に成績をつける気になれない、ということだ」

そしてホワイトはエイズ文学論を、多文化主義全般に敷衍させる。古典文学と多文化主義には、互換性がないと主張する。「さらに言うなら、多文化との共生は、成績の高低をつけるという行為とまったく噛み合わない」

つまり我々の批判能力は、他者の苦しみを表現する小説や、詩や、エッセイ、または劇などには適用できないと言うのだ。ホワイトはエイズ文学の書き手の方向性を、こう要約する。「書き手は、読者が評価することを許さない。書き手が願うのは、読者が一緒に、夜、汗まみれになって一緒に悶え苦しむことなのだ」

ユダヤ人、同性愛者、ヒンズー教徒、中国人など、誰にせよ、我々を「本物」にするのは、我々が感じるトラウマであり、疑う余地のない歴史の犠牲者としての確固たる地位だ。そんな下品なフロイト主義的な主張は、フロイト下ろしのこの時代に、ことさら際立って見える。実際にはフロイトの試みは、一九世紀末の潮流であった「アイデンティティー政治」の賜物だった。世俗的でブルジョワで現地社会に同化したドイツやオーストリアのユダヤ人にとって、精神分析は自己発見のための論理的な手段だった。フロイトがウィーンで患者たちにしたことは、エドマンド・ホワイトや、アイデンティティー運動家たちが、現在、それぞれの「コミュニティー」のためにやっていることと同じだ。そして「本物」の政治家たちは、彼らの言語を模倣する。

このことが、政治など公のスペースに感傷主義を持ち込む。それ自体が問題なのはもちろんのこと、「俗悪趣味と死の融合」という新宗教は、他の意味においても大いに懸念すべきことだ。ヴェラ・シュワルツの言う「悲しみのコミュニティー間に橋を架ける」という提案もしかり。私は共同体の受難の信憑性にアイデンティティーを置こうとする傾向は、実際には人々の歴史理解を妨げる行為だと考える。感情とは、表現はできても議論できるものではないからだ。だから結果として得られるのは、相互理解ではなく、他人が自分に関してする主張を黙認することか、もしくは激しくそれに逆らうことのみだ。

イデオロギーは、特にそれが力によって課された政治体制において、確かに大きな苦しみをもたらした。しかしイデオロギーが不在であれば、政治的議論は不明瞭になり、政治家は思想の代わりに感情にアピールすることで人々に訴え、支持を得ようとする。それがやがて一種の権威主義をもたらす可能性もある。なぜなら、繰り返しになるが感情を議論する余地はないからだ。もししようとすれば、間違っていると非難されるのみではなく、無情で、冷たく、つまり耳を貸すに足らない「悪い」人間だというレッテルを貼られるのが落ちだろう。

そんな問題への対応策は、人々を従来の礼拝の場に送り返し、既存の宗教をもってして疑似崇拝を止めさせることではないだろう。私は組織された宗教に原則、反対ではないものの、無宗教者としては、それを推奨する立場にない。また私は戦争や迫害の犠牲者のための記念碑を建てることに、反対するわけでもない。

ベルリン・ユダヤ博物館を建設するというドイツ政府の発表は、その計画に図書館や、資料館も含んでおり称賛に値する。そのような施設がなければ、巨大な記念碑だけになってしまう。この新たな計画では「記憶」とともに「教育」がある。

個人や共同体の苦しみについての文学は、フィクション、ノンフィクションともに、それぞれの役割があるはずだ。歴史は重要だ。もっと歴史を知るべきだ。もちろん、他の文化やコミュニティーに対する寛容や理解を促進することが、まずいわけがない。しかし、公的生活において、政治的議論までが「癒し」を求める言説にとって代わられていく現状は、憂慮すべきことだ。

さて、どうすればそのような状況にうまく対処できるだろうか。方法の一つは、現在ではほとんど引かれていない境界線を引いて、問題の根本を「区別」することではないか。政治は、宗教や精神医学の両方から影響を受けているとは言え、本質的にそれらとは別物だ。また記憶は、歴史と同義ではなく、記念することは歴史を書くこととも異なる。文化遺産を継承する行為は、「アイデンティティーを確立する」以上のものだ。祖先の宗教、言語、または文化との深い関係を失った人々は、この際それを認めて諦めることも必要なのではないか。

最後に、私はこれが問題の中核にあると思うのだが、事実とは、単なる「視点」ではないことを認識すべきである。この世には、作られたのではない確かな「真実」が存在し、集団受難には確かな「加害者」と「被害者」が存在する。真実とフィクションの間に違いがないとか、またはすべての文章がフィクションであるというふりをするのは、事実と虚偽を区別する能力を麻痺させることに繋がる。それはプリーモ・レーヴィや、過去に苦しんだすべての人々への、最大の裏切りではなかろうか。

レーヴィの不安は、未来の世代が彼の苦しみを分かち合ってくれないかもしれない、ということではなかった。恐れたのは、後世が、真実を認めなくなることだったのだ。

APRIL 8, 1999, *The New York Review of Books*

真珠湾に歓喜して

Ecstatic About Pearl Harbor

山田風太郎(一九二二〜二〇〇一年)は、ミステリーや伝奇小説で知られる作家だった。医学を学び、フランスを中心にヨーロッパ文学にも造詣が深かった。アメリカにおける日本研究の重鎮ドナルド・キーンは、山田と同い年だ。フランス文学の好みも似ていたが「たぶん山田はわたしよりもバルザックをたくさん読んでいたと思う」[1]と言う。

東京が一九四五年初頭よりB-29爆撃機によって破壊されつつある状況でも、山田はメーテルリンクの『ペレアスとメリサンド』を読んでいた。沖縄にいたキーンは、ラシーヌの『フェードル』をリュックサックに忍ばせていた。「幾つかの点で、わたしたちは似ている」[2]

1 ドナルド・キーン著、角地幸男訳『日本人の戦争——作家の日記を読む』文春文庫、二〇一六年、九三頁

2 同上、九三頁

とキーンは言う。だからこそ山田のような世界志向のインテリが、以下のような日記を書いていたことに驚かされる。一九四五年三月一〇日。

「日本人が一人死ぬのに、アメリカ人を一人地獄へひっぱっていては引合わない。一人は三人を殺そう。二人は七人を殺そう。三人は十三人殺そう。こうして全日本人が復讐の陰鬼になってこそ、この戦争を生き残り得るのだ」[3]

日本の降伏や戦争の早期終結を望みはしたものの、決して日本人を憎むことがなかったキーンは、自分にはなかった山田の殺意を情け深く説明しようとする。

「おそらくわたしに憎しみが欠けていたのは、少なくとも日本人はわたしの住んでいる町を破壊しなかったし、日本人がわたしの国を占領するのではないかと恐れることもなかったからに違いない」[4]。キーンは続ける。「原爆投下は、わたしにはひどい衝撃だった」[5]

これには一理あるだろう。一九四五年三月の山田は、日本の他の七〇〇〇万人以上とともに故国全壊の危機と向き合っていた。しかし、あのような日記の記載には、それ以上の理由があった。山田は悲惨な戦争の終焉よりかなり前から、熱い大和魂、つまり「日本の精神」の発露なくしては、日本が滅亡すると確信していたのだ。彼は国家の運命を英雄的に、疑似宗教的に捉えていた。このような考え方は、同時代の多くの日本の作家に見られた（もちろんそのような見方をするのは日本の作家だけではなかったが、彼らがこのエッセイの主題だ）。キーンはこの素晴らしい小品で、それがなぜだったのか理解しようとする。

なぜ日本の多くの作家や知識人は、真珠湾奇襲攻撃成功のニュースを大きな喜びとともに受け入れたのだろうか。彼らの多くが右翼で狂信的というわけではなかった。キーンは戦後の首相、吉田茂の息子の吉田健一（一九一二〜一九七七年）を例に挙げる。吉田は戦前ケンブリッジ大学キングスカレッジで学び、パリやロンドンにも住んだ。ポー、ボードレール、シェイクスピアの翻訳家でもあった。真珠湾攻撃直後の吉田の感想はこうだ。

「併し此の光栄に浴して、我々には覚悟を新にすることを措いて何をなし得ると言ふのだらうか。然も刻々その意義を噛み締める撥剌たる覚悟である。……空襲も恐れるには当らない。我々の思想の空からは英米が取り払はれたのである」[6]

真珠湾攻撃直後に書かれた詩や日記には、立ち込めていた暗雲が消えて空が晴れるイメージがつきものだ。理由の一つにはそれ以前、満州事変から一〇年にわたり日本が中国で行ってきた軍事展開があっただろう。一九四一年一二月八日、日本がやっと本当の敵と対峙したという気持ちが一般的にあったのだ。

一九三七年以来、公式な宣戦布告なしに戦ってきた「支那事変」と呼ばれる実質上の中国との戦争の名目は、東アジアに秩序をもたらすためだとされた。だが、その大義名分の裏には同志であるはずのアジア人の大量殺人があり、日本の知識人の中にはその卑劣で偽善的な

3 同上、九二頁（山田風太郎『戦中派不戦日記』新装版、講談社文庫、二〇〇二年、一〇八頁）
4 同上、九四頁
5 同上、九四頁
6 同上、三一〜三二頁（吉田健一「編輯後記」『批評』第四巻第一号、一九四二年）

側面を感じていた者も多かった。だからこそ真っ向から「鬼畜米英」と戦うことは真にアジアのためになる高貴かつ栄光に満ちた行為だという感慨を、そのような人々にもたらしたのだ。その感慨には人種主義的な要素も加味されていた。西洋化された知識人は、より鋭敏に文化的屈辱を感じる機会が多かった。二〇世紀初頭の偉大な作家、夏目漱石（一八六七〜一九一六年）は一九一四年、日本人に警告している。急速で強烈な西洋化、近代化は集団的な神経衰弱を引き起こすだろう、と。一九四一年、いよいよその神経衰弱が頂点に達したようだった。

戦前『チャタレイ夫人の恋人』を翻訳した詩人で小説家の伊藤整（一九〇五〜一九六九年）は、一九四一年一二月九日、こう記す。

「これは、政治の延長としての、または政治と表裏になった戦争ではない大和民族《ママ》が、地球の上では、もっともすぐれた民族であることを、自ら心底から確信するためには、いつか戦わなければならない戦いであった。……私たちは彼等の所謂「黄色民族」である。この区別された民族の優越性を決定するために戦うのだ。ドイツの戦いとも違う。彼等の戦いは同類の間の利害の争いの趣きがあるが、我々の戦いはもっと宿命的な確信のための戦いと思われる」[7]

伊藤は、キーンも指摘するように、自分自身を狂信的な人物とは見ていなかった（とともに明らかにナチスドイツについてあまり正しい知識を持っていなかった）。伊藤の言葉は自信の欠如や屈辱感が、命がけの決意とともに炸裂した結果だった。ほとんどの場合、少なくともそこまで切羽詰まった感情は長続きしなかった。かえって一九四六年になっても激しい復讐を望み、吠え立てていた山田風太郎のような例の方が稀《まれ》だった。伊藤は吉田と同様ドナルド・キーンの友人となり、後にキーンの推薦を受けてコロンビア大学で一年間を過ごすことになる。

キーンが戦時中の日本人の日記に初めて出合ったのは、米海軍の通訳として日本兵の日記を訳した時だった。しばしばそこに見られる記述は狂信からはほど遠く、特殊なイデオロギーに染まっているようには感じられない。キーンはこう述べる。

「おそらく最後の一行を書いた後には太平洋の環礁の上か海の中で死んだに違いない人々の苦難を綴った感動的な日記を読んで、わたしはどんな学術書や一般書を読んだ時より日本人に近づいたという気がした」[8]

それではなぜキーンはこの本で、著名な文学者によって残された記録ばかりに研究を集中することにしたのだろうか。その主な理由は、ただ単にそのような人たちの手による文章の方が、うまく書かれているからだとキーンは言う。「「無名の」作者たちによって書かれた日記に繰り返しが多いのは、自分の経験を際立たせる文学的技巧が欠けているから」[9]なのだと。それに当時のすべての日記を読むことなど到底無理だ。そのようなわけで、作家に焦点を絞ることも必要なのだろう。

だがこの選択は、他方でキーンが言及しない問題を提起する。果たして作家や知識人たち

7　同上、二八-二九頁（伊藤整「この感動萎えざらんが為に」『伊藤整全集』第一五巻、新潮社、一九七四年、一六二～一六七頁）
8　同上、一〇頁
9　同上、一〇頁

は、どれだけその時代を代表する人間だったのだろうか。彼らは単純に、より達者に「その他大勢」の感情を表現しただけなのか。あるいは彼らの見方は、多くの「無名の」[10]日本人の見解や感情を照らし出すには、あまりにも特殊だったのではないか。

もちろんこの疑問に対する完璧な答えなどないだろう。日記の中でさえ、あまりにも体制からかけ離れた表現をすることが悲惨な結果をもたらす可能性があった時代に、人々が本心で何を考えていたのかを知ることなど、そもそも不可能なのだ。特高警察が隣人や他のお節介焼きたちと同様に目を光らせ、絶え間なく「破壊分子」や「国賊」の周りを徘徊していた時代だ。

キーンは超国家主義が必ずしも偏狭だとか、外界に関する無知などに起因するのではないという重要な指摘をする。それどころか多くの場合、外の世界に最も通じていた人々がしばしば猛烈な国家宣伝のプロモーターになった。それは幻滅からの行動かもしれない。欧米文学や文化を、その理想主義に感化されて崇拝していた人が、実際にヨーロッパやアメリカに行ってみると、そこで感じた侮辱や無関心のためにかえって欧米嫌いになったりする。

同じ現象の逆も起こり得る。それは大の日本好きの外国人が非現実的な期待を日本に向け、それが実らないとなると日本を攻撃し始めるケースだ。そんな恨みは、キーンが紹介する詩人で彫刻家の高村光太郎（一八八三〜一九五六年）にぴったりと当てはまるだろう。高村はロダンの作品を崇拝し、パリ、ニューヨーク、ロンドンで学び、陶芸家バーナード・リーチの知己を得た。同志である日本人については、人種差別主義者的としか形容できないような詩も書いている。こんな具合に。

小さく固まつて、納まり返つた
猿の様な、狐の様な、ももんがあの様な、だぼはぜの様な、麦魚《めだか》の様な、
鬼瓦《おにがわら》の様な、茶碗のかけらの様な日本人。[11]

これは一九一一年に出版された作品だ。一九一四年に書かれた別の詩には、リーチの影響を受けたものがいくつかある。それはこんな調子だ。

私の敬愛するアングロサクソンの血族なる友よ
シエクスピアを生み、ブレエクを生み[12]

さらには、

私はパリで大人になつた。

10 同上、一〇頁
11 ドナルド・キーン著、新井潤美訳『日本文学史 近代・現代編』八、中公文庫、二〇一二年、二〇一頁（『高村光太郎』日本の詩歌一〇、中央公論社、一九六七年、九〜一〇頁）
12 同上、二一八頁（『高村光太郎』日本の詩歌一〇、中央公論社、一九六七年、五四頁）

はじめて異性に触れたのもパリ。
はじめて魂の解放を得たのもパリ。[13]

それでも魂の歓喜には、暗い感情も混ざっていた。高村は「出さずにしまつた手紙の一束」にこう書いている。僕は「今毎日巴里の歓楽の声の中で骨を射す悲しみに苦しんでゐる……僕にはまた白色人種が解き尽されない謎である」。「相抱き相擁しながらも僕は石を抱き死骸を擁してゐると思はずにはゐられない。その真白な蠟の様な胸にぐさと小刀をつつ込んだらばと、思ふ事が屢々《しばしば》あるのだ[14]」

だから高村の真珠湾奇襲攻撃に対する反応は、まったく藪から棒というわけでもなかった。

記憶せよ、十二月八日。
この日世界の歴史あらたまる
アングロ・サクソンの主権、
この日東亜の陸と海とに否定さる。
否定するものは彼等のジヤパン、
眇《びょう》たる東海の国にして
また神の国たる日本なり。
そを治《しろ》しめしたまふ明津御神《あきつみかみ》なり。[15]

ここで焦点となるのは、この詩に描かれた宗教的な熱中ではない。興味深いのは、日本に限らずある種の作家や知識人が、国や、目標や、信仰と繋がりたいという強い憧憬の念を持つ点だ。そんな憧れは二〇世紀初頭、西洋滞在から日本に戻った作家の間で特に強かった。そのような人は、日本人の純粋さを失ったとして日本社会から疎外されたり、捨てられたりするのを恐れていた。西洋かぶれのコスモポリタン臭を、極力取り除く必要があった。そのことは高村や野口米次郎（彫刻家のイサム・ノグチの父）のような人物の文章に、ヒステリックな要素を漂わせている。それはまた普通の日本人があまり持たなかった感情かもしれない。

異文化や異なる時代について大雑把な比較をするのは危険だが、二〇〇八年アメリカ合衆国大統領選挙で共和党の副大統領候補だったサラ・ペイリンを思い出してみる価値はある。ペイリンに深い敬意を表した、高い教育を受けたアメリカの知識人と、高村や野口のような日本人の間には、似たような心理背景があると思われる。ペイリンを真似て言えば、そのような知識人は愛国的な不特定多数の人々の声を代弁する立場にあるということなのだろう。その代弁の見返りとして、知識人たちはより大きなコミュニティーの一員としての安心感を

13 同上、二二一頁（『高村光太郎』日本の詩歌一〇、中央公論社、一九六七年、三四九頁）
14 同上、二二四頁（吉本隆明『高村光太郎』、春秋社、一九九六年、一五頁）
15 前掲『日本人の戦争――作家の日記を読む』二二三～二二四頁（『高村光太郎全集』第三巻、筑摩書房、一九九四年、四～五頁）

得るし、権力にも近くなる。自分だけのことを考えて生きるのはあまりにも孤独だ。またそれは戦時中の日本ではかなり危険なことでもあったのだ。

アジア人の文化的劣等性が広く信じられていた時代、比較的孤立した島国で生まれた日本人にとって、「国家」や「人種」との繋がりを求める欲求は、多くのアジア諸国の例と比べてもことさら強かった。だが、そのような感情は何も日本特有のものではないし、理解するのも難しくない。理解できないのは別の点だ。戦時下では教養のある人々の見方が、世俗的なコスモポリタン主義から国粋主義的な狂気に満ちたものに代わった。そしてそれがまた一九四五年の敗戦後、突然、一気に自由主義に立ち返った。このような急激な変換を、知識人自身がどうやって「知的」に正当化できたのだろうか。それが不思議だ。

確かに一部の作家は、この思想のローラーコースターに最初から乗ることさえしなかった。キーンは永井荷風の有名な日記から広範囲に引用している。荷風は一九三〇年代に軍国主義風潮を軽蔑し、また戦時下の民族主義的プロパガンダに耳を貸すこともなかった。「日本語の下賤今は矯正するに道なし」[16]と嘆いている。

荷風も野口や高村と同じく海外経験があり、アメリカやフランスに住んだ。フランス文学に明るく、フランスワインやスコッチウイスキーも愛したが、戦時中は酒の入手が困難になり非常に苛立っていた。東京大空襲で自宅から焼け出され、命よりも大事だと思っていた蔵書を含むすべてを失ったが、それでも彼は祖国を破壊する外国の敵を非難することはなかった。一九四四年一二月三一日の日記から。

「是皆軍人の為すところ。其罪永く記銘せざるべからず[17]」
荷風が冷静さを保っていられた理由の一つには、元来彼が他人とつるむことに無関心だったことが挙げられるだろう。裕福な家庭の出身で早くから文学的成功を収め一流大学でフランス文学を教えていたが、一九二〇年代以前よりすでに学界や文壇から背を向けて生活していた。ストリッパーや売春婦、芸者に囲まれている時間が至福の時だった。変わり者の評判が確立されており、そのため世俗的なものには冷笑とともに距離を置いた態度をとることができた。

荷風同様、軍国主義を当初から軽蔑していた例としてキーンが引用する人物が他にも何人かいる。東京帝国大学のフランス文学教授、渡辺一夫（一九〇一〜一九七五年）がその一人だ。渡辺は書く。

「国民の orgueil（高慢）を増長せしめた人々を呪ふ。すべての不幸はこれに発する[18]」

一七歳で渡米し、アメリカで教育を受けたジャーナリスト清沢洌の例もある。ただ最も興味深いのは、疑問を持ちながらも大勢に順応した人々による記述だ。彼らの心は知識人とし

16 永井荷風著、磯田光一編『摘録　断腸亭日乗』下巻、岩波文庫、一九八七年、一一三頁
17 前掲『日本人の戦争——作家の日記を読む』八九頁（『永井荷風日記』第六巻、東都書房、一九五九年、二六二頁）
18 同上、一〇四頁（串田孫一、二宮敬編『渡辺一夫　敗戦日記』博文館新社、一九九五年、八〜九頁）

て自然な懐疑主義と、孤独を逃れて群れに加わりたいという欲求との狭間で引き裂かれていた。

高見順（一九〇七～一九六五年）はそのような人物だった。戦前の作品において、高見は荷風と同様に、東京の歓楽街の奔放な雰囲気からインスピレーションを得ていた。荷風が叙情的な描写で消えゆく世界や、もう消え去って久しい売春地区のノスタルジアを表現したとすると、高見は同時代の東京にある一般人の生活を讃える作風を得意とした。少なくとも想像の中で、高見自身がまるでその一人であることを望んでいるかのように感じられる。

一九三三年、高見は共産主義者だという嫌疑をかけられ警察に拷問された。戦時中は軍報道班員として徴用され、中国、東南アジアを巡った。伊藤や野口のようなナショナリストではなく、普通の人々の苦しみや不屈の精神にも共感を覚えていたが、それでも「普通」の中国人や東南アジア人の苦しみに目を向けていなかったことは、特記すべきだろう。戦争が終わり、人嫌いの荷風でさえも友人と夜通し飲んで祝っていた頃、高見はこう書いた。

「私は日本の敗北を願ったものではない。日本の敗北を喜ぶものではない。日本に、なんといっても勝って欲しかった。そのために私なりに微力はつくした。いま私の胸は痛恨でいっぱいだ。日本および日本人への愛情でいっぱいだ[19]」

それと同時に、高見は終戦で作家がより自由な表現を許されるようになると喜んだ。十分な愛国心はあったが、軍国主義下の日本で蔓延していた権威主義や検閲が課す制限を常に疎ましく思っていた。戦争が終わるとすぐに自分がなぜその体制に抵抗しなかったか、その理由を分析した。それは私が読んだことのある、独裁主義下で苦痛を感じながら生きる知識人による記述の中で、最も濁りなく、最も正直な証言の一つだ。

「私はいま自分の今までの仕事が、ことごとく、うそとはいわないまでも、日ましに強くなって行った制約の中で自分をだましたり、なだめたり、心にもない方向に自分を無理やり進ませて、歯を食い縛って我慢して、そうして書かなかった作品はまずない[20]」

しかし高見が感じた、取り戻した自由をめぐる安堵、否、喜びは、彼を長年苦しんできた同胞を裏切るような、後ろめたい気持ちにもさせた。こう書いている。

「戦争中のあまりにひどい、メチャメチャな言論圧迫に、そして戦争中の一部の日本人の横暴非道に、日本および日本人のだらしなさに、私はこんなことで勝ったら大変だ……としばしば思ったものだが、今敗戦という現実にぶつかっては、さような私の感情を恥じねばならぬ[21]」

敗北の現実は、特に日本人男性の間で昔ながらの屈辱感を誘発した。それには人種的であったり性的であったりの劣等感が混在していた。街の光景は一挙に変わっていた。売春婦に限らずとも、日本人女性がラッキーストライクやシルクのストッキング欲しさに背が高く、いかにも栄養が足りていて、颯爽とした出で立ちの米兵にしがみついている様子が目にされる。混雑した列車で、すべての座席を我が物顔に占領するGＩもいる。

19　同上、一五二頁（『高見順日記』第五巻、勁草書房、一九六五年、一五頁）
20　同上、一六五頁（『高見順日記』第五巻、一九頁）
21　同上、一五三頁（『高見順日記』第五巻、一六頁）

荷風はいつものようにこのような状況を冷静に受け止め、歓楽街に赴けば外国軍人相手の料金がいくらなのか、などといった世相の変化にこそ関心を払っていた。また東京のホテルのバーで、女性相手にわずかな日本語を話そうと試みるアメリカの将校を見て、彼らの品行方正ぶりを、日本の将校が中国で見せた横暴な振る舞いと比較したりもしている。

高見も同胞女性が占領軍人に熱を上げる様子について書いている。荷風ほどは距離を置けず（あるいは助平な好奇心もなく）、高見は鉄道駅でアメリカ人の恋人と公然とやかましく、恥ずかし気なく振る舞う日本人女性を目撃してショックを受けた。

「やがて素人の娘で、衆人環視の中でむしろ誇らかにアメリカ兵と痴態をつくすのなどが出てくるだろう。そういう風景が珍しくなくなる時は案外早く来るだろう。むしろ早くきた方がいい。そうしてむしろそういう風景が氾濫した方がいい。日本人の一種の「訓練」のために！……」[22]

キーンはこれが日本の大方の反応ではなかったと指摘し補足する。

「（ついこの間までの高見を含めて）当時の日本の多くの男たちにとって、日本の女がアメリカ兵と慎みのない振舞をする光景は、占領の最も歓迎すべからざる特徴だった」[23]

そんな見方に疑いの余地はないが、ほとんどの日本人は予想外に温和な進駐軍の占領がもたらした自由を喜んで受け止めた。それには女性の参政権、比較的自由な新聞（「比較的」とするのは、占領軍やアメリカ当局の批判が禁止されていたからだ）、映画スクリーン上のキスシーン、ジャズ、労働組合、土地改革など様々な自由が含まれていた。

実際、日本人が天皇崇拝の国粋主義からヤンキースタイルの「デモクラシー」へと変換を遂げたスピードにショックを受け、それを恥じる知識人もいた。

「なぜ「日本の解放」に、無残な軍事的敗北や外国軍による占領が必要だったのだろう」

「なぜ日本人は、自由を自分自身の力で勝ち取ることができなかったのだろう」

「変化への意気込みの凄まじさは、実は日本における自由がうわべだけと言うことなのか」

数々の疑問が湧き起こるのだった。高見は書く。

「自国の政府によって当然国民に与えられるべきであった自由が与えられずに、自国を占領した他国の軍隊によって初めて自由が与えられるとは、――顧みて羞恥の感なきを得ない」[24]

復讐を求めた前出の山田風太郎は、敗北後、祖国の変身ぶりを懐疑的に眺めていた。その頃までには戦争中、自分自身の判断力が馬鹿げた情熱によって曇っていたことを認めていた。

「さて、この新聞論調は、やがてみな日本人の戦争観、世界観を一変してしまうであろう。今まで神がかり的信念を抱いていたものほど、心情的に素質があるわけだから、この新しい波にまた溺れて夢中になるであろう。敵を悪魔と思い、血みどろにこれを殺すことに狂奔していた同じ人間が、一年もたたぬうちに、自分を世界の罪人と思い、平和とか文化とかを盲

22 同上、二三一頁（『高見順日記』第六巻、二七〜二八頁）
23 同上、二三一頁
24 同上、一七六頁（『高見順日記』第五巻、三四六頁）

信しはじめるであろう！」[25]

山田が何を言いたかったのか、わかるだろう。そして彼がまったく間違っていたとも、正しかったとも言い切れない。個人や政治の自由を受け入れた「気質」は、長い物に巻かれなければ処罰された戦時中の集団的なヒステリーとは根本的に別物だからだ。独裁政権下における権力との迎合がもたらす快適さは、時にはより試練の多い自由とは違う源泉に由来している。

また戦後の日本の変容を一種の宗教改革と見なすことは、占領者アメリカをいささか過大評価することになるのではないか。多くの日本人はより民主的な制度、表現の自由、社会的平等のために、それより以前からほぼ一世紀にわたって戦ってきたのだから。一九二〇年代のほとんどの間、日本の政府は完全な民主主義とは言えないものの、アジアのどの政府より自由主義に根ざしていた。アジアのほとんどが植民地支配下にあった時代の話だ。

高見、山田、その他の作家たちは、知識人が日本の軍国主義を止められなかったこと、または実際にそれを促進したことだけを恥じたわけではない。さらなる屈辱として、国の民主主義復興の努力に、自分たちが思ったほど重要な役割を担えなかったことを痛感していたのだ。というのも、日本人を解放したのは外国からの進駐軍だけではなかったからだ。日本の政治家、活動家、官僚、教師、労働組合の指導者など、多くの人々の参加を得てそれは成し遂げられた。戦後の日本と西ドイツにおける教訓の一つは、地方の有能なエリートの積極参加や、未知の大多数の同意がなければ民主主義が機能しないというものだった。

もちろん作家、芸術家、学者、ジャーナリストにも、何か貢献できることがあるだろう。仏文学者の渡辺一夫は一九四五年、軍国主義下で道徳的背骨を欠き大勢順応した同僚の知識人を攻撃した。それは間違っていなかった。彼はこう言った。

「知識人は、考える自由と思想の完全性を守るために、強く、かつ勇敢でなければならない」[26]

万国共通の知識人の常で、インテリは自分たちの政治的重要性を買い被る傾向にある。だが、より憂慮すべきは、いくら優れた文章力や知識があっても、それだけでは作家や文学者が政治的判断に長けるとは言えない点にあるだろう。知識人でも流行に流され、さらには国家や軍の栄光のために、不毛で破壊的な支配者のプログラムを手助けする場合もある。キーンがこの素晴らしい本で実証したように、前世紀の暗い日々において、日本の知識人には確かにそのような傾向があった。このことは現在、はるかに楽な状況下にいる他国の知識人にとっても有益な教訓になるだろう。

OCTOBER 14, 2010, *The New York Review of Books*

---

25 同上、一六三〜一六四頁（山田風太郎『戦中派不戦日記』四五七〜四五八頁）

26 同上、一〇五頁（串田孫一、二宮敬編『渡辺一夫　敗戦日記』、博文館新社、一九九五年、一二〜一四頁）

帝国のための自決

Suicide for the Empire

1

想像してみてほしい。一・五トンのＴＮＴ爆薬を搭載した人間魚雷に押し込まれることを。または空飛ぶ爆弾のコックピットに押し込まれて、時速一〇〇〇キロメートルの速さで敵船にぶち当たることを。標的を外した場合はゆっくりと鋼の棺桶の中で窒息して行くことになる。一九四四年末から日本軍が採用した、体当たり攻撃を行う特別攻撃隊（特攻隊）は米海軍にそれなりの損害をもたらした。船は沈められ、多くの米兵が命を失い、ひどい混乱を招いた。目撃者は回想する。

「船員たちは攻撃機の残骸である金属の塊を船外に投げ出した後、デッキにホースで水を掛けた。するとすぐに血で水が赤く染まった。そこここに日本人操縦士の遺体の一部が見つかった。舌、黒髪の房、脳みそ、腕、脚など。一人の船員は誇らしげに、飛び散った指から戦利品の指輪を外した。しばらくするとデッキはすっかり綺麗になった」

だが、自爆攻撃の恐ろしさにかかわらず、大局的に見ればそれが日本の敗北を回避させることはなかった。そしておそらく敗戦を逃れることなど、最初から念頭になかったのだろう。特攻作戦は、敵というよりは日本自身に向けられた、致命的かつ劇的なジェスチャーだった。と同時に、それは戦争指導をした者たちの面子を立てるための、おぞましい作戦でもあった。

実際、特攻隊を創設した大西瀧治郎中将は、一九四四年に最初の隊員に向けて語っている。日本が敗北したとしても、神風特攻隊の崇高な精神が祖国を破滅から守るだろうと。そしてその精神なくしては、日本の敗北の後には廃墟があるのみだと。大西は日本降伏の翌日に自決した。しかし大西のメッセージは、いまだ日本国内の神風特攻隊を記念する資料館などに響いている。そのような場所で小学生は、若いパイロットが日本の未来の平和や繁栄のために、自らの命を犠牲にしたと教えられるのだ。

この壮絶な自己犠牲の戦術に時にはかなりのプレッシャーを感じながら特攻隊に志願した若者とは、いったいどんな人々だったのだろう。うわべだけ見れば、神風特攻隊は今日の自爆テロを彷彿とさせる（軍事標的を狙った特攻隊は自爆テロと違い、民間人をターゲットにはしなかったが）。

特攻隊員が表現したところの「純粋さ」「高貴な犠牲」そして「英霊として迎え入れられる死後の世界の確信」は、現代の自爆テロと共通の宗教的熱意を示唆する。特攻隊員は、日本がただ単に経済的または政治的な理由だけで西洋と戦っているとは思わなかった。彼らはより気高い精神や文化を救うために、その戦争を戦っていると信じたのだ。彼らの非物理的な大義は、確かに自爆テロリストの宗教観に通じる面がある。

しかし、実際に特攻隊をよく見てみると、既存の自爆戦術に関する概念がひっくり返されることになる。パレスチナ、イスラエル、ニューヨークなどで行われるテロは、しばしばイスラエル、アメリカ帝国主義、大企業の牽引するグローバリゼーション、その他のかたちの抑圧が生じさせる、決死の抵抗行為と見なされている。またそれは無知や、現代文明に順応することに失敗したイスラム社会の屈辱的な失敗に起因しているとも考えられている。

つまり科学や世俗主義、普遍主義、ポスト啓蒙主義など、いわゆる「西洋」派生と見なされる文明から取り残された結果のテロ行為だというのだ。それゆえに現代の自爆テロとは、先祖返りの前近代社会的な「反西洋」の抵抗ということになる。

確かに神風パイロットの敵も「西洋」だったかもしれない。しかしながら特攻隊員たちは、日本古来の伝統や武士道を想起させる一方で、実は典型的な現代文明の落とし子だった。おそらく同階級や同年齢の教育を受けた西洋人と同じくらい、いや、ある意味それ以上に欧米文化に通じており、その中にはキリスト教徒もいた。さらに彼らが命を捧げることになった国家は、少なくともそれ以前の半世紀の間、近代化のモデルであり、その社会の側面の多くは西洋を忠実に模倣したものだった。

もちろん、二〇世紀の日本やその最も聡明な若者たちの西洋的な近代性が、内実のない模倣品のように、単に見せかけだけのものだった可能性はある。もしかしたら特攻隊になった東京帝国大学の学生たちは、狂信的な侍の魂を内に秘めていたのかもしれない。西洋的な洗練された外見とは別に、伝統や祖先の名の下で、いつでも自分の命を投げ出す心の準備ができていたのかもしれない。だが、私はそうは思わない。そこまで単純な話ではなかったはずだ。大貫恵美子の重要な著書『ねじ曲げられた桜』[27]に登場する特攻隊パイロットの一人は、佐々木八郎という。多くの特攻隊員同様、彼も日本のトップ大学の一つである東京帝国大学の学生だった。佐々木が人文系の学生であったことも、特攻隊員として典型的だった。戦争中の国にとって、技術者など実利分野で使える人材を失うことは痛手となるからで、そのため理数系の若者がお国のために死ぬよう促されることはなかったのだ。

佐々木はエンゲルス、マルクス、ショーペンハウアー、ベンサム、ミル、ルソー、プラトン、フィヒテ、カーライル、トルストイ、ロマン・ロラン、エーリヒ・マリア・レマルク、ヴェーバー、チェーホフ、ワイルド、マン、ゲーテ、シェイクスピア、谷崎、川端、漱石などに親しむ、大変な読書家だった。

またこのようなリストは、特攻隊員として決して珍しくなかった。広範に読んだだけでなく英語、フランス語、ドイツ語、イタリア語、さらにはサンスクリット語で原書を読んだ特攻隊員についても大貫は触れている。その中にはフランス語やドイツ語で遺書を書いた者もいた。

ほとんどの隊員の読書リストに登場する作家は、ハイデッガー、フィヒテ、ヘッセだ。ドイツ理想主義への共通嗜好がそこに確認できる。驚くべくもなく明らかな理由から、「死」

27　大貫恵美子『ねじ曲げられた桜――美意識軍国主義』岩波書店、二〇〇三年についての引用が隊員の日記や手紙の中に多く見られる。同じ理由でキェルケゴールやソクラテスにも関心が集中していた。そしてゲーテのファウストも、よく読まれていた。

佐々木は狂信的な軍国主義者からは程遠く、当初より戦争に反対だった。中国大陸での勝利にえげつなくほくそ笑む日本人を見て、嘆いていた。また彼は国家プロパガンダが熱狂的に提唱した天皇崇拝を、額面通りに鵜呑みにしていたわけではなかった。だが、彼は理想主義者であり、愛国主義者であった。大貫が研究した佐々木や他のケースが何とも興味深いのは、土壇場まで追いやられた若い日本兵たちのロマンチックな愛国心が、しばしば欧米の思想家の言葉で濾過され、表現されている点だ。

佐々木は、何人かの特攻隊の仲間と同じで、自分自身をマルクス主義者と見なしていた。日中戦争には愕然としていたが、その一方で資本主義という悪の根源である英米との戦争は、正当なものだと考えていた。もちろん日本自体も資本主義の毒牙にかかっていると考えていた。大貫によれば佐々木はこう書いている。

「なお旧資本主義態制《ママ》の遺物の所々に残存するのを見逃すことはできない。急には払拭できぬほど根強いその力が戦敗を通じて叩きつぶされることでもあれば、かえって或いは禍を転じて福とするものであるかも知れない。フェニックスのように灰の中から立ち上がる新しいもの、我々は今それを求めている」[28]

国を救うために自らの命を犠牲にするということなのだった。それはまた精神的な純粋さを周りに示すことでもあり、より良い、平等な世界を導き入れる方法でもあった。そのような崇高で無形の任務が、そんじょそこらの兵に任せられるわけがない。それはその重みを理解する自分たちこそが、行われなければならないというのだ。

大貫は佐々木のような考え方がいかに特攻隊員の間で蔓延していたかを説明する。そして軍事当局は、そのようなエリート学生の若々しい理想主義を意図的に利用したのだと主張する。その点については間違いないが、一九四四年の大西中将のスピーチは、少なくとも一部の将校が、エリート学生の理想主義を共有していたことをも示している。

大西の枕元にマルクスの著書があったとは、まず考えられない。だが、彼の述べた犠牲の精神を示すことだけが日本の崩壊を防ぐ方法だという見解は、佐々木の考えとさして変わらない。そして右翼の国粋主義者も、マルクス主義の知識人同様に反資本主義的だった。日本のマルクス主義者の中には、中国東北部の軍事傀儡国家であった満州国に自分たちの居場所を見つけた者もいた。左派、右派の同床異夢には、れっきとした理由があったのだ。

もちろん特攻隊を取り巻くシンボルのすべてがヨーロッパ由来の思想や用語で表現されたわけではなかった。短期間で散っていく桜の花の美しさは、日本古来のはかなさの象徴だ。大貫が指摘するように、それは軍事的な自己犠牲の象徴ではなかったが、特攻隊の爆撃機は「桜花」と呼ばれ、自爆する隊員のユニホームの胸には桜の花が挿された。運命の出撃の前に、特攻隊員たちは大伴家持が詠んだ長歌から引用された歌をしばしば歌った。

28 同上、二〇三―二〇四頁

海行かば　水漬く屍
山行かば　草生す屍
大君の　辺にこそ死なめ
かへり見はせじ

早すぎる死や自己犠牲の理想化は、おそらくほとんどの、もしくはすべての文化に存在するのではないだろうか。イスラムの歴史において、それは暗殺や純粋主義といった、既存勢力への反抗の伝統に見られる。これは日本でもある程度同じだ。背水の陣での自決は、叶わなかった反抗の夢や、反逆する側の誠実さと関連づけられる。

特攻隊員が多く引用した英雄は、一四世紀の武将、楠木正成だった。楠木は南朝の後醍醐天皇に仕え鎌倉幕府の打倒に貢献したものの、北朝の足利尊氏の軍に敗れて自害した。もう一人の英雄モデルは、一八七七年に明治政府に対して希望なき西南戦争を起こし自決した西郷隆盛だった。彼は急速に西洋化する社会において、士族は従来の価値観を失ってはならないと主張した。西郷に同調した士族たちは、次の歌を歌いながら死に向かった。

もはやこのうえ　忍ばれず
せめてはつくすもののふの

数万の民を救わんと
今日を限りの死出の旅[29]

これら背水の陣の英雄に共通しているのは、腐敗した世の中で、過ぎ去りし日の純粋さを取り戻そうとするロマンチシズムだ。右に引用した同じ歌の中で、西郷の士族たちは汚らわしい外国人に国を売った裏切り者たちを罵倒した。それは日本に独特の考え方ではない。

大貫が流行りの現代理論家たちの言葉を借りて何度も強調するのは、特攻隊のシンボルである「桜の花」「英雄崇拝」「自己犠牲崇拝」「暴力的な最期の美しさ」などの概念は、すべてが社会によって構築されて歪められたものだという点だ（そもそも素晴らしい歴史資料を目の前にして、なぜ大貫がピエール・ブルデューの言葉を幾度も引用する必要があるのかは理解できないが）。それは本当だろう。

だが、近代のものであろうとなかろうと、シンボルを作ったり歪めたりすることは、すべての文化に潜む性質ではないのか。さもなければ、文化の「純粋さ」が湧き出てくる何らかの手つかずの源泉が、どこかには存在することになる。新しく作られた概念が説得力を持つためには、文化や歴史の中で探せる何かを利用する必要があるのだ。

佐々木や彼の仲間を生み出した文化は日本、中国、西洋などの思想や美学が融合してでき

29 ドナルド・キーン著、角地幸男訳『明治天皇』第二巻、新潮文庫、二〇〇七年、二七四頁

上がった文化だった。何が日本原産で何が外来のものかを分けて考えるのは、いくら本質主義者が可能であると主張したところであまり意味がない。また特攻隊員は確かによく日本の伝統に言及したが、それはしばしば義務的に行われた。

したがって、どれだけ個々の隊員が本気で伝統を重要視していたかを知る手がかりにはならない。いかにも大勢の日本人の英雄的な戦意が、桜の花に擬《なぞら》えられて表現された。大貫の引用する特攻隊員、信太正道はこう言っている。「しかし、本音を書くことはできないから、何をいってもウソになった。本心を吐露することはタブーだった」[30]

特攻隊員たちに、マルクスやソクラテスが西郷隆盛よりもさらに大きな影響を与えたのかなどわからない。だが、近代の日本を形成した東洋と西洋の並外れた融合が、近代世界でも最も洗練され、経済的に成功し、芸術性豊かな社会の一つを作ったことは確かだ。

問題は、どうやってそのような社会を作った創造力やエネルギーが、やがて自己破壊の乱交パーティーとでも言うべき行為に向けられることになったのか。その答えは、「文明開化」を掲げて西洋社会に追いつき追い越そうとした近代日本という国家に潜んでいるのかもしれない。それは明治天皇の物語でもある。

2

明治天皇として知られる天皇睦仁は一八六八年、京都の閉ざされた宮廷から突然、近代日本の中心人物として表舞台に担ぎ出された。まだ一五歳だった。ドナルド・キーンの著書『明治天皇』の中に、英語通訳が当時の天皇の出で立ちを説明しているくだりがある。

「……彼は白い上衣を着て、詰め物をした長い袴は真紅で婦人の宮廷服の裳裾《もすそ》のように裾を引いていた。……眉は剃られて額の上により高く描かれていた。頬には紅をさし、唇は赤と金に塗られ、歯はお歯黒で染められていた[31]」

しかし、そのわずか三年後の一八七一年、天皇は東京で西洋風の晩餐会を催し、外国の高官と握手していた。凝った西洋風の軍服も、間もなく自分でデザインした。彼はまた人前で笑顔を振りまくという、海外の独特な習慣を取り入れることも忘れなかった。もちろんその笑顔は外国人限定で使われ、決して日本人に向けられることはなかったが。

キーンは「親密な明治天皇像を描く」という不可能な作業に挑んだ。七〇〇ページほどのその著書を読んだ後でさえ、読者は天皇が実際にどんな人物だったのか、謎に思うだろう。本から知り得る個人的な側面と言えば、彼が大酒飲みで、妾《めかけ》をはべらせ、細かいことにうるさく、まるでネヴィル・チェンバレン英首相のように外国人に会うのを嫌ったのにもかかわらず、いざ面会の際には常に丁寧に振る舞ったという程度のことだ。

30 前掲『ねじ曲げられた桜――美意識軍国主義』二九三頁
31 ドナルド・キーン、角地幸男訳『明治天皇』第一巻、新潮文庫、二〇〇七年、三五九～三六〇頁キーンは著述のかなりの部分を、宮内省編纂の『明治天皇紀』に頼っている。『明治天皇紀』が正確性を追求した伝記であるかと言えば、違うだろう。たとえば日本の華族や政治家が、天皇に感銘を受け落涙したという記述が何度も出てくる。キーンは、当時の日本男性は今よりもよく泣いたと指摘するが、そこには間違いなく誇張もあるはずだ。

だがキーンの著書は、天皇を描くと同時に明治の世界を描いた作品でもある。それは特に一八六八年の明治維新を成し遂げ、近代日本国家を築いた驚くべき士族の集団と密接に関係している。後に元老と呼ばれるようになる伊藤博文、山縣有朋、松方正義などは、新中央政府、憲法、近代的軍隊、教育制度、その他「文明開化」に関わる多くの体制を作り上げた。そこで当時、熱心に唱えられたもう一つの国策スローガンは「富国強兵」だった。二つのスローガンには、もちろん強い繋がりがあった。

キーンの著書には独創的なアイディアより事実の列挙が目立つ。そして皇居内のしきたりに関する記述には、退屈な箇所もある。だが、天皇の政治関与に関する話題などは興味深い。枢密院は天皇の顧問機関で、伊藤博文が長年、議長を務めた。それは明治国家で最も強力な組織の一つだった。明治天皇は孫の昭和天皇裕仁同様、その会議に律儀に出席し、閣僚の任命にも直接関わっていた。

しかし、明治天皇の主な存在意義は象徴的なままだった。ややこしいのは、その象徴性の半分は立憲君主としての世俗性を、そしてもう半分は世離れした、遡れば天照大神まで辿り着く神聖さを表現することを要求された点だ。つまり天皇とは、カイザーとローマ法王が一体化したような立場だ。皇室は新しい国民国家の国教会のようなもので、政治的取り決めにはあくまでも宗教的な裁可を下す組織だった。

天皇は近代日本の相反する本質を一身のうちに具現化したのだった。軍事問題に関心を寄せると同時に、神官、あるいは神のような役割も担い、古来の宮廷服から西洋の軍服へ、素早い衣装替えもやり遂げなければならなかった。西洋風の出で立ちは、日本国家の進歩的、近代的な側面を世界に伝えることを意図していた。近代化という同じ目標のためにしつらえられた国家神道の「伝統」は、凄まじい社会変化の中でも、日本人が共通の畏敬の念や過去との継続性を感じられるように、近代国家の基盤として備えられたのだった。

大貫は明治の元老を知的コスモポリタンと評する。彼らは西洋の民主主義から国を守る要塞としての日本国家を築いたのだと。それは正しい。非常に保守的だった山縣有朋を含む伊藤博文やその仲間たちは、西洋の思想を熱心に研究した。理想的な近代国家のモデルを求め、ヨーロッパやアメリカ合衆国を探し歩いた。

大日本帝国憲法（通称明治憲法）はプロイセンの憲法をモデルとしていたが、それには天皇の「神聖で不可侵な」性質についての条項が追加された。軍隊はフランスとイギリスの例にならった。教育制度はフランスのシステムを参考にし、小学校からトップの大学に至るまで、教えられる内容は欧米からのあらゆる知識を取り入れることになった。

キーンは一八七六年、明治天皇が田舎の小学校を訪れた時のことを記している。天皇はサミュエル・スマイルズの『自助論』を精読するなどの教育を受けていたのにもかかわらず、そこで目にした光景にショックを受けた。日本の学童がアンドリュー・ジャクソン米大統領による上院議会に向けた演説や、キケロのカティリナ弾劾演説を暗唱していたのだ。

同じく保守派の多くの人間は、日本政府のエリートが外国貴賓のために舞踏会を催すのを行きすぎだと苦々しく思っていた。ヴェネチアの謝肉祭で見るような華美な衣装を纏《まと》いワルツやポルカを踊る伊藤博文の姿に、誰もが賛同していたわけではなかった。たとえそれがいかに日本の近代化を対外的に印象づけ、国際的な立ち位置を確保するためであってもだ。

悲しいかな、よりリベラルで平和を好む日本人は、戦争に勝ち、独自の帝国を築くことこそが、日本が一九世紀末の西洋植民地主義から身を守り、列強の信用を勝ち取る最速の方法だ、と考えた。この試みにおいても明治の日本は、驚くほどの成功を収めた。一八九五年、日本軍は数の上ではまったくの劣勢にもかかわらず清朝中国に快勝し、最初の帝国植民地として台湾を獲得した。さらに驚くべきことに、その一〇年後にはロシア帝国に戦いを挑み、勝利を勝ち取った。日本は西洋の国に勝利した最初の近代アジア国家となった。

とりわけ日中戦争に関しては、自由主義的な人々でさえ、国家躍進のための一歩として納得していた。負かした相手が近代化に乗り遅れ、退廃しきった清朝であったため、なおさらだった。当時人気の高かった戦場の様子を伝える木版画には、色白で長い足をした日本の軍人が英雄然として描かれている。一方、辮髪《べんぱつ》の中国人は黄色い肌をしている。キーンは内村鑑三の例を挙げる。内村は果敢にも過度の天皇崇拝を拒否し、後に非戦論者になった自由思想のキリスト教徒だった。そのような人物でも、中国についてこう述べているのだ。

「日本は東洋の『進歩』の擁護者である。その不倶戴天の敵である清国（救いがたく『進歩』を嫌う者）を除いて、日本の勝利を望まない者がどこにあろうか！」[32]

中国人や他のアジア人に向けられる人種主義的な蔑視は、四〇年以上を経て南京大虐殺のような残虐行為として爆発する。日本の優越感はこの時期、進歩、文明、啓蒙という名の下に増殖し始めたのだった。

日露戦争での日本の勝利と、イギリスの対日不平等条約の終了が同時期にあったことは、まったくの偶然ではなかった。「勇敢な日本人」の戦いっぷりは、イギリスだけでなくアメリカ合衆国でも称賛された。セオドア・ルーズヴェルト大統領は、文明のために戦ったと日本を讃え、絶対的な「親日」ぶりをアピールした。一九〇五年の勝利は、日本の朝鮮半島の植民地化を確実に後押しすることにもなった。それも「進歩」の精神の下に行われたことだった。結局のところ、帝国主義的な見地から見たアジアの先進国としての日本の義務は、徹底した規律を持って接することで、出遅れた隣人に利益をもたらすということなのだった。

一方、明治期の日本においては、国内で「進歩」そのものが疑問視されることもあった。新国家は中国の例にならい、西洋の知識を銃や戦艦の生産など実用的な分野に限定的に応用するよう努めた。倫理、道徳、社会秩序などは、従来の東洋的な思想で維持できると考えたのだ。だが、そうは問屋が卸さなかった。西洋からの知識が入るにつれ、より広範な民主主

32　ドナルド・キーン著、角地幸男訳『明治天皇』第三巻、新潮文庫、二〇〇七年、二九三頁

義や市民権への欲求が募った。ヨーロッパ文学や哲学に触れることで個人主義が芽生え、異性関係や恋愛にも、それまでとは異なる視点が生まれた。工業化によって何百万人もの農民が都市に移り住み、地方の社会関係も変化した。政党が結成され、批判的なジャーナリズムが現れ、やがて自由民権運動が全国で急速に広がり始めた。

一八九〇年までに、日本は議会制民主主義の形態を取り入れていた。それは植民地主義のように、もう一つの近代化の証とされた。しかし、そのような展開は元老たちを警戒させもした。自分たちが解き放った勢力をどのようにうまく飼い慣らすかが悩みどころだった。政党政治家の「利己的」な考えや、社会主義者やその他の反対勢力に妨害されずに、いかに自分たちの青写真に則った近代国家を形成するかが問題だった。

士族出身の元老の中では比較的リベラル志向だった伊藤博文でさえ、イギリスやアメリカの議会政治を目にした時、粗暴なシステムだと感じていた。フランスの共和制も、とても参考になるとは思えなかった。新しく統一されたドイツこそが、強力な君主制、権威主義、軍事規律、神秘性をまとった民族ナショナリズムによって結束を果たしているように見えた。最も馴染み易いモデルだったのだ。

伊藤博文は自分を「日本のビスマルク」と見立てていた節がある。ルドルフ・フォン・グナイストやローレンツ・フォン・シュタインといったドイツ法学者に感銘を受けた。その結果、近代日本の政治はフォン・シュタインや他の人たちが手を加えて作った日独の合作になった。大貫によって引用される伊藤の言葉が、彼の目指した政権像の核心に迫っている。

「……独逸ニテ有名ナル、グナイスト、スタイン之両師ニ就キ国家組織ノ大体ヲ了解スルコトヲ得テ、皇室ノ基礎ヲ固定シ大権ヲ不墜ノ大眼目ハ充分相立候間、……。実に英米仏ノ自由過激論者之著述而已ヲ金科玉条ノ如ク誤信シ、殆ンド国家ヲ傾ケントスルノ勢ハ、……」[33]

フォン・シュタインは神道を日本の国家宗教にして、皇室への敬意を表す儀式などで国を統一させるよう助言した。儀式がない場合は、新しく発明された。仰々しいセレモニーで国家を劇場化する点に関しては、明治期の日本もビクトリア朝のイギリスとあまり違わなかったのだ。だが一方で、権威主義的な軍国主義の基盤は、ゲルマン風の法律主義と日本の土着信仰を混ぜ合わせることで築かれた。それは何とも権力者に挑戦することが困難なシステムだった。なぜなら、権力者が下す政治的決断は天皇の名の下に、単なる世俗の権威だけではなく、さらに上を行く宗教的な不可侵性によって守られるからだ。

キーンはかなり包括的に、戦前まで日本の政治に悲惨な影響を及ぼした二つの勅令について述べている。まず一つ目は、日本の近代軍隊の祖とされる山縣有朋などによって立案され、一八八二年に下賜された『陸海軍軍人に賜はりたる勅諭』（『軍人勅諭』）だ。それは本来、軍人を政治に関与させないための警告だった。軍人はその忠誠を政府ではなく、軍の最高司令官である天皇に誓わなければならない。天皇は彼らを「股肱《ここう》（手足）と頼み」、また軍人は天皇を「頭首と仰」ぐ。切っても切れない関係だと強調したのだ。勅諭は続く。

33　前掲『ねじ曲げられた桜――美意識軍国主義』一二七頁

「世論に惑はす政治に拘らす只々一途に己か本分の忠節を守り義は山嶽よりも重く死は鴻毛《こうもう》よりも輕《かる》しと覺悟《かくご》せよ其操を破りて不覺《ふかく》を取り汚名を受くるなかれ」

『軍人勅諭』は明治国家の支柱の一つと言えるだろう。幕藩時代にそれぞれの藩主に誓われた伝統的な藩士の忠誠が、明治国家では天皇だけに集中することになった。そして大日本帝国の軍人は天皇のために自らの命を犠牲にするという義務が、公のものとなった。

だが、軍隊による政治介入を避ける本来の意図に反し、実際には勅諭は軍隊に危険な政治要素を導入した。軍人の忠誠は最高司令官としての天皇にだけ誓われるのであって、軍人は民間の政府には属さないという考えだ。その延長として、天皇の神性が冒されると感じれば、軍人は政治に介入しても良いという理屈ができ上がる。このいわゆる「統帥権の独立」は、特に激動する一九三〇年代に、あらゆるクーデターの画策や軍国主義的な狂信者による暗殺を正当化した。

血の気の多い若手将校を中心としたクーデターの試みが、当局によって押さえ込まれる一方で、軍部は天皇の不可侵性や「統帥権の独立」を振りかざし、政党政治を弱体化させ、やがて破壊することに成功した。一九三二年までには、政党内閣が消えていた。一九三〇年代後半になると、軍部の作戦将校には中国を、そして最終的には東南アジアを大日本帝国に組み込もうと強く主張する者が出てきた。

明治時代、近代日本を形成する二番目の重要な勅令は、一八九〇年に発布された『教育ニ関スル勅語』(『教育勅語』)だ。起草に際しては、元老や専門家の顧問の間で激しい議論が交わされた。だが、全員が西洋化の行きすぎを憂い、伝統的な道徳観を臣民に植えつける必要があるという点で一致した。神道の重要性を主張する者もいれば、天皇自身を含め儒教の重要性を強調する者もいた。

勅語は帝国を築いた祖先を奉る荘厳な声明で始まり、忠誠心や孝行がいかに日本独自の美徳であるかを説く。特に朱子学の伝統では、人は父親や目上の者に従うように教えられるが、その精神が勅語にも強く反映されている。明治天皇の臣民は「一旦緩急アレハ義勇公ニ奉シ以テ天壌無窮《てんじょうむきゅう》ノ皇運ヲ扶翼《ふよく》スヘシ」、つまり「何かあった場合には帝国の繁栄のために勇気を持って身をなげうて」と命令されるのだった。

明治のナショナリズムは、朱子学的な服従と神道的な純血の系譜を重んじる思考によって強化され、それが近代日本の教育の基盤となった。勅語の写しを前にすれば、すべての日本人が頭を下げることを求められた。文字通り神からの言葉として扱われたのだ。

もちろんヨーロッパの君主国にも、この種の神がかり的な要素はあった。だが、明治のナショナリズムにおいては、文化的プロパガンダが民主政治の実体を骨抜きにするように設計されていた。国民は様々な利害の狭間で合法的な議論や競争を行う代わりに、忠誠や従順さを美徳とすることを求められた。何よりも天皇を敬う臣民であれという空気が、「近代」日本の政治空間を支配していた。

天皇が実際に絶対君主であったり、または軍事的独裁者であったりしたならば、このシステムには少なくとも一貫性が見られただろう。だが明治憲法は、政治権限について曖昧だった。しかも、政治的な権力が明確に定義されていないにもかかわらず、天皇には絶対主権があるとされたのだ。

戦後、政治学者の丸山眞男は近代日本における天皇を「神輿」に擬え、それを肩に担ぐ男たちが天皇の名の下に実質上の政治支配を行ったと分析した。明治の元老は、少なくとも日本の将来の方向性にビジョンを持っていたし、それと同時に皇室、議会、および軍隊の縄張り争いを統率する力も持っていた。そのため彼らは神輿のシステムをかなりうまく機能させることができた。だが、元老たちが現場から去ると、そこには政治の真空が残った。誰も元老ほどの権威や影響力を継承できず、陸海軍を筆頭に縄張り争いが熾烈化したのだった。

一九三〇年代、神輿が主に軍事指導者によって担がれるようになると、政治の暴走が始まった。誰も、天皇でさえも、それを止める裁量や気概を持たなかった。

キーンはその膨大な研究でこう結論する。「明治天皇は大帝たる足跡を確実に残した」[34]。確かにそうだろう。しかし、明治天皇はまた、発展途上の社会に共通する重要な教訓も残した。現代の中国が頭に浮かぶ。真の国民主権に繫がる政治改革なくして、経済や軍事力を近代化することは危険だ。政治の自由を保障しない限定型の「欧米化」は無意味なのだ。

明治を代表する偉大な小説家、夏目漱石は、西洋文明の独創性に欠ける通り一遍の模倣と国粋主義との組み合わせは、やがて国家の神経衰弱を引き起こすだろうと日本人に警告した。「現代日本が置かれたる特殊の状況に因って吾々の開化が機械的に変化を余儀なくされるためにただ上皮を滑っていき、また滑るまいと思って踏張るために神経衰弱になるとすれば、どうも日本人は気の毒と言わんか憐れと言わんか」[35]と述べている。

それは外れていなかった。日本の軍国主義的、権威主義的な「近代」は、高い教育を受けた若者にとって、ことさら居心地が悪かったであろう。彼らの頭の中にはマルクスやキェルケゴールと同時に、大日本帝国のプロパガンダも詰まっていた。準全体主義社会における自分たちの役割をめぐって、大いに混乱していた。

帝国大学出身の理想に燃える秀才は、一九四〇年代、自分の国が世界の強敵を相手取って戦争を起こしたら、いったいどうすればよかったのか。選択肢には極端な愛国主義者になること、共産主義の殉教者になること、そして人間爆弾となって敵陣に突っ込み、その精神の発露をもってして国を救えると信じることが含まれていた。だからこそ、特攻隊員が不憫なのだ。真摯な向上心や理想主義といった、明治日本の最良の要素を継承した彼らのような人間はもう存在しない。彼らは最後の生贄《いけにえ》として、同じく明治が生んだ大日本帝国とともに、散っていったのだ。

NOVEMBER 21, 2002, *The New York Review of Books*

---

34 ドナルド・キーン著、角地幸男訳『明治天皇』第四巻、新潮文庫、二〇〇七年、四二六頁
35 夏目漱石『私の個人主義』講談社学術文庫、一九九七年、六四頁

占領下のパリ —— 無情で甘い生活

Occupied Paris: The Sweet and the Cruel

1

ソルボンヌ大学で英文学を専攻する二一歳の学生、エレーヌ・ベールはこう書いた。

「真にヴァカンス気分になった最初の日。きのうの嵐のあと、とても爽やかで素晴らしい晴天だ。小鳥たちがさえずり、あのポール・ヴァレリーの句のような朝。黄色い星を身につけなくてはならない、最初の日でもある。これは現在の暮らしの二つの側面だ。この澄みきった朝に象徴されるみずみずしさ、美、生の青春。この黄色い星に具現される残忍さと悪[36]」

フィリップ・ジュリアン、芸術家、そして文人志望の二三歳はこう書く。

「『貧しき人々』を読んで、ドストエフスキーの登場人物になったような気がした。まさに三年前、プルーストに特別の親しみを覚えたように。私は常に、自分のことを、称賛の色眼鏡を通して見ている。夢中になれる作品を、もう読みつくしてしまったのではないかと不安になる。バルザック、プルースト、ドストエフスキー、英国の作家たち。何が残っているというのか。……貧しいユダヤ人たちは、なんと醜いことか。あのみすぼらしい黄色い星を服にくっつけている」

同じ日付、一九四二年六月八日。同じ街、パリ。二つの異なる日記。書き手は両者とも、生粋のブルジョワだったが、ベールの出自はジュリアンよりも華やかだった。彼女はパリジェンヌ。彼はボルドーの出身。彼女の父、レイモン・ベールは有数の化学会社を経営していた高名な科学者だった。一方、貧しい退役軍人の父を恥じたジュリアンは、父の姓シムネを捨て、母方の姓を名乗ることを選んだ。祖父は著名なゴール史家カミーユ・ジュリアンだった。

フィリップ・ジュリアンは上昇志向の強い同性愛者であり、その日記にはジャン・コクトーやその仲間たちとのディナーに参加した様子が自慢げに記述されている。エレーヌ・ベールの理想的な夜の過ごし方と言えば、ベートーベンの三重奏を聴いたり、キーツの詩について、ソルボンヌの友人と語り合ったりすることだった。

だが、彼らの一番大きな違いは、ドイツ軍の占領によって外側から課せられたものだった。彼女はユダヤ人で、彼はそうでなかった。これはエレーヌ・ベール自身が求めたアイデンティティーではない。押しつけられたレッテルとは正反対に、ベール家はとりたてて宗教的ではなく、フランス社会に同化し、自分たちがユダヤ人よりも、フランス人だという自覚に満ちていた。一九四三年一二月三一日の日記にこうある。

「「ユダヤ人」と書くとき、それはわたしの考えをあらわしてはいない。わたしにとって、

36　エレーヌ・ベール著、飛幡祐規訳『エレーヌ・ベールの日記』岩波書店、二〇〇九年、五四頁

そんな区別は存在しないから。自分が他の人間と違うとは感じない。分離された人間集団に自分が属しているなんて、絶対に考えられない。ひょっとしたら、こんなに苦しいのはそのせいなのかもしれない、わたしにはもう理解できないからだ」[37]

彼女の言う苦しみとは、日々の侮辱、強制移送や拷問の恐怖、そして予期される死のことだ。実際父親は、ユダヤ人判別のための黄色い星を、スーツに縫いつけずにピンで留めていたという理由だけで、強制収容所に引っ張られて行ってしまった。ユダヤ人の母親は子供から無理やり引き剝がされ、親戚や友人たちは、跡形もなく消えていく。

フィリップ・ジュリアンの日記には、このようなことに触れるくだりはまったくない。ナチスに共感していたわけではない。もっと気になることが他にあったということだ。だから彼は、一九四三年の一二月、こう書いている。

「月曜日、パリに(友人の)クレリスとグレディが、美しく着飾って、帰ってきた。グレディ夫人の午餐は、完璧に「自然体」……行ってみると、リルケの詩と組み合わせた私の版画があった。全体としては失望させられる出来だが、その繊細なプレゼンテーションに、私は嬉し涙を流してしまった」

ジュリアンの日記から、読者は戦時中のパリの生活が、ほぼ平時と変わらなかったという印象を受けるかもしれない。ドイツ軍についても、ほとんど言及されていない。食べ物は少ないと言っても、コネを持つ若い審美家が行くディナーパーティーには、いつも何かが用意されていた。

もちろんジュリアンは、フランス人民を正確に代表する人物ではなかった。しかし、生活がそれまで通り続いていたという印象や、黄色い星をつけていない彼のような人たちにとっては、ベールやその他大勢を襲った恐怖が無関係だったということは、間違いないだろう。それもそのはずで、ナチス占領下の他の欧州首都と異なり、パリは意図的に、それまでと変わらなく見えるよう支配されていたのだ。

名目上、パリはフランスの極右ヴィシー政権下にあり、ドイツ政府に非友好的でない限り、フランスの文化的生活を奨励するのがナチスの方針だった。そのため、監視役としてはオットー・アベッツのようなフランスかぶれのドイツ「大使」が、フランスの作家や芸術家に取り入るために、特別にパリに派遣されたのだ。

ヘルベルト・フォン・カラヤンは、パリでドイツ国立歌劇場を指揮した。コクトーの戯曲は、戦時を通して上演された。ジャン＝ポール・サルトルやシモーヌ・ド・ボーヴォワールも本を出版し続けたし、ドイツ軍の将校は、サルトルの作品を観劇した。アルベール・カミュは、ドイツの文学プロパガンダ主任、ゲルハルト・ヘラーに気に入られていた。映画スタジオはドイツ人の監督の下で繁栄した。そのような状況下で、サルトルとカミュは、レジスタンス運動のためにも執筆をしていた。

フランスのコラボ（対独協力者）にとって、生活はさらに楽だった。歴史家ロバート・パ

37 同上、二五三頁

クストンは、『対独協力とレジスタンス――ナチス占領下のフランス文学生活（*Collaboration and Resistance*）』にこう記す。コラボにとって「パリ占領の日々は、甘かった」と。

ごく少数の人々が、当初からドイツに抵抗した。ある人は宗教的理由から、ある人は亡命政府・自由フランスを率いるシャルル・ド・ゴールの運動に導かれ、またある人は生粋の左派的思想から、その他一部は、単純に、受け身のままではいてもたってもいられず、それぞれの抵抗を始めた。

美術史家アニエス・アンベール（アグネス・ハンバート）は宗教的ではなかったが、他のカテゴリーには当てはまった。彼女は詩人で美術評論家のジャン・カスーを含む人類博物館の同僚とともに、フランスで最初のレジスタンス集団を作った。戦争直後に書かれた、日記のように読める回想録は、二〇〇八年になって初めて英語で出版された。

一九四〇年八月にカスーと交わされた会話を思い出して、こう書いている。

「なぜ会いに来たのかを説明しようとすると、言葉が口を衝いて出てくる。「何かをしなければ」「何とかこの状況に反応しなければ、私は本当に気が狂ってしまう」とカスーに伝える。するとカスーは、自分も同じ気持ちで、同じ恐怖と戦っていると打ち明けてくる。唯一の救済策は、私たちが一緒に行動して一〇人ほどの同志のグループを結成することだ。私たちのとる行動の実際の影響力について、幻想を抱くことはない。ただ単に私たちの正気を保てれば、それは一種の成功と言えるだろう」

アンベールは一九四一年にグループの大半とともに逮捕され、ドイツの刑務所で奴隷労働を生き延びた。彼女は非常に勇敢で、強い左派的理想主義の意識によって突き動かされていた。ドイツ敗北の見通しがまったく立たない時点で彼女がとった行動は、日々の生活を続けようとするフランスの大部分の人々に、非現実的だと思われただろう。そしてドイツ軍は、抵抗なしに生活を続けることを（ユダヤ人でない限り）容易にした。ワルシャワやミンスクでは考えられないことだった。不特定多数が選んだ「受け身で何もしない」という選択肢は、もちろん尊敬できるものではなかったにせよ、少なくとも理解できるものではあった。

一九四四年、ド・ゴール将軍はフランスの英雄として帰還すると、同胞に「永遠のフランス」は一つだと宣言した。これで、すべてのフランス愛国者がナチスの侵略者に立ち向かった、という神話が作られたのだった。より複雑な現実が頭をもたげるのには、時間がかかった。ヴィシー政権下のフランスに関する研究の先陣を切ったのは、フランス人ではなく、アメリカ人の歴史家ロバート・パクストンだった。

だが、占領時の対独協力や妥協、または英雄的な抵抗運動といった微妙な図式が一般的に知られるようになった現在でも、パリの表面的で無抵抗な日常生活は、現代のフランス人にとってはショッキングかもしれない。フランス人写真家アンドレ・ズッカは、ナチスのシンパではなかった。一方、彼はドイツに対して特に敵意を感じてもいなかった。歴史家ジャンピエール・アゼマが、ズッカの写真集『占領下のパリ市民（*Parisians under the Occupation*）』の序文で述べているように、ズッカは「親ユダヤ主義の見本とは言えない」。

ズッカは単に戦前の生活を続け、一流雑誌に自分の写真を載せたかっただけだ。当時最もきらびやかな雑誌は、アグファカラー満載のナチスのプロパガンダ誌『シニャル(*Signal*)』だった。昨年、その時代の写真がパリ市歴史図書館で展示されると、メディアは驚きを隠せなかった。「占領された国の甘い生活を強調する」「勝者の祝い」が、「何の説明もなしに」展示されるのは理解できない、と。

おそらくもっと説明はできたはずだ。だが展示された写真は、それが見せていないものにおいて、より明確な意図を示している。人々が強制連行される姿は見えない。唯一、リヴォリ通りに沿って歩く老婦人が黄色い星をつけているのが、ぼんやりと見える。半分空っぽの食料品店の前にできた、長い行列の写真も見当たらない。北西部郊外のドランシーの写真もない。ユダヤ人が家畜列車に詰め込まれて東に運ばれる前段階で、ぞっとするような環境の中、強制収容されていた地区だ。

しかし、常にアグファカラーの素晴らしい色彩で撮影されたズッカの写真は、やはり何かを語っている。現代人の目には、そこに記録された「日常」の独特な空気が「異常」に映るのだ。それは、まさにすぐ角を曲がった場所で残虐行為が行われているにもかかわらず、保たれていた日常だからだ。

私たちの目にはパレ・ロワイヤルの庭園で編み物をする老婦人たちの姿が映る。シャンゼリゼのカフェには、小粋に着飾ったパリジャンが食前酒を楽しむ姿がある。若者たちがセーヌ川で水遊びする様子もある。ロンシャン競馬場では、細工を施した帽子を被るファッショナブルな女性がいる(これは一九四三年八月、ユダヤ人の強制移送が本格的に行われた時期の写真だ)。

確かに通りには、あまり車が見えない。軍服姿のドイツ人男女がそこここにいて、コーヒーを飲んだり、メトロの駅に入ろうとしていたり、吹奏楽団で演奏したり、凱旋門《がいせん》の無名戦士に敬意を表したりしている。それでも全体的な印象は、フランス人がよく使う「どうにかする（se débrouiller）」という表現がしっくりくる雰囲気だ。できる限りの最善を尽くし、対処するとでも表現したところか。

2

一定数のフランス人男女（おそらく我々が知りたいと思う以上の数）にとって、占領は実際には新しい機会の源であった。「コラボ」にとって占領が甘い生活の日々だったことは、はっきりしている。しかし、パトリック・ビュイッソンの二巻からなる注目すべき作品の二巻目『1940～1945、エロティック歳時記（*1940-1945, Années érotiques*）』は、ドイツ軍兵士の存在が多くのフランスの女性にとって、解放を意味したことを伝えている。それはブルジョワ社会の権威主義的な拘束に反抗する若い女性、ロマンスを求めるオールドミス、未亡人、孤独な独身女性、不幸な結婚に囚われている女性など、いろいろなタイプの女性を含んでいた。

ビュイッソンは、これらの「水平的な協力」（つまり敵と寝ること）に従事した何万人もの女性を裁こうとするのではなく、その動機の複雑さを理解するよう読者に求めている。ビュイッソンは映画スター、ファッション関係者、立身出世を狙う野心家など、占領下で人より多くの利益を得た輩を軽蔑している。アルレッティ、ココ・シャネル、スージー・ソリドールなどなどだ。しかし彼は、ドイツ人と付き合った大勢の無名の女性に戦後、率先して魔女狩り並みの復讐をしたフランス男性たちをも同様に非難する。女性たちは服を剝ぎ取られ、裸にされた状態で公衆の面前を引き回された。彼女たちは髪を刈られ、体にはスワスティカ（鉤十字）を塗りつけられ、群衆に責め立てられた。ビュイッソンはこう書く。

「ドイツが敗北した時、または敗北する寸前、「ボッシュ（ドイツ人の蔑称）の女」はフランス人男性にとって、もはや危険を伴わない戦闘を延長し、それまで見せつけることのできなかった自分たちの男らしさを確認するための、代理敵となった」

特に当時、生を受けていなかった人間が、後付けで占領下の人々の行動を告発するのはいかにも簡単だ。本年初めにニューヨーク公立図書館で展示されたような戦時フランスの手紙、書類、書籍、写真を見ると、謙虚な気持ちにさせられる。しかし、暗い照明のもとで展示品を読むのは必ずしも容易ではなかった。

そのため『対独協力とレジスタンス』が出版されたのは幸運なことだ。これは上記の展覧会のためのカタログではないが、同じ資料が多く掲載されている。ナチスの占領下で妥協が奨励され、表向きの「普通」や「日常」が課されたパリで生きることがどれほど難しかったのか、理解を深める手助けになる。そこには勇気がある一方で、臆病さや卑劣な妥協もあった。

人々は生きなければならず、作家は出版の機会を望んでいるし、芸術家は描き続けたい。ナチス支配下の他の国々では、協調と抵抗活動の中間を取るという選択肢は、ほとんどなかった。フランスにはその選択肢があったがために、道徳的な決断をすることが難しかったり、少なくとも複雑だったりした。パクストンはこう述べている。「これらの危機に対してフランスの作家、編集者、出版社が示した反応に「協力」か「抵抗」というレッテルを貼って、どちらかの箱にうまく収めようという考えは避ける必要がある」と。

たとえばジャン・コクトーだが、彼は自分自身を写真家のズッカのように、「非政治的」と考えたがっていた。そして「ドイツ嫌い」を一九世紀後半以降の、洗練されない偏見と考えていた。その一方で、コクトーはフランス人のファシストから、フランスの道徳を乱す、退廃的な同性愛者として憎まれていた。ピエール・ドリュ＝ラ＝ロシェルやロベール・ブラジヤックのような有名な対独協力者たちは、コクトーのことを「enjuivé」つまり「ユダヤ人化」していると評していた。対してコクトーは、ヴィシー政権を「犯罪者ボーイスカウト集団」と軽蔑していた。

コクトーは頻繁にドイツ人主催の文学サロンに足を運んだ。ドイツの士官や作家エルンスト・ユンガーなどと高級レストラン「マキシム・ド・パリ」で食事をともにしたし、ヒトラーが贔屓にしていたアルノ・ブレーカーがアーリア人種への賛美を込めて彫った大理石彫刻を讃えた。芸術を通して結ばれる友情は、品のない愛国心の押し売りよりも、貴重なものだったと主張している。戦前から知っていたブレーカーの作品を称賛したことは、コクトーにとって、心の狭い愛国主義に対する反抗でもあった。そして何よりコクトーは、面白そうなパーティーへの招待を断るタイプの人間ではなかった。リール通りにあるドイツ文化協会でのパーティーは、招待客のいかがわしさに勝るほど豪華だったのだ。

はたまたその一方でコクトーは、反ユダヤ主義者とも言えなかった。友人の詩人、マックス・ジャコブをドランシーから救出しようと奔走したが、その願いは叶わず、ジャコブは収容所で一九四四年に亡くなった。そしてユンガー、ブレーカー、またドイツ研究所の主任だったカール・エプティングのような人たちとのコネを作るのには、それなりの理由もあった。彼らの後援は、はるかに凶暴なフランス人のナチス党員から、身を護るための策だったのだ。コクトーの伝記を書いたクロード・アルノーは、こう記している。

「一九四一年春、極右のメディアがコクトーを攻撃した際、ブレーカーは「自発的」に、「何かまずいことが起こった場合に備え、ベルリンと特別なルートで連絡を取る方法」を教えてくれた」

前出の若い審美家、フィリップ・ジュリアンもそうだが、コクトーの経験は、ナチス占領下のほとんどのフランス人からみて、典型的とは言えない。たしかに同胞の大半のように、勇敢でもまったく卑屈でもなく、困難な状況に適応しようと日々を生きたサバイバーであった。だが作家、映画制作者、詩人としてこの時代を生き抜いたということは、いくらかの寛大さをもってすれば、一種の抵抗行為とも見ることができる。アルノーは、コクトーのそのような態度は利己的ではあるだろうが、占領下のパリの芸術家や芸能人の間で珍しくなかったと分析している。

フランスの生活が続けられていること、またはその優越性を、ドイツ人に認めさせようとする思いもあった。そのためには劇場やナイトクラブを、何事もなかったかのように、再開させる必要があった。詩の朗読、ドラマチックな悲劇の上演、大きな笑い声は、フランスが変わらないことをドイツ人に示す機会でもあったのだ。

それまでのように愛し、書き、踊り、演じ続けるのは、行進する軍靴の音を掻き消すことだった。生きる活力は、死の軍隊に屈しないという思いを強くさせたのだ。そのような態度がすべてのフランス人アーティストによって共有されていたとは言えないだろうが、コクトーはそう信じていた。しかし、異常時にどれほど正常な芸術生活を続けようと努力したところで、占領下の状況は、彼のボヘミアン的基準をもってしても特異だったに違いない。

戦争中のコクトーの行きつけの場所の一つに、ヴィルジュスト通りの「クレーベルの星」という名の売春宿があった。オーナーはマダム・ビリーという名物女将だった。エディット・ピアフは、しばらく彼女の世話になっていたことがある。映画俳優のミシェル・シモンは客として頻繁にやってきたし、モーリス・シュバリエや、ジゴロを引き連れた女優ミスタンゲットも出入りしていた。闇市で調達された材料で調理される食事は見事で、会話も素晴らしかった。夕食にありつくために、ピアフが歌声を披露することも、客たちには魅力だった。コクトーにとって、それは苦しい時代の避難所だった。

しかしその宿は、コクトーとコクトーのきらびやかな友人のためだけにあるわけではなかった。完璧な私服に身を纏ってはいたものの、売春宿を終始訪れる顧客層はドイツ人将校で成っていた。秘密国家警察ゲシュタポの警官もしかり。ゲシュタポの拷問部屋は、実に宿の近く、ローリストン通りにあったのだ。さらに奇妙なのは、フランスのレジスタンスのメンバーも、この宿に頻繁に通ったことだ。ごく稀に不愉快な出来事が起きることはあった。ドイツ警察が、ユダヤ人狩りのためにフランス人客にズボンを下ろせと命令する時などだ（ユダヤ人男性は割礼しているはずだという根拠に基づいている）。作家ロジェ・ペルフィットによると、皆この命令に抗議したが、コクトーはかえって楽しんでいたという。

「クレーベルの星」で見られた場面の数々は、社会の主流で起こったことではない。だが、ズッカの写真のように、占領下のヨーロッパの他都市では想像することができない戦時期のパリの側面を明らかにしてくれる。本を出版したり、劇を上演したり、映画を撮ったりすることで、サルトルやコクトーのような芸術家は、ドイツ軍に協力していたと言えなくもない。パリでは「常時」が続いているというドイツ軍が作り上げた幻想を、持ち上げる手助けになったのだから。

しかし、パクストンなどの記述によれば、そこには多くの灰色の領域があった。個人的な忠誠心が政治的原則を破り、妥協が抵抗行為と混ざり合っていた。たとえばカミュは、対独協力者によって運営されていたガリマール出版から本を出したが、レジスタンス運動の秘密雑誌『戦闘（*Combat*）』の編集もしていた。

3

エレーヌ・ベールには、灰色の領域など存在し得なかった。彼女自身が、それまで他人と違うと感じたことがなくとも、敵の目にはユダヤ人に違いなかった。彼女にとって、まったく不可能な状況になるまで、それまでと同じ生活を送る努力をすることは、プライドの問題だった。だが、一九四二年に制定されたヴィシー政府の法律によって、一級教員資格試験を受けることができなくなった。そこでキーツの詩におけるヘレニズムの影響に関する博士論文に打ち込み続けた。

そして彼女の運命を決定づけたのは、生まれ育った愛するパリを去るのを頑なに拒んだことだった。家族で移住することに同意すれば、ドランシー収容所から父親を解放する、という交換条件を突きつけられたが、一九四二年七月二日の日記にこう記している。パリを離れるということは「自尊心という感情を犠牲にすること」[38]と同じだ、と。

ベールはまた、ユダヤ人国家設立のためのシオニスト運動を軽蔑していた。それは自発的に追放されるのに等しく、知らずとドイツ人の手の上で踊らされることになるというのが理由だった。逃避は、敗北に他ならないのだ。レジスタンスに身を投じることが、唯一の名誉ある選択だった。逃げれば「闘っている他のフランス人から引き離されることを受け入れる」[39]ことになる。

38 同上、八八頁
39 同上、八九頁

良かれと思ってこそ、ベール一家に逃げるよう促す人々がいた。エレーヌ・ベールによれば、彼らは「(祖国であるフランスを)去ることはわたしたちにとって、彼らと同じくらい辛いのだとは理解できない人たち。なぜなら、彼らはわたしたちの立場になって考えることができず、わたしたちは生まれつき亡命を運命づけられていると思っているからだ[40]」

すべての屈辱的経験の中で、これはおそらく彼女が一番鋭く感じたものだった。自分にとって同胞であり、味方であるフランス人でさえ、祖先の違いでベールを異種の人間であるように話すことに傷ついた。ユダヤ人であることで苦しむことを余儀なくされるとは、ベールにとって残酷だが、甚だ馬鹿げたことだった。その馬鹿馬鹿しさに付き合い逃げるなどということは、臆病な行為に他ならなかった。

同時に強制される苦しみは、別種の連帯感も生み出した。一九四二年に出された黄色の星着用命令は、ベールの目に野蛮行為として映った。そのため当初、本能的に着用を拒否した。だが一九四二年六月四日、別の考えが頭に浮かんだ。

「他の人たちがそうするなら、自分がしないのは卑怯だと思う[41]」。彼女は続けた。「ただ、もし身につけるなら、それがどういうことか人々に見えるように、わたしは常にとてもエレガントで、とても堂々としていたい。わたしはいちばん勇気ある行為をしたい。今夜、それは記章を身につけることだと思う[42]」

実際にエレーヌ・ベールは、早い段階でレジスタンスに参加した少数の勇敢な人々の一人だった。一九四一年、彼女はユダヤ人の子供を追放から救う極秘ネットワークに入った。このことで、自分の家族が直面する苦難とは別の所で、人間の冷酷さや残虐行為の深刻さを、すぐに知ることになった。六歳の子供に黄色の星を着用させなかったために、強制収容所に送られた女性がいた。一九四二年七月には、一万五〇〇〇人のユダヤ人が水、電気、トイレ、食料のないパリの競輪場に詰め込まれた。死が待つ収容所に送られるために。この悪名高い出来事は、フィリップ・ジュリアンの日記には記録されていない。

常に自分の家族や友人、そして秘密裏に世話をしている子供たちの死を恐れ、ベールは、「普通の瞬間」を夢見るようになった。それがいかに短くとも。一九四二年九月七日、大学図書館を訪れ、こう書いている。

「自分が別の世界から出てきたみたいな気がした。アンドレ・ブトゥロー、アイリーン・グリフィン、ジェニーがいた。ふたりでオデオン通りに出て、それからクリンクシェック書店とビュデに行った。うちに戻ってシューマンの協奏曲とモーツァルトの交響曲を聴きながら、ドゥニーズとおやつを食べた[43]」

ベールが占領以前の人生の断片を垣間見ることは、その後次第に稀になっていった。一九四三年までに、迫害される人々と、そうでない人々との間の溝は、埋めることができないほ

---

40 同上、八九頁
41 同上、五二頁
42 同上、五二頁
43 同上、一三三頁

ど深くなっていた。しかし、ベールの心を乱したのは、対独協力者と抵抗者といった違いではなかった。何よりも傷ついたのは、彼女の周りの、善良で、まともな人たちの無関心や、上から目線の憐憫だった。それが、彼女に日記をつけさせる動機となった。一九四三年一〇月九日にこう書く。

「他の人たちは知らない――彼ら以外の人々の苦しみ、ある者たちが別の者たちに加えている害悪のことなど思いもよらないのだと気がつく、なんとも辛い体験が一日じゅう、毎時間、繰り返される。そしてわたしはいつも、語るという、この苦しい努力をしようとする。なぜならそれは義務だから。わたしが果たせる、おそらく唯一の義務だから[44]」

一週間後、ベールは昔からの非ユダヤ人の学生友達と地下鉄の駅に向かって歩いていた。「私たちとはいかに違う世界に住んでいることか」と記す。ブレーナールトというその友人は、アネシー湖でのヴァカンスから戻ったばかりだ。ベールはそのような友人を羨ましく思うこと、また彼らの鈍感さをなじるような行為を拒んだ。同情されたくなかったのだ。しかし、日記に次のようにも書いている。

「この人はなんて、わたしたちから遠いところにいるのだろう![45]」

「でも、彼らがわたしたちからどれほど遠い世界にいるかを目のあたりにするのは、辛い。ミラボー橋の上で、彼は言った。「夜、外出できなくて、寂しくないかい?」なんてこと!この人は、わたしたちの境遇がまだそんな段階だと思っているのだ![46]」

この日記を読むことが辛いのは、私たちが、その後、書き手に何が起こったかを知っているからだけでなく、彼女自身も自分に何が起こるだろうかを鋭く察知していたからだろう。一九四三年一〇月二七日、ベールはキーツの有名な詩を引用している。

この生きている手は　今は　温かく
しっかり握ることもできる　もし冷たかったら
墓の凍てつく静寂の中で
あなたの日々につきまとい
あなたが夢見る夜を冷やすだろう
あなたが自分の心臓にも　血が通わなくなることを願うほどまでに

ベールは自分の手が冷たくなることを望んでいなかった。人は誰も正確には自分の死を想像できないだろう。彼女は愛する婚約者で哲学専攻の学生ジャン・モラヴィエキに、また会える日を夢見ていた。彼は北アフリカの自由フランス軍に参加するため、スペインに逃れていたのだ。だがモラヴィエキは、もしベールが強制移送の憂き目に遭った場合、彼女の日記

44　同上、一六七頁
45　同上、一七五頁
46　同上、一七六頁

を受け取ることになっていた。戦後、モラヴィエキはベール家の料理人アンドレ・バルディオーから、それを渡されることになる。

一九四四年三月八日、午前七時に、エレーヌ・ベールと両親が、とうとう逮捕された。二七日、彼女の二三歳の誕生日に、皆、家畜列車に詰め込まれ、アウシュヴィッツへと送られた。母親は四月にガス室で処刑された。父親は、九月に殺された。収容所仲間は、ベールがブランデンブルク協奏曲やセザール・フランクのヴァイオリンとピアノのためのソナタのメロディーを口ずさみ、士気を維持しようとしていたことを覚えている。

三月二二日、フィリップ・ジュリアンは日記にこう記した。

「田舎で過ごした二〇日間は、とても楽しいものだった。パリに戻ってくるのは面白くない。いつも苛立ちを感じ、非常に疲れる。襲撃で緊張し、ドイツへの強制送還の恐れもある。英雄的でない者にとっては、びくびくと過ごさねばならない不安定な時代だ」

パリは一九四四年八月二五日に解放された。ジュリアンはドイツによる占領が終わったことを喜んだ。だが、一〇月二日にはこう書いた。

「パリはより自由になったかもしれないが、不快でもある。ワグラム通りには、ドイツ人の腕の中にいたよりも多くの、一張羅に身を纏った女性が、アメリカ人の腕の中にいる。エトワールのメトロで見られる、はしたなく、嘆かわしく、淫らな様子。愚かな出会い、失われた時間や命」

エレーヌ・ベールは、まだアウシュヴィッツにいた。一一月になるとベルゲン・ベルゼン強制収容所に移された。イギリスとカナダの軍隊が収容所を解放する五日前の一九四五年四月一〇日、チフスに冒された弱り切ったベールに、寝床から立ち上がる力は、もはやなかった。そして警備員の一人に殴られ、死んだ。

戦争で何百、何千万もの命が奪われた。その多くはひどい状況下で。それからも多くの命が奪われ続けてきた。だが、一人の特別な若い女性エレーヌ・ベールの尊い死ほど、死の無意味さ、大いなる恐怖を見せつけられるものはない。彼女の最も切実な想いを、私たちは残された日記から知ることができる。中でも、一九四三年一〇月二五日の記載が、特に私の心に残っている。ベールは婚約者が戻った時、自分がもうそこにいないのではないか、という不安に苛まれている。

「でも、それは恐怖ではない。わたしは、自分の身に起きるかもしれないことを怖れてはいないから。わたしは起きたことを受け入れるだろう。これまでも、辛いことをたくさん受け入れてきたし、試練に対して反抗するような性格ではないから。でも、自分の美しい夢がまっとうされなくなる、実現できなくなるのが怖い。自分の身ではなくて、存在できたはずのこの美しいものが存在できなくなることを怖れているのだ」[47]

DECEMBER 17, 2009, *The New York Review of Books*

47　同上、一八〇頁

ドイツの破壊

The Destruction of Germany

1

一九四三年の夜、英王立空軍ランカスター爆撃機を操縦してドイツの主要都市に攻め入ることは、煌々《こうこう》と照らされた部屋に真裸の状態で入っていくようなものだったであろう。無防備そのものの瞬間だったはずだ。

サーチライトが織りなす、目を開けていられないほどの強い光の網の中に閉じ込められ、多方向からの対空射撃に翻弄される。上から戦闘機が攻撃してくるのではないかという恐怖もある。摂氏零度以下の凍てつく空気の中で、延々と続く緊張と睡眠不足から疲労が増す。何時間も同じ姿勢で狭苦しい席に座り続け、四肢が痛み始める。周りには飛行機が生き残りをかけて出す、耳を劈《つんざ》くようなエンジンの轟音が鳴り響く。

それを操縦するパイロットは、自分がいつの瞬間でも、粉々に爆破されるであろう危険と隣り合わせであることを承知していたはずだ。そしてそれはまさにドイツのどこかで命を落とした英爆撃機軍団の五万五〇〇〇名以上のパイロットたちに、実際に起こったことだった。

しかし爆撃機の乗組員は、幸運にも対空射撃をすり抜けられれば、自分たちが引き起こした地獄絵を垣間見ることができた。煙と炎の嵐は六〇〇〇メートルの高さに達した。ルール川沿いの工業都市エッセンは、爆撃機のパイロットの一人に「沸騰する巨大な鍋のよう」と形容された。鍋は真っ赤に燃える夕焼けのようで、二〇〇キロメートル以上の距離からでも確認できた。他のパイロットはこう言った。

「あれがきっと、キリスト教徒が想像する地獄だろう。その晩、私は平和主義者になった」

さて今度は、ハンブルクやブレーメンの暗い地下貯蔵庫に押し込まれ、一酸化炭素や他のガスの中で喘いでいる様子を想像してみてほしい。火の嵐は徐々に、地下の空間をオーブンに変えていく。それでもまだ窒息しない人は、外で台風のように荒れ狂う災いに直面しなければならない。火の嵐は酸素を空気から吸い取り、ますます息苦しくなる。息ができても、熱で肺が焼ける。溶けていくアスファルトの中で死を迎えることも考えられるし、熱くなった川で溺れることも考えられる。一九四五年春の終戦までに、人工の炎の嵐の中で、最大六〇万人が焼かれたり、窒息させられたり、茹で上げられたりして死んでいったのだ。

また、このようなシーンも想像してみてほしい。強制収容所に収容された人々が、無残に炭となった焼死体を防空壕から掘り起こす作業をさせられている。床はヌルヌルしていて、指の大きさくらいある蛆虫が湧いている。そんな壮絶な場面を描いた数少ないドイツ人作家の一人ハンス・エーリヒ・ノサックは、こう記す。

「街の支配者はドブネズミとハエだった。大胆で、丸々と太ったドブネズミが街中を徘徊していた。だがさらに気色悪いのは、見たこともないほど巨大な、光がかった緑色のハエだった。ハエは大きな群れをなして道路を塞ぎ、破壊された壁の上で山積みになって交尾して疲弊し、窓枠の瓦礫の上で満足気に羽を休ませるのだった。それ以上飛べなくなると、非常に小さな割れ目から我々の住処に這って侵入してくる。目を覚まして最初に耳にする音は、ハエがブンブンと旋回する音だった」

これらは異なる視点から見た同じ出来事である。空中で爆破した爆撃機のパイロット。地下室で焼かれた民間人。そして素手で黒焦げの遺体を収集しなければならなかった収容所の強制労働者たち。そんな人々はすべて、同等の苦しみを味わったのだろうか。死はすべての社会的区別を、帳消しにするのだろうか。実際、話はさらに複雑になる。

詩人で歌手のヴォルフ・ビーアマンは、母親と暮らしていたハンブルクの労働者階級地区ハンマーブルックに爆弾の雨が降った当時、六歳だった。炎を逃れるために母親はヴォルフをエルバ運河まで引きずり、息子を背中に必死で泳いだ。彼は「ナチスの松明のように」燃えていく三人の男性を目撃したのを覚えている。工場の屋根が「彗星のように空を飛んだ」のも見ている。ヴォルフ・ビーアマンの父親は同年、アウシュヴィッツで殺害された。ヴォルフは「ジャン・ギャットのバラード」で、こう歌う。

「私はダビデの黄色い星の下に、ドイツに生を受けた。だからイギリスの爆弾を、天からの贈り物として受け入れた」

一九四三年の後半、ベルリンを「ハンブルク化」するために、英王立空軍元帥アーサー・

トラヴァース・ハリス卿は空軍の最大限の力を行使する決意をした。彼は「ボンバー・ハリス」という異名でも知られた軍人だった。

私の父は当時オランダの大学生で、ドイツの占領軍に忠誠を誓うことを拒んだために東ベルリンの工場に移送され、強制労働を余儀なくされていた。英空軍の爆撃機の第一波が一一月の寒い夜、ベルリンの空域に入った。外国人労働者を守る唯一の物は、浅い壕だけだった。工場は最初の直撃を受け、死者も出した。それにもかかわらず私の父と友人は、英空軍が錯綜した状況を逆手にとって、すぐに猛烈な追い打ち攻撃を仕掛けなかったことに失望した。

実際にはベルリンの崩壊は、その後二年近くほぼ毎日行われた攻撃によって達成されたのだった。イギリス軍は夜中に、アメリカ軍は日中に攻撃を続けた。戦争も終盤になるとソ連軍も加わり、その外観と発射音から「スターリンのオルガン」と呼ばれた多連装ロケット砲を発砲してベルリンを攻めた。

だが、ハリスが誓ったベルリンの「ハンブルク化」は、失敗に終わった。街の大部分が一九世紀に建てられたベルリンは、頑丈なレンガ造りの建物や幅広い大通りでできており、木造の家屋が密集する中世の町ほど簡単には燃え尽きなかったのだ。そのため爆撃は繰り返され、私の父を含む何百万人もの人々が、寒さとドブネズミに晒され、慢性的な困窮状態に追いやられた。

南カリフォルニアに亡命していたトーマス・マンは、空爆をドイツ人の「身から出た錆だ」と言い放った。これは、第二次世界大戦中およびその後にも連合国においてよく見られた、ごく一般的な見解だった。結局のところ、ヨーロッパの破壊を始めたのはドイツ人だったのだ。ドイツの爆撃機はワルシャワ、ロッテルダム、コヴェントリーの多くを破壊した。そしてそれは、英空軍によるドイツ都市の無差別爆撃以前に行われたことだった。「戦略的爆撃」とも称されるその作戦は、特定の目標ではなく都市全体を破壊し、民間人の士気を喪失させることを目指していた。

ヒトラーはイギリスによるハンブルク空爆を先駆けること三年の一九四〇年、ロンドンを灰にすることを夢見ていた。アルベルト・シュペーアにこう語っている。

「ゲーリングはロンドン全土で火災を発生させる、無数のまったく新しいタイプの爆弾を落とすのだ。……我々にはロンドンを完全に破壊することができる。本当に燃え出したら、奴らの消防士ごときにいったい何ができるというのだ」

「ドイツ人の受難は自業自得」という論理は、いまだにイギリス人がドイツ人のサポーターをサッカースタジアムで罵倒する際に使われている。イギリスのファンが一斉に腕を伸ばし、ドイツを破壊した英空軍爆撃機をまねるのだ。最近までほとんどのドイツ人は、そんなジェスチャーに抗議することがなかった。

作家のW・G・ゼーバルトは、今となっては名講演として知られ、後に『破壊の自然史[48]（*On the Natural History of Destruction*）』に収められた一九九七年のチューリヒでのスピーチでこう非難する。戦後ドイツの作家たちは、国土の破壊を執筆の題材とすることを怠り、その遺産と真摯に向き合うことがなかったと。この文学的沈黙は、より一般的な沈黙にも反映されているという。ゼーバルトは「戦勝国への羞恥と意地によって生じたなかば自然な反応が、押し黙り、眼を背けることだった」[49]と述べている。

一九四六年、スウェーデン人ジャーナリストのスティグ・ダーゲルマンが、延々と続く瓦礫の荒野と化したかつてのハンブルグの人口密集地域を列車で通り過ぎた。その列車は当時のすべてのドイツの列車の常で大混雑していたが、その中に窓から外を眺めた人は、誰一人としていなかったという。外を眺めていたダーゲルマンはその時いかに自分が外国人であるかを痛感したという。ゼーバルトは続ける。

「……国民国家の集合的記憶を維持しようとした作家たちを含め誰一人として――おのれも同罪との自覚があったからこそ――、屈辱に満ちた数々の光景を人々の記憶に甦らせることはできなかった。たとえば一九四五年二月、ドレスデンの旧市街アルトマルクト広場で、トレブリンカ強制収容所で経験を積んだ親衛隊分隊の指導下、六千八百六十五体の屍が荼毘に付されたときの光景を」[50]

向き合われることのなかった罪の意識は、確かに沈黙の理由の一つだったかもしれない。だが、ドイツ人のホロコーストに関する良心の呵責は、終戦後二〇年ほど経て、徐々に部分

48　W・G・ゼーバルト、鈴木仁子訳『空襲と文学』（邦題）白水社、二〇〇八年
49　同上「空襲と文学――チューリヒ大学講義より」『空襲と文学』三三頁
50　同上、九二頁

的に頭をもたげてきたものである。ドイツのリベラル派や学者、芸術家が自国の自己犠牲のナラティブを避けた理由には、政治的なことも作用していた。ドレスデン空襲は長い間、ドイツの報復主義者や極右が、自国の罪を否定する際に引っ張り出してくるお気に入りの例だったのだ。

彼らがウェブサイトや『ナツィオナール・ツァイトゥング』紙のような右翼メディアでよく使う修辞技法は、ナチス犯罪を形容するのに使用された言葉を、連合国側にそっくり返して使うことだ。そうやって連合国による「空襲ホロコースト」や、「ただドイツ人だというだけで」民間人が壊滅の標的になった、などといった主張が繰り広げられる。「六〇〇万人」という数字が、あたかも連合国の空襲で死んだ民間人の数であるかのように誇示される。『ナツィオナール・ツァイトゥング』はこう結論づける。「確かにドイツ人に対するホロコーストがあった。だが、ナチスによる犯罪を否認した場合とは対照的に、ドイツ人に対するホロコーストを否認したとしても、刑罰に処される危険はない」。このような主張に、ほとんどのドイツ人は関わりたくないだろう。

ドレスデン空襲に関しては、偽善的ではあるが後にチャーチルでさえ非難したほどで、悪意ある作戦ではあった。だが、その論理は戦争終結時にドイツ軍がシレジアやズデーテン地方で行った民族浄化に関して、より当てはまるだろう。だからこそドイツ国内では、ドイツ人を犠牲者として見る行為に「禁断のオーラ」がつきまとうようになったのだと、ゼーバルトは指摘する。だが、それは彼の言うように、見てはいけないものを見る時に伴う罪の意識のせいかと言えば、そうとも言えない気がする。きな臭い、眉唾物の政治と距離を起きたい願望が、インテリの間では強かったせいだろう。

極端は、もう一方の極端を刺激する。「連合国のホロコースト」を糾弾するネオナチに対抗しようと、「アンチ・ファシスト・アクション」というグループは、ベルリンの英国大使館の前に集結し「ありがとうイギリス」パーティーを催す。「ニューヨーク、ロンドン、またはパリ、皆ボンバー・ハリスを愛している！」と唱えながら。

作家であり学生運動の元リーダーだったペーター・シュナイダーは、ゼーバルトに反論したが、それはおそらく正しかった。「（戦後世代には）あまりにも重荷となる期待がされていた」と。彼らは「ナチス世代の頑固な沈黙を破るのと同時に、ドイツ民間人やドイツ難民の運命を考慮することまで」期待されたのだ。しかしゼーバルトが、そろそろそのような問題にも注意を払うべき時が来た、と指摘したことも間違っていなかった。「ドイツの苦しみ」という題材が、『ナツィオナール・ツァイトゥング』紙や、その苦々しい賛同者の手の内を離れる時が来たのだ。

2

被害者としてのドイツの沈黙は、ヨルク・フリードリッヒが二〇〇六年に『炎（*Der Brand*）』を出版したことで衝撃的に破られた。この作品はドイツの破壊を都市毎、月毎に徹底的に容赦なく記述しており、その内容はテレビのトークショー、新聞の論説やラジオ討論、関連書の出版などにおいて、絶え間ない議論を引き起こした。まるでそれまで口の利けなかったドイツ人が突然、話しても話しても止まらないといった様子で議論を続けた。

フリードリッヒは報復主義者やホロコースト否定論者ではない。まったくその逆だ。髭面の彼はペーター・シュナイダーが代表する六八年世代の一員で、ジャーナリストとしてのキャリアの大半を第三帝国の犯罪や、ドイツ連邦共和国のネオナチの兆候を糾弾することに費やしてきた。

おそらくフリードリッヒは、ナチス関連の仕事が一段落し、反対の側面を見る時が来たと感じたのだろう。いずれにせよ、彼の連合軍による無差別爆撃のリサーチには大いなる情熱が感じられる。『ホロコースト百科事典（*Enzyklopädie des Holocaust*）』など過去の著述にも見られるように、正義感に満ちた怒りにも溢れている。そんなフリードリッヒは、『炎』の視覚支援資料として、荒廃した街や焼死体など空襲を受けた廃墟がどんな様子だったのかを伝える『炎の現場（*Brandstätten*）』という写真集も出版した。

一部のイギリス人コメンテーターに、フリードリッヒは「連合国を告発することによってチャーチルを戦争犯罪人に仕立て上げ、ドイツ自身の戦争犯罪を誤魔化そうとしている」と非難された。だが実際には、彼がチャーチルを戦争犯罪人呼ばわりしたり、ドイツの戦争犯罪の言い訳をするようなことはない。詳述こそしないが、ドイツこそが、ワルシャワやロッテルダムのような大都市で爆撃を開始した張本人であることにも触れている。

彼はまた、一九四一年にヘルマン・ゲーリング指揮下のドイツ空軍が、イギリスの三万人の民間人を殺害したことも指摘し「ドイツの滅亡は、ヒトラーがもたらしたもの」であるということを、読者が認識するよう求めている。だが、これは目下の課題からはそれる。

フリードリッヒは戦略的爆撃の種類に関して、明確な区別を設けようと試みる。一つはあくまでも地上の軍事作戦を支援するための戦術としての爆撃。もう一つは標的の恐怖心を煽ったり、大規模な破壊行為することで戦争に勝利するという「戦略教義」に基づく「都市爆撃」、別名「無差別爆撃」だ。この二種の爆撃は根本的に違うというのが、フリードリッヒの主張だ。そしてドイツは常に前者の目的で爆撃を行い、同盟国側は後者を選んだとも言う。

だが、フリードリッヒが主張する二者の区別が、そこまで明確であるかどうかには疑問が残る。ドイツ空軍が、戦場における戦術としてだけでなく、恐怖心を煽り士気を喪失させる手段として、ロンドンの労働者階級地域を電撃戦の標的としていたことは明らかだ。だがその一方で、同盟国側が無差別爆撃の有効性を極限まで引き延ばして解釈し、主張した結果として、一九四五年の広島と長崎の原子爆弾投下があったとも言える。

民間人の爆撃自体は新しい現象ではなかった。フリードリッヒは、一九一五年にドイツがツェッペリン飛行船でイギリスを爆撃したことに触れている。爆撃の五年後、当時戦争大臣兼航空大臣だったウィンストン・チャーチルは、アラブ人とクルド人による反乱鎮圧の手段として、メソポタミアに爆弾を落とした。その空爆に参加したヒュー・トレンチャードは、一九二八年になると、将来の戦争で敵を破壊する最良の戦略は、軍隊を直接攻撃するのではなく、軍事力を維持するための工場や水路、燃料、電力の供給ラインや物資の輸送路を攻撃することにある、と主張した。これはまさに、英空軍が一九四一年前半にとった戦略だった。

しかし、イギリスの爆撃機がドイツの工場や造船所を攻撃できる機会は、ほとんどなかった。日中または明るく月に照らされる夜以外は爆撃目標を定めるのが困難で、さらに正確に爆弾を投下することは、ほとんど不可能だったのだ。試行の代償も高すぎた。そのような爆撃を遂行したパイロットの半数以上が命を落とした。そして五つの爆弾のうち、標的の半径五マイル以内に落ちる確率は一つだけだった。都市部の爆撃は、精密性を追求するのではなく、無差別に行う方がより容易な選択だった。

すでに一九四〇年、ドイツがまだ無敵に見えた頃、チャーチルは戦争に勝つための確かな道は一つしかないと信じていた。それは「非常に重い爆撃機がこの国から飛び立って、ナチスの祖国を襲うこと」だ。チャーチル世代の人々が、自国の絶望的な状況以外にこの手段を信じた理由には、第一次世界大戦の遺産である長期戦のトラウマがあった。何年にもわたる殺し合いの消耗戦をもう一度戦うということは、耐え難かった。迅速に終わらせるに越したことはなかった。

だが、英空軍がチャーチルの考えを試みるのには、資金準備に三年の月日を要した。その頃までには無力感と失敗の苦悩から、戦略が入念に練られていた。その背後にいた主な立案者は、チャールズ・ポータル中将だった。一九三四年に赴任した現南イエメンの英領アデンでは、反乱を起こした部族を爆撃した経験があった。英空軍の爆撃司令部長を彼から引き継いだのが、メソポタミアを爆撃したハリスで、彼が対独作戦の実行指揮官となった。

一九二八年にトレンチャードによって「戦闘継続を不可能にする資源を標的とした爆撃」という戦略アイディアが示されて以降、変わったことと言えば、戦争動員がすべての産業に及び、労働者までもが総力戦を戦うための資源として見做《みな》されるようになっていた点だ。民間人が家を焼かれ生き残る手段がなくなれば、その窮状をもたらした彼ら自身の指導者に敵意が向けられるとも期待された。家や家族を失うほどコテンパンにやられれば、戦争を続ける士気も損なわれる、と考えられたのだった。

だが、ロンドンでは空爆による士気の喪失とは真逆の展開が見られていた。ロンドン住民はドイツによる空爆に憤り、かえってヒトラー政権に対する敵意を強固にした。だがポータルは、ドイツ人は気概のあるイギリスの労働者と違って、爆撃すればパニックやヒステリーに陥るだろうと主張し、ドイツ人をさらに倒しやすくなる可能性が高いと見ていた。

もちろん実際にはそのような主張に反し、ドイツ人は彼らの指導者にまったく反抗しなかった。その代わり私の父親がベルリンで目撃したように、ロンドン住民同様、協力しあって生き残ることにだけ集中したのだった。正確な答えを得ることは不可能だが、少なくともドイツでは、士気喪失を狙った爆撃が戦争を短期化したという証拠はほとんどない。

南アフリカ出身で同盟国の戦略アドバイザーだったズッカーマン男爵は、ドイツの都市部を含む「無差別爆撃」を厳しく批判した。代わりに資源輸送路を標的にして、限定的な精密爆撃をするよう主張した。彼は後に『ニューヨーク・レビュー』誌上で、自分の提案が受け入れられていたら戦争はもっと早く終わったかもしれないと書いている。だが、もしそうだったとしても、一九四三年の時点では難しい提案だったのだろう。実際ナチスお抱えの建築家アルベルト・シュペーアは、ハンブルク規模の空襲があと六回あれば、ドイツは降伏しなければならないだろうと、ヒトラーに伝えているのだ。

ズッカーマンの主張した輸送路の精密爆撃は、ハリスの無差別爆撃よりもより人間的であるという印象を与えるかもしれない。だが、フリードリッヒの説明から判断すると、そうでもない。交通機関やその他の精密爆撃がより多くの民間人の命を救ったかというと、必ずしもそうとは言えないようだ。鉄道の駅は通常、都市の中心に位置していた。D-デイに備えたフランス・ベルギー間の輸送路の爆撃では、両国の一万二〇〇〇人の市民が亡くなっている。その数は一九四二年に、英空軍爆撃司令部がドイツで生じさせた犠牲者数の二倍だった。

ドイツの多くの都市がすでに瓦礫《がれき》になった後も爆撃を継続することで、どのような目的が達成されたのか、それは定かではない。一九四五年になっても、巨大な英米の航空隊が、すでに破壊された街々に爆弾を投下し続けていた。まるで廃墟を徘徊するドブネズミやハエまでも一匹残らず殺そうとしているかのような執拗《しつよう》さだった。英空軍は最後の九ヶ月の間に、全投下爆弾数の半分以上を使ったのだ。

一九四四年七月以降、戦争の終結まで、毎月一万三五〇〇人の市民が命を落とした。そしてこれは、連合軍空軍がアウシュヴィッツに続く鉄道線を爆破するのを拒否したのと同時期に行われていた。死のキャンプへの鉄道爆破は軍事的な優先事項ではないと見なされたのだった。なぜだろう。なぜ一九四五年三月一六日、ドイツ降伏の一ヶ月前、バロック様式の教会や中世の修道院の立ち並ぶヴュルツブルクは、たった一七分間の爆撃で消滅させられなければならなかったのだろう。なぜフライブルク、プフォルツハイム、ドレスデンも、同じような憂き目に遭わなければならなかったのだろう。

ズッカーマンは「ボンバー・ハリス」が破壊のための破壊を好む「破壊至上主義者」だったと信じていた。それはおそらく的を射ているだろう。またワシントンやロンドンには、これを最後にドイツ人にきっぱりと教訓を与える必要がある、と信じる人もいた。米空軍のフレデリック・アンダーソン元帥は、ドイツの全面破壊の記憶が父から息子、そして孫へと引き継がれ、ドイツ人がまた戦争を起こすことはなくなる、と確信していた。そのような「教訓」的側面も、確かに無差別爆撃継続の理由の一つだったかもしれない。だが、同時に復讐心や残忍性も理由の一部であったことに、間違いないだろう。

爆撃継続のさらにありふれた理由は、官僚的な組織の内紛と惰性の組み合わせだった。いったん戦略が動き出すと、それを止めるのは難しくなる。ズッカーマンは、D-デイ前に連合軍にあった内部亀裂に注目した。都市部を狙う爆撃の続行を主張するハリスや米空軍のカール・スパーツ大将がいる一方で、サー・トラッフォード・リー=マロリー英戦闘機軍団司令官のような、輸送路限定の精密爆撃作戦の支持者もいた。ズッカーマンはこう述べる。「ハリスとスパーツは「戦略的」な（無差別爆撃の）ゴールが、司令官の「戦術的」な（精密爆撃の）ニーズに、すぐに食い潰されてしまうのを防ぐことに躍起になった。スパーツには別の心配事もあった。提案された「輸送路爆撃計画」は彼の独立した立場を脅かし、自身をトラッフォード卿の指揮下に組み敷かせるものだったのだ」

そのような些細な内部の権力闘争も大きな結果をもたらす。そしてフリードリッヒはその結果がどれほど深刻であったかを記録することで、読者に貢献する。

3

たとえ疑わしい信条の人々に受け入れられたり、讃えられたりしても「真実は真実に変わりない」という場合がある。すでに言及したように、フリードリッヒの本が極右の『ナツィオナール・ツァイトゥング』のような、一部の非常に不穏な層から歓迎されたこと自体は、彼の主張が間違っているという証拠にはならない。

ドイツ人は十分に悔い改めたと主張して議論を呼んだ小説家のマルティン・ヴァルザーもまた、『炎』をホメロスの語るトロイア戦争と比較して推奨した。ヴァルザーによると双方において、物語は「殺人者」と「犠牲者」という区別を超越した場所にあるという。

この種の声明は慎重に受け止められるべきだろう。世界征服を目指し、イデオロギー的な理由で特定の人々を抹殺しようとした国家と、そんな野望を食い止めようとした国家は、明らかに区別されるべきだ。ほとんどのドイツ人市民が残虐行為に直接関わることはなかったかもしれない。だが、大量殺人を行う指導者に従った人々と強制収容所の被害者との間には、大きな違いがある。

繰り返しになるが、フリードリッヒ自身は何も第三帝国を懐かしんだり、戦争犯罪を免罪しているのではない。だが、その一方でフリードリッヒが、いかがわしい支持者層と一線を画す努力をあまりしていないことも事実だ。

まず『炎』の抜粋を連載するために、彼は右寄りで大衆向けのタブロイド紙『ビルト』を選んだ。それは明らかに、あえて粗野で元来歴史の真実などには興味のない読者層に向けてメッセージを発信するかのような選択だった。『ビルト』の読者はネオナチではもちろんないが、比較的教養に欠け、非リベラルで、扇情主義に陥りがちな層である。

もっと深刻なのは、フリードリッヒの使用する奇妙な用語だ。それらは限りなく『ナツィオナール・ツァイトゥング』の修辞的トリックを彷彿とさせる。地下壕は歴史的文脈では強制収容所を想起させる「火葬場」と称され、英空軍の爆撃隊は敵性分子を虐殺したナチス保安警察を想起させる「特別任務部隊」、図書館の破壊はナチスによる検閲を想起させる「焚書」といった用語を用いて説明される。これらの言葉が、邪気なく使われたと信じるには無理がある。

不思議なのは、左翼のホロコースト研究者であり、ネオナチ狩りをしたフリードリッヒが、なぜそのような選択をしたかだ。もちろん一種のラディカル思想から、真逆のラディカル思想へ切り替えた人の例はある。その最たる例は、共産主義から極右になったクラウス・ライナー・ルールだ。

彼は「ドイツ人の苦しみ」に関する記憶喪失について、いまだかつてないほど怪しい本を書いている。その中で彼は、アメリカ人やドイツを出たユダヤ系の「移民」、そしてドイツ国内の六八年世代の学生運動家たちが、一般のドイツ人を洗脳してホロコーストに関する罪悪感を煽っていると論じる。そしてドイツの破壊は無視されると憤る。ルールの言説に認められるのは、左翼理想の崩壊に幻滅するあまり、自己憐憫に満ちた忿怒を選んだドイツ人の自己憎悪だ。

だがフリードリッヒは、極右とは別種の憤りの餌食になっているように見える。『炎』の最終章と姉妹編の写真集が、そのことを如実に語っている。『炎』は、図書館や書庫に保管されていたドイツ語書籍の損失についての長い嘆きで終わる。そのような嘆き自体はもっともだろうが、五九二頁にわたる本の最後にそれを持ってきたことは興味深い。あたかも書籍の喪失が、人命の喪失よりもさらに嘆かわしいことであるかのような読後感を与える。

それは確かに実際、超長期的な目で見れば真実なのかもしれない。だが、道徳的には一種のいかがわしさを感じさせられる。写真集『炎の現場』も同様の印象を与える。その中にはバケツで掬い上げられる死体など、いかにも壮絶な人間の苦しみの写真が掲載されている(これらの死体が、強制収容所の労働者によって扱われているという事実が、それ以上の説明なしに淡々と述べられている)。

しかし、フリードリッヒの本が示す災害の本質は、結局のところ、美しい旧市街、古い教会、ロココ様式の宮殿、バロック様式の市庁舎、中世の通りなどの破壊に行き着くようだ。写真集の最初の三八頁は、「ボンバー・ハリス」襲撃以前のドイツの写真で埋め尽くされている。「ビフォー・アンド・アフター」といった具合に。

これらすべての「歴史的な美」の喪失について悲しく思うことは、真っ当だろう。だがフリードリッヒにとって、それはドイツ魂を失うことにも等しい。彼はこう記す。「命を落とした人は、自分が作った場所や、自分を作った場所を後世に残す。だが廃墟は、生存者たちに空虚を残すのみ」

彼はドイツ人が「核となる歴史観をもぎ取られた」と信じているようだ。写真集の終盤は、昔日のドイツ市街の美しい風景を、破壊後に建てられた近代建築の醜さと対比させている。視点は重要だ。フリードリッヒの怒りは、士気喪失の名の下に続けられた無差別爆撃だけでなく、それがもたらしたダメージと向き合うことを拒否した、戦後のドイツ人にも向けられている。壊滅的な破壊はヒトラーの遺産や、ひどく汚された歴史と無関係の、新しく近代的な戦後ドイツを建設する熱意を育んだ。

作家ハンス・マグヌス・エンツェンスベルガーは、かつてこう分析している。「ドイツ人の神秘的なエネルギー」を理解するのには、「ドイツ人が自らの短所を長所にすり替えた事実を認識する必要がある。無神経さは、成功のための必須条件だったのだ」と。

フリードリッヒを怒らせるのは、いかにもそんな「無神経さ」だ。彼が非難するのは「不必要に犠牲になった古い都市」に何も感じないほどの不感症であり、集団的に文化や歴史から目を逸らすかのような態度だ。私はおそらくフリードリッヒが、人間ではなく物質の損害に重きを置きすぎているのではないかと思う。

文化的損害云々を言うのであれば、ドイツにとってはるかに大きな打撃が別にあった。ナチス政権下、最も優れたドイツ知識層の担い手だったユダヤ系ドイツ人の全世代を殺したり、追放したりしたことは、確かに「ドイツ文化」にとって計り知れない損失だったはずだ。それについて述べることもできたはずだ。しかし、フリードリッヒの非常に保守的に聞こえる嘆きの中に隠されているのは、結局のところアメリカ化や、西ドイツ式の資本主義に対する左翼の怒りだ。まさにここで、年老いて行く六八年世代が右翼の主張と出合ったのだ。

フリードリッヒの狙いは、ドイツ受難の歴史を右翼の専売から奪い取ることでなく、栄光あるドイツの長い歴史を、ヒトラーの「千年帝国」の一二年から救うことにある。フリードリッヒは必ずしも論理的矛盾や落とし穴を避けることができなかったが、その試みには意義があったと言えるだろう。

OCTOBER 21, 2004, *The New York Review of Books*

II

芸術と映画

On Art and Film

イーストウッドの戦争

Eastwood's War

1

従来の戦争映画の共通項と言えば、それがアメリカ人、ヨーロッパ人、アジア人のいずれによって撮られたかにかかわらず、「敵」が見えないところにある。そこにいることはいるのだが、それはあくまでも昔のウェスタン映画に出てくるインディアン（ネイティブ・アメリカン）のように、銃弾の餌食となるための存在だ。「万歳！」とか「注意しろ！（アハトゥング Achtung）」とか、「カモーン！（Come on）」などと叫びながら、地面に崩れ落ちていく。

もちろん例外はあるが、敵が個人として登場することは滅多にない。個々の性格の違いなどといった敵の人間性は、ほぼ完全に無視される。そしてもしも例外的にそれが描かれる場合でも、ステレオタイプの範疇に収まることが多い。ぱっとしない陰険なドイツ人がいきり立って拷問相手を脅迫したり、野暮なアメリカ人がやかましくがなり立てたり、日本人が歯をむき出して立ち向かってきたり、などなどだ。

早川雪洲が演じた『戦場にかける橋（*The Bridge on The River Kwai*）』（一九五七年）に登場する斎藤

大佐は、いくらか個性が光っている。だが、それでもよくありがちなタイプとして描かれている。それは、やがて避けられない切腹という運命に向かって葛藤を抱えながら邁進するストイックな武士の姿だ。

その一方で、『トラ・トラ・トラ！（*Tora! Tora! Tora!*）』（一九七〇年）のような真珠湾攻撃を扱った壮大な戦争映画もある。作品はアメリカ人のリチャード・フライシャーとともに二人の日本人、深作欣二と舛田利雄が共同監督を務めた。歴史に名を残す登場人物が、空母の艦橋から吠えるように指揮したり、風変わりな日本人パイロットが決死の形相で米戦艦アリゾナに接近していく場面はあるが、銃撃の真っただ中に彼らの人間性や個性を深く探る暇などない。

敵の個性が欠如していることには、実際的かつプロパガンダ的な理由がある。ハリウッドでは最近まで日本人役（またはベトナム人役でも）を十分に演じられる俳優を見つけるのが難しかった。ハリウッド映画の日本兵は、理解し難いほんのいくつかの日本語の単語を叫ぶアジア系アメリカ人によって演じられるのが常だった。ハリウッドをもってすれば、それ以上のことができたかもしれないが、そこまで気にする人もあまりいなかったのだろう。

カリフォルニアでさえ説得力のある外国人俳優を見つけるのが難しいとなると、日本ではさらに難しかった。戦時中の日本のプロパガンダ映画では米兵役を、英語を話さない白系ロシア人がしばしば演じていた。時にはワックス製の付け鼻と、ブロンドのかつらを被った日本人俳優が演じなければならなかった。戦後の日本映画に登場するお決まりのＧＩは、女性を強姦したり、靴のままで畳に上がってきたりするのだが、それらは簡単な小遣い稼ぎ目当ての、日本在住の白人男性によって演じられるのが一般的だった。同じルールが中国の戦争映画にも見られる。ほとんどの「日本の悪魔」が、中国語訛りのひどいアクセントで日本語を話し、「アメリカ人」は白人ならば誰でもあり、といった具合で演じられている。

プロパガンダ的な理由は、おそらく実際的な理由よりも重要だ。ほとんどの戦争映画は英雄が主役だ。英雄中心に語られる話に、悪者としての立ち位置が確立している敵の個性や人間性など、そもそも不必要なのだ。実際、個性やら人間的な側面を描きすぎれば、それは障害になり得るだろう。殺す相手が人間的すぎれば、我らが英雄の行動に道徳的な曖昧さが生じてしまうのだから。気分の良くなるプロパガンダのポイントは、まさに敵が無個性で、画一的、非人間的であることなのだ。

だが時代は移り変わる。ウェスタン映画同様、愛国神話として描かれる戦争映画は、ジョン・ウェインやロバート・ミッチャムの全盛期と比較すると、ますます批判的な目に晒されるようになってきた。『キャッチ22（*Catch-22*）』や『プラトーン（*Platoon*）』、またはキューブリックの『フルメタル・ジャケット（*Full Metal Jacket*）』を考えてみればよい。

確かに第二次世界大戦以前にも『西部戦線異状なし（*All Quiet on the Western Front*）』や『大いなる幻影（*La Grande Illusion*）』のように、敵を人間として扱う作品はあった。しかし、私が知る限り、クリント・イーストウッドは、キャラクターとして完成された個々の兵士の視点で、同じ戦争を対立する両サイドから見る映画を作った最初の監督だ。イーストウッドは巧みに、さりとて論争を仕掛けるでも、高圧的なメッセージを発信するでもなく、伝統的な愛国主義を前提とする戦争映画のジャンルのルールを静かに打ち壊した。その結果は英語で撮られた『父親たちの星条旗（*Flags of Our Fathers*）』と、日本語の『硫黄島からの手紙（*Letters from Iwo Jima*）』という優れた二作品だ。私見では、後者は傑作だ。

一九四五年二月、アメリカ軍が日本に初上陸した硫黄島を映画の舞台としたのは、完璧な選択だ。約七〇〇〇のアメリカ兵と二万二〇〇〇の日本兵が、東京からおよそ一二〇〇キロメートル離れたその小さな火山島で、三六日間戦い、死んでいった。摺鉢山の頂上に星条旗を掲げる六名の米兵の写真がジョー・ローゼンタールによって撮影され、それが硫黄島の死闘を直ちにアメリカの愛国伝説に仕立て上げた。

日本に勝利したというニュースは、ちょうど戦争熱や戦争予算がアメリカ国内で低下しつつある時期と重なったため、銃後の士気高揚に一役買った。星条旗掲揚のイメージは新聞、切手、彫刻、小物、雑誌、たれ幕、記念碑などに用いられた。

そして戦後間もなく、ジョン・ウェイン主演で映画も作られた。「硫黄島」はアメリカの英雄の証となり、勝利の縮図となった。星条旗を掲げた六名の兵のうちの三名、ジョン・「ドク」・ブラッドリー、レイニー・ギャグノン、アイラ・ヘイズは、戦争国債の購入を国民に促すツアーに借り出され、映画俳優のようにアメリカ中を旅した。シカゴの野球場では張り子の紙細工で作った摺鉢山に星条旗を掲揚する「再演」を要求された。その他タイムズスクエアで英雄として歓迎されたり、国会議員と会食したり、大統領にも面会している。終戦後には、ついにジョン・ウェインにも会った。

硫黄島で経験したおぞましい恐怖と母国でのケバケバしい歓迎ぶりのギャップに、極貧にあえぐ保留地で育ったアメリカ先住民のヘイズは耐えられなかった。彼は過度の飲酒によって事故に遭い、アリゾナ州の排水溝でうつ伏せで溺死しているところを発見された。

ジョニー・キャッシュやボブ・ディランがバラードとして歌い悼んだその人生は、独自の神秘性に富んでいた。ヘイズとは違い、自ら喜んで国債購買運動の呼び込み人の任務を買って出たギャグノンも、若くしてアルコール中毒で亡くなった。「ドク」・ブラッドリーも一生悪夢に悩まされた。『父親たちの星条旗』は、彼の息子のジェームス・ブラッドリーが書いたベストセラーが基になっている。

だが、愛国神話の他にも硫黄島が映画の題材として優れた選択だった理由がある。黒い火山砂に閉じ込められたその島で、アメリカの兵士は確かに顔の見えない敵と戦ったのだ。栗林忠道中将率いる日本軍は洞窟、トンネル、トーチカの入り組む巨大迷路を掘り、その中に潜んでいた。空からも海からも援軍のない状況で、日本兵は最後まで戦い抜けという命令を受けていた。そこでの抵抗をもってして、米軍による本土侵略を防ごうという淡い希望を抱きながら。

絶望的であったが敵の目には見えない彼らは、食料や水分が急速に底をつく中、サウナのような環境で日夜を過ごし、できるだけ多くの敵を倒してから自決していった。米海兵隊員たちがそんな敵のことを、火炎放射器で炙《あぶ》り出さなければならない「ネズミ」と形容したのも、不思議ではない。硫黄島の米兵のヘルメットの多くには「齧歯類駆除者」という言葉が刻み込まれていた。

『父親たちの星条旗』の冒頭、米軍艦がフルスピードで硫黄島に向かう場面で、すぐに観客はイーストウッドが稀有な戦争映画を作ったことに気づかされる。まだ若い兵士は自分たちにどんな運命が待ち受けているのか想像できない。自国の爆撃機が頭上を通り過ぎると、まるでアメリカンフットボールの試合で応援するようにはしゃぎ立てる。それはまさに、一般的な戦争映画で観客がとる態度そのものだ。

その中の一人の兵士は、興奮から誤って船外に放り出されてしまう。仲間たちの無邪気な笑い声は、大海原に浮かぶ一海兵隊員のために船が引き返すようなことをしないと気づいた時に、突然凍りつく。戦争という名の機械は動き続ける。「誰も見捨てないなんて、よく言ったもんだ」。ライアン・フィリップ演じる「ドク」は呟く。

映画で強調されるのは、これらの兵士たちが決して自分たちのことを英雄だと思っていなかった、という点だ。彼らは地獄のような場所に送り込まれた、ごく普通の青年だった。戦場に到着すると、明るい色彩が映画から消える。硫黄でできた景色自体が、死を示唆する暗さを醸し出す。アイラ・ヘイズによると、できることと言えば「せいぜい撃たれないように頑張ること」くらいだった。

映画は「ドク」を中心に語られるが、最も興味深い登場人物はアダム・ビーチが見事に演じるヘイズだ（ビーチ自身がカナダのネイティブ・アメリカンで、保留地で育った）。主役の三人のうちヘイズは最も献身的な兵士だった。兵役は貧困と堕落からの脱出を意味した。米海兵隊は彼が仲間として受け入れられたと感じることのできた、最初で唯一のアメリカの組織だったのだ。「落雲酋長」と仲間に渾名された彼は、忠誠心をもって彼らと接した。

ヘイズの忠誠心は様々な方法で映画中に表現されている。彼は戦争国債購買プロモーションの一大キャンペーンに担がれ、部隊を離れることを決して望んでいなかった。星条旗を掲げた写真を撮影されたもののそのすぐ後に戦死した仲間のマイケル・ストランク軍曹の母親と公式の場で面会した際に、感極まったのはヘイズだった。「マイク、マイク。奴はヒーローだった。知る限り一番の海兵隊員だった」と。ヘイズは自分が生き延びて、見世物のようにフットボールのスタジアムやレセプション会場に引き回されるのを恥じたのだった。

映画の中で、ふとしたことが戦場経験者に恐ろしい追体験をさせる場面がいくつかある。爆竹の音や騒ぎ立てる群衆が、彼らの耳には迫撃砲や砲火のように聞こえ、頭の中に、取り残されていった仲間の叫び声が蘇る。また公式の晩餐会では「英雄」たちに、擂鉢山の形をした星条旗を立てたデザートが供される。その際ウェイターが質問する。「チョコレート、それともストロベリー味。どちらをお望みですか」。砂糖でできた戦場のレプリカが、血のように赤いストロベリーソースで覆われる。

「英雄」とてネイティブ・アメリカンのヘイズには、人種的偏見から酒を出すのを拒否する酒場もある。そのことが場違い感や屈辱感をますます増大させ、さらに彼をアルコールに依存させた。酔っ払って喧嘩をするため、ヘイズは軍関係者に「軍服に恥をかかせた」と非難され、最終的には戦場に送り返される。そこは彼が正当に評価され、ある意味で心からくつろげる唯一無二の場所だったのかもしれない。

ヘイズを同情的に描いたにもかかわらず、イーストウッドは『父親たちの星条旗』に黒人兵士を描かなかったとして、人種差別的だと批判されている。硫黄島には実際には一一万人の米兵中、九〇〇人の黒人兵士がいた。

もしイーストウッドが戦後の戦争映画の慣習に従っていたならば、彼は少なくとも一名の黒人兵士の「英雄」を、その他様々な人種「タイプ」で作ったグループの中に含めていただろう。勇猛なアングロサクソン・プロテスタント系の白人、ゆっくり喋るおっとり者の南部出身者、ブルックリン出身の頭の切れる男、シカゴ出身のタフな黒人、などなど。しかし、イーストウッドはそのような「タイプ」にはこだわらない。彼が着目するのは、実在した少数の男性がどのように恐ろしい体験と向き合ったかである。

戦場の恐怖を伝えようとする映画の課題は、戦場を正確に再現することが元から不可能な試みだという点に尽きる。カメラワーク、演技、サウンドトラック、またはデジタルシミュレーションがどれほど巧みであっても、硫黄島の死闘を本当に感じることなど無理なのだ。映画が現実を再構築しようとすればするほど、観客はそれが不毛の試みであることを悟るだろう。

イーストウッドの共同プロデューサー、スティーヴン・スピルバーグは『プライベート・ライアン（*Saving Private Ryan*）』や『シンドラーのリスト』でその技巧の程を披露したが、有り難いことにノルマンディー上陸や、さらにはアウシュヴィッツの真実の体験は、我々には未知の領域にある。しかしイーストウッドは、戦争が普通の兵士にどんな影響を与えるのか、観客にヒントを与える（そして「ヒント」までが現実的な限界であろう）。そこには恐怖や残酷さがある。しかしまた無私の瞬間、優美さなども感じられる。

イーストウッドは残酷さのいくつかの例を描写する。二名の日本人捕虜を、監視に飽きたGIが何げなく殺す様子。半分発狂したような日本兵のグループによって洞窟に引きずりこまれ、引き裂かれる米兵。手榴弾で自爆した日本兵の遺体の断片が、岩場に飛び散る様子。確かにイーストウッドは、追体験不可能な戦争の現実を示唆するのに長けている。

だが、それでも戦場における英雄的行為の可能性を否定するわけではない。「ドク」・ブラッドリーは、自らが一斉射撃に遭う危険を承知で、負傷した仲間を助けるために穴から這い出る。それは愛国心や、自由や、その他同類の高く掲げられる理想とは何の関係もない。単純な良識から出るそのような行動は稀であり、だからこそ「英雄的」と呼べるのだ。

ブラッドリーが自分の戦場体験について子供たちに話すことはなかった。記念日にコメントを求めるジャーナリストから連絡があれば「釣りに出ている」と応えろと、息子に釘を刺していた。しかし、映画の中では病院のベッドで死を迎える際、硫黄島での一つの記憶を息子に伝える。その記憶が、映画のフィナーレを印象深く飾る。息子は語る。「ドク」・ブラッドリーのような男たちは「国のために戦いに出たが、友人のために死んだ」のだ。そして我々も「父が彼らを記憶したように、彼らを本当の姿で記憶すべきだ」と。

スクリーンには若き日の「ドク」と仲間たちが砂浜に軍服を脱ぎ捨て、下着姿ではしゃぎ、海で遊ぶ姿が映し出される。生気溢れる無邪気な若々しさで叫び、水を掛け合い、まだ生きているのだという喜びを感じている。そう、まだ生きている。少なくともあと数時間、あるいは数日は、生きていられる。銃声のまったく聞こえないその素朴なシーンを目にした観客は、かろうじて大人としての人生が始まったばかりの若い命が、人間の無慈悲によって破壊される恐怖を感じるだろう。

2

映画の観客が敵の兵士、特に言葉を解せない国の兵士たちに共感を覚えるのはより困難だ。広島や長崎の原爆による大量殺戮を、あたかもダルフールの村落やバングラデシュで激しい洪水に襲われる人々の死を痛ましく感じるように嘆くことはできる。だが、被害者の顔が目に見えなければ、彼らの苦しみはどうしても抽象論の域を出ず、数字だけが頭に残る。ましてや不慣れな文化の人々について、説得力ある映画を作ることは非常に難しい。

ヨーロッパの映画監督がアメリカの精神を捉えるのには、苦労することも多い。外国人監督が観客に文化的な違和感をまったく感じさせず、生き生きとした日本人の登場人物に全編を通して英語字幕付きで話させる映画を撮ることは、さらに困難な作業に違いない。それを試みた数名の名前が頭に浮かぶ。戦前のナチスのプロパガンダ映画を撮ったアーノルト・ファンクや、偉大なジョセフ・フォン・スタンバーグなど。だが私が思うに、クリント・

イーストウッドがそれに成功した最初の例だ。

『硫黄島からの手紙』は、日本の研究者が硫黄島の洞窟を掘り起こし、そこで戦死した日本兵の遺物を探す場面で始まり、終わる。そこで見つかったのは袋一杯の、兵士たちから家族に宛てた、ついに投函されることのなかった手紙だ。映画の物語はこれらの手紙のいくつかと、日本で数年前に出版された硫黄島の指揮官、栗林忠通によって書かれたイラスト入りの手紙をベースにしている。

栗林が家族に宛てた手紙の中には、実際には彼が武官としてアメリカで学び、旅した、一九二〇年代と三〇年代に書かれたものも含まれている。その頃の手紙はより平和で、より人間的な生活を送っていた知米、親米派の上流出身者としての栗林のフラッシュバックとして登場する。栗林はアメリカの底力を理解していたからこそ、日本が対米戦を行うことに反対だった。おそらくそれが理由で、より好戦的な軍当局から戦争中のほとんどを隅に追いやられ、最後には勝ち目のない決戦指揮の任務を当てがわれることになった。

栗林を特徴づけたのは、徳をもって部下を思いやるノブレス・オブリージュと、彼のことをアメリカかぶれと見なす粗野で想像力の欠如した士官たちに向ける軽蔑だった。その二つの側面を、渡辺謙は程良いさじ加減で演じている。砂浜で無駄な総攻撃をして玉砕するのではなく、洞窟を掘って戦機をうかがうべきとしたのは栗林の発案だった。指揮する部隊の究極の運命はよくわかっていたものの、理由のない自滅行為は納得できなかった。第二次世界大戦期の日本人指揮官には珍しく、軍曹が部下を虐待しているのを見ると止めに入った

(下っ端の兵士が手荒い扱いを受けるのは一般的だった)。

だが、イーストウッドによる栗林の描写に、陳腐なセンチメンタリズムは感じられない。栗林は隠れた平和主義者ではなく、プロの帝国軍人だ。妻に「十中九分九厘迄は生還は期せられないと思います」と書く。しかし、「若し私の居る島が敵に取られたとしたら、日本内地は毎日毎夜の様に空襲されるでしょうから、私達の責任は実に重大です。それで皆決死の覚悟です」とし、家族との別れを嘆きその将来を危惧しつつも、自らは命の限り日本のために戦う旨述べている。

映画の中では、栗林の他にも敵国に個人的な思い入れがある人物が、もう一人登場する。一九三二年のロサンゼルス・オリンピックにおける馬術障害飛越競技の金メダリスト、西竹一男爵(伊原剛)だ。彼は「バロン西」として知られ、東京の自宅でハリウッドスターのメアリー・ピックフォードとダグラス・フェアバンクスの夫妻をもてなすような、世慣れた人物だった。

日本兵の中には、負傷した敵兵をめった切りにした者もいるだろう。だが西は代わりに、古き良き日のハリウッドの思い出を死に行く米兵に英語で語る。「本当かい」、と息絶える直前の米兵が訊いてくる。西は英国紳士のスポーツマンシップと身のこなしを備えた貴族だった。まるでジャン・ルノワール監督の『大いなる幻影』に登場するエリッヒ・フォン・シュトロハイム演じるところのラウフェンシュタイン大尉のようだ。国境を超越する貴族の一員であり、その気高き身分に見合ったワイン、馬、女性の集まる場所であれば、世界中どこにいてもくつろげるタイプの人物だ。

天皇の名を耳にするだけで居住まいを正すよう教育され、外国人を鬼畜と考え、凄まじい自決が最高の名誉だと言われて育った一般の日本兵を、現代の観客が理解するのは難しい。個人としての日本兵の顔が見えにくい。日本の軍隊は米海兵隊の場合よりも徹底的に個性を掻き消す方針だったので、なおさらだ。平和な時世でさえ「出る杭は打たれる」のだから、戦争中にその傾向はさらに顕著になった。日常生活でも、少しでも異常と思しき行動をマークされれば、悪名高き憲兵隊や特高警察によって処罰される可能性が高かった。

『硫黄島からの手紙』の中の数少ない日本本土を舞台にしたシーンでは、憲兵隊の上司が新入りに、一般家庭の飼い犬を撃てと命令する。無慈悲であることこそが、憲兵としての頑強さのテストなのだ。犬を撃てずに助けようとすると、その新入りは解任され、死が待ち受ける硫黄島に送り込まれるのだった。

この新入りは名を清水(加瀬亮)という。彼はイーストウッドが描く、より思慮深く思いやりのある性格の日本兵の一人だ。彼らには盲目的な服従や自己破壊的な狂信を凌ぐ人間性がある。部隊の仲間のほとんどが自らの命を絶つ中で、一等兵の西郷(二宮和也)は手榴弾での自決を拒否する。それは背信行為だからお前を撃つしかないと脅す清水自身も、実は自分たちが死ぬにはあまりにも若すぎると感じている。結局二人は生き抜こうと決心する。清水が先に降伏するのだが、見張り役の米兵に殺されてしまう。西郷は降伏の機会を逃し、部隊に留まった。それが彼の命を救った。

ためらいがちに、だが確実に増大する疑念や、戦場における邪魔な人間性の兆候が、その二名の若い兵士のやりとりに表現されている。それは、ともすれば薄っぺらい感傷主義に陥りやすい内容だが、実際には非常に感銘深い。思いやりある指揮官だった栗林は、元より対米戦争に懐疑的ではあったが、いざ戦争が始まれば軍人としての任務をまっとうした。戦争は軍人の仕事であり、その点を疑うことは死ぬまでなかった。

だが、若い西郷はプロの軍人ではなく、普段はパン屋として生活を営み、家には妊娠中の妻が待っている。進んで兵士になったのではなく、戦争に引きずり込まれたのだった。近隣の組合のメンバーが召集令状を持って訪ねてきた際、「お国のために死ねることは名誉だ」と西郷を祝福する。だが、彼は苦悩を隠すことができない。西郷役を演じたティーンエージャーのアイドル二宮は、この役を絶対的な説得力をもって演じている。観客は、兵士たちがいかに若く、また殺人機械にされるには、どれだけ不向きだったかを痛感させられる。

確かに西郷は、海兵隊に自分の居場所と目標を見つけたアイラ・ヘイズとは、まったく異なるタイプの人間だ。子供のペットの犬を殺すことができずに憲兵隊から外された清水と同じく、西郷も戦場に場違いな人間だった。彼は間に合わせの兵士として召集され、理解できない戦争で戦うことを要求された。

周りの人間は、日本の軍国主義に洗脳され狂信化している。たとえば、歌舞伎俳優の中村獅童によって若干大げさに演じられている伊藤海軍大尉は、部下の兵士を自決へと導くことに躍起になる。他にも、どんな戦争においても見られるように、混乱した状況を残酷行為の言い訳として使う者がいた。西郷と清水というキャラクターが興味深いのは、彼らの思考を停止させようとするあらゆる試みや状況にもかかわらず、彼らが自分自身で考えることを止めない点だ。バロン西や栗林とは違い、二人とも外の大きな世界を知らない。だが、彼らの真摯な性格は、地獄の状況下でも変わることがない。

実際の硫黄島の戦いでは、島の攻防をかけて二万二〇〇〇人の日本兵が戦った。その中で生き残ったのは、一〇〇〇人ほどだった。降伏した者もいれば、生きたまま捕らえられた者もいる。映画中、西郷は部隊の中での唯一の生存者だ。栗林がどう死んだのかも、本当のところはわかっていない。日本刀による武士の死を選んだという説がある。洞窟で爆死、あるいは焼死したことも考えられる。イーストウッドの映画では、総攻撃を仕掛けて敵陣に部隊を導くが、それはほぼ間違いなくフィクションだろう。

西郷は栗林と行動をともにするが、海兵隊に生きたまま捕らえられ、降伏する。『硫黄島からの手紙』のラストシーンでは、西郷が負傷した米兵とともに長い列に並べられ、地面に横たわっている。カメラがその顔を捉える。軍用毛布を掛けられて死の島から運び出されるのを待つ西郷は、ともに横たわる米兵たちと変わりない。が、それは間違いなく西郷その人だ。その気づきにこそ、イーストウッドの傑作の本質がある。

FEBRUARY 15, 2007, *The New York Review of Books*

魅惑のナルシシズム——レニ・リーフェンシュタール

Fascinating Narcissism: Leni Riefenstahl

1

レニ・リーフェンシュタールがモンスターと言ってよいほどであったことに、議論の余地はない。万が一それを疑う向きがあったとしても、最近出版された二冊の伝記が、彼女のモンスターぶりを決定的に裏付けるはずだ。悪行は早い時期に始まった。スティーヴン・バッハは、その優れた評伝『レニ』の中で、ある逸話を披露する。

ウォルター・ルボフスキーというベルリンに育つユダヤ人少年が、スケートリンクでレニと出会い、恋に落ちた。レニと彼女の女友達は、ティーンエージャーにありがちな容赦ない残酷さで少年をからかい苦しめた。たまらなくなった少年は、リーフェンシュタール家の夏の家で、手首を切るに至った。レニは自分の父親にそのことがバレるのを防ぐため、血まみれの少年をソファーの下に押しやって隠した。少年は一命をとりとめたが、精神病院送りになった。その後、渡ったアメリカで盲目になったという。一連の出来事についてリーフェンシュタールが述べたのは、これだけだった。

「彼は生きている限り、私を忘れることはなかった」

リーフェンシュタールは、いつも自分自身に関してロマンチストだった。だから、この世のすべての男性が自分に恋をしているというイメージを歓迎し、自らそれを助長した。確かにかなりの数の男たちが、彼女に夢中になった。リーフェンシュタールは男性社会で働く女性として、女としての魅力を最大限に活用したのだ。癇癪を起こすのもうまかった。そしてこの気丈な策士は、必要と察知すればすぐに涙を流す業も身につけていた。ただ何げなく、平然と、不特定多数の男性と浮名を流すあたりは、女性というよりは、むしろ同時代の典型的な男性のように振る舞っていた。

ハンガリー人の批評家で脚本家のバラージュ・ベーラは一時期、そんな彼女の愛人の一人だった。リーフェンシュタールにすっかり魅了され、翻弄された挙げ句、彼女の初監督作品『青の光（*Das blaue Licht*）』の脚本執筆の大部分を引き受け、いくつかのシーンの監督もすることになった。そして映画の興行収入が入るまで、報酬金の支払いを待つことにも同意したのだ。

『青の光』は大仰なロマンス物語で、リーフェンシュタール自身が主役のユンタを演じている。ユンタは自然の中に育った美少女で、野山を徘徊し、自由に暮らしている。雲の渦巻く雪山の頂上には洞窟があり、そこには月光で青く輝く美しい水晶が眠っている。人間社会では孤独だが、大自然と深い繋がりを持つユンタは、その洞窟で水晶と交信する。一九三二年当時のベルリンの批評家たちは、この作品を元祖ファシスト・キッチュ、つまり極右思想の駄作として扱き下ろした。リーフェンシュタールは大いに怒った。「ユダヤ人の批評家たちに我々の心情の何がわかるのか。彼等に我々の作品をとやかく言う権利はまったくない」と吠え返した。リーフェンシュタールは、バラージュがユダヤ人であることを忘れたのだろうか。いずれにせよ、間もなく彼女は、この作品の単独制作者になった。

一九三三年以降、批評家は、ユダヤ人であろうとなかろうと、彼女の作品に関して口を閉ざすことになる。ヒトラーが『青い光』をドイツ精神の崇高な発露だと称賛し、興行的にも成功を収めたからだ。「人種の純粋さ」の体裁を保つため、バラージュの名前は制作者のリストから消され、彼自身もモスクワに移住した。バラージュが報酬を要求すると、リーフェンシュタールは友人のユリウス・シュトライヒャー（反ユダヤ主義新聞『シュテュルマー』の創刊者）に、問題を処理するように頼んだ。結局バラージュが、一銭とて手にすることはなかった。

もちろん偉大なアーティストが、必ずしも好人物であるわけではないだろう。だが問題は、レニ・リーフェンシュタールが本当に偉大な芸術家であったかどうかである。彼女自身はそう主張したし、ナチスのシンパに限らず、多くの人たちもいまだにそう信じている。あるいは彼女の作品は、悪い政治によって汚染されたために、いかにそれが技巧的に優れてはいても、「良い芸術」と見なすことはできないのだろうか。この問題は、関連して他の疑問も提起する。果たしてファシストやナチスの芸術は、優れた芸術になり得るのか。またリーフェンシュタールが第三帝国の前後に作り上げた芸術は、どう評価されるべきなのか。

批評家のジークフリート・クラカウアーは、『青い光』や一連のドイツ「山岳もの」ファンタジーを「ナチスの精神と同調する」「英雄的理想主義」に冒されていると非難した。だとすると、リーフェンシュタールが戦後に撮った、アフリカの部族やインド洋の海洋生物写真は、どう説明すればよいのだろう。

批評家スーザン・ソンタグは、リーフェンシュタールの、アフリカで撮られたものも含む戦後作品の中に、確かに戦前との感性の継続性を見た。そしてそれを『ニューヨーク・レビュー』誌上で、「魅惑のファシズム（Fascinating Fascism）」と形容したことはよく知られている。ソンタグは、リーフェンシュタール芸術の受け取られ方だけでなく、彼女の芸術そのものについても論じた。ソンタグによれば、愛好家というものは、たとえばいかつい男が黒いレザーファッションに身を包むといった、ある種の変態的ファシズムに惹かれるものだ。

特にロックスターに、この種の嗜好が多く見られるようだ。レニがミック・ジャガーを撮影していると、ローリング・ストーンズのギタリスト、キース・リチャーズはナチス親衛隊（SS）の出《い》で立ちで登場したという。最近のドイツの新聞のインタビューで、イギリス人歌手のブライアン・フェリーは熱く語った。

「ナチスがステージを作り上げて、自己演出したその手腕……！レニ・リーフェンシュタールの映画やアルベルト・シュペーアの建築物、政治集会や旗の使い方等々は本当に素晴らしかった。本当に美しかった」

斯くして、スーザン・ソンタグが正しかったことが証明される。とはいうものの、実際、リーフェンシュタールの芸術を、それを育んだ邪悪な環境から切り離して考えることは、可能なのだろうか。

2

レニ・リーフェンシュタールは、一九〇二年に、ベルリンの低額賃貸住宅の集まる地域、ヴェディングに生まれた。父親のアルフレッドは配管業を経営し、家庭では恐るべき独裁者で、幼少時、娘が芸術的な憧れを抱く傾向を強く拒んだ。だが、母親のベルタは応援してくれた。ユダヤ人の血を引いていた可能性があり、ナチスの他の主要人物と同様に、そのような噂が流布されもした。しかし、もしそれが事実ならば、第三帝国市民の生と死を分ける「人種起源」を証明する様々な文書で、その出自が見事に隠蔽されていたことになる。

リーフェンシュタールの初期の芸術への憧憬は、表現主義のダンスに向けられ、卒業生にアニタ・ベルベルを輩出した舞踊学校に、まず入学した。ベルベルはヌードで踊ることを好み、「コカイン」とか「自殺」といった不穏なタイトルのついた作品を踊ることで知られていた。これらの踊りは、エクスタシーや死を表現する、大層ドラマチックなジェスチャーを必要とした。

若かりし日のリーフェンシュタールは一度、発表会で、ベルベルの代役を務めたことがある。ベルベルから受けた多大な影響は、リーフェンシュタールのスタイルの一部となっていった。「エロスにまつわる三つの踊り」「降伏」「オリエンタル・フェアリーテール」の三作品は、リーフェンシュタールの、最も初期のダンスナンバーの題名だった。

一九二〇年代初頭のリーフェンシュタールのパトロンは、ユダヤ人の銀行家ハリー・ソカルだった。ソカルは彼女に毛皮のコートや金銭を貢ぎ、結婚してくれるよう嘆願した。喧嘩もしょっちゅうで、ソカルが自殺を仄めかすこともあったが、このパートナー関係は、実り多いものだったといえるだろう。ただ、その関係が続いたのも、ソカルがバラージュ同様、ドイツから逃避するまでのものだった。そしてそのソカルの名前も、『青い光』のクレジットから消された。

リーフェンシュタールのダンス・パフォーマンスは、ドイツ全土に留まらず、ヨーロッパ各地で上演され、その情熱と美しさを称賛された。しかし、批評家のジョン・シコウスキーは、ベルリンの『フォアウェルツ』新聞でこう評している。

「全体として、非常に強い芸術的性質を持ち、一定の領域に限って言えば、十分なパフォーマンスだろう。しかし、その対象範囲はきわめて狭く、かつ最高の、最も重要な資質を欠いている。その資質とはつまり、魂そのものだ」

これは興味深い所見である。同様のことが、その後のリーフェンシュタールの映画作品の多くについても言えるかもしれない。彼女の作品が魂の崇高さを謳うたびに、この短所は顕著になるのだった。リーフェンシュタールが表現しようとしたのは、山頂の神秘的なヒロインの魂、ドイツ魂、またはヒトラー総統と彼を取り巻く騎士たちの魂だ。ドイツ山岳映画というジャンルで、リーフェンシュタールの師匠だったのは、その分野の専門家であるアーノルト・ファンクだった。

しかしそれ以前、彼女はデビュー作『強さと美への道（*Wege zu Kraft und Schönheit*）』と題された映画で、古代のヌードモデルとして登場している。一九二五年に公開されたこの作品は、当時のドイツの流行であった健康的な自然主義、裸体体操、タフなスポーツ、男性仲間の結束、「ドイツらしさ（Deutschtum）」崇拝の感性に、しっくりとくるものだった。評伝を書いたバッハによれば、これらの作品を導くアイディアは、「人類の再生」という大仰なものだ。

ファンクの山岳映画も、そのような一定の枠の中に収まっている。一九二五年、リーフェンシュタールは映画『聖山（*Der Heilige Berg*）』で、山頂において三角関係に囚われる美しい女性を演じた。「彼女の人生は踊りであり、嵐のような魂の表現である」というのが、映画の訴えるところだ。女性の誘惑を、男性が自己犠牲という英雄的行為によって克服するのが、このタイプの映画において、よくあるオチだ。女性の愛情を勝ち取ろうとした二人のライバル男性は結局は仲間として死ぬことを選び、ともに凍りついた雪山間の暗闇へと落ちていく。

なぜファンクが、この映画にリーフェンシュタールを主演女優としてキャスティングしたのか、はっきりとはわからない。彼女自身が自分の魅力の魔性を疑ったことはなかった。ファンクもリーフェンシュタールが主演男優のルイス・トレンカーに心を奪われ、自分のもとを離れようとした時に、自殺すると脅したと言われている（銀行家のソカルはと言えば、多大な資金援助にもかかわらず、その頃までにはリーフェンシュタールに捨てられていた）。

「あの人たちは皆全員、私を愛していた」とリーフェンシュタールは述懐する。「ああ人生は、いつもドラマに満ちていた」とも。しかし、ハリー・ソカルが映画の資金調達を申し出たという事実は、リーフェンシュタールが主役に抜擢されたことと無関係とは言えないだろう。それだけでなく、ソカルはファンクの会社を買収してもいる。

『聖山』の後、リーフェンシュタールは『大いなる跳躍（*Der Große Sprung*）』（一九二七年）、『死の銀嶺（*Die Weisse Hölle vom Piz Palü*）』（一九二九年）、『モンブランの嵐（*Stürme über dem Mont Blanc*）』（一九三〇年）などのファンク作品に次々と出演した。これらの映画は、どれもお粗末なメロドラマの域を出ない内容だ。それでもファンクには視覚効果に関して、本物の才能があった。

彼は様々なレンズ、カメラアングル、フィルターなどを使って実験を繰り返した。突出したカメラマンのハンス・シュネーベルガー（彼もまた、「肉食女子」リーフェンシュタールの餌食となった）と協力し、劇的な雲の映像や、バックライトの視覚効果で、人物や雪山風景に神秘的な雰囲気を漂わせることに成功した。これらの技術は、表現主義の誇張されたドラマを準宗教的ともいえるドイツ・ロマン主義のムードと融合させる結果となり、スーザン・ソンタグはそれを「ワグナー・ポップ」と評した。

ファンク自身が熱心なナチス党員になり、ナチス党もファンク作品に通じる美的センスを濫用した。ただロマン主義、表現主義、ワグナー主義、ましてやワイマール時代の前衛芸術のどれをとっても、それが本質的にファシスト的だとは言えない。確かに肉体の完璧さ、勇敢な犠牲、男性の規律、権力、純度、そして壮大な自然という概念は、ナチスやファシスト様式に、まさにしっくりとくるものだった。しかし同じことが、たとえばバウハウス建築に見られる、クリーンな線づかいについても言えるだろう。

ナチスの宣伝大臣ヨーゼフ・ゲッベルスは、『ミヒャエル（*Michael*）』というお粗末な表現主義小説を書いている。彼は当初、表現主義こそが、第三帝国を的確に表す芸術様式だと考えていたのだ。しかしヒトラーは、一九世紀のセンチメンタルな俗悪趣味を好んだことから、表現主義を拒否した。総統は英雄的なヌード、ワグナー風の派手さ、そして古典主義的な建築を好んだのだ。

ファンクの『聖山』と、リーフェンシュタールの手による一九三四年のニュルンベルクにおけるナチス党大会を題材にした準ドキュメンタリー、『意志の勝利（*Triumph des Willens*）』という二作品の間に直接の繋がりを見るのは、なるほど、いかにも魅力的ではある。本書評が扱う二人の作家のうち、バッハはその見解に近いものを示している。

一方、若いドイツの映画史家ユルゲン・トレンボロンの著書は仰々しく、面白みには欠け、あまりにもまわりくどい表現が多すぎるのが弱点だが、それでも一読の価値がある。それによると、確かに「ファンクの映画を裏付けするダーウィニズムは、ナチス党のプロパガンダと危険な至近距離にあった」。さらに、確かに「国を挙げてのアルピニズム崇拝があったため、アーノルト・ファンクの映画も、「多くのドイツ人の信仰心の表れ」として称賛された」。しかし、トレンボロンはこう続ける。

「それらの文脈にもかかわらず、山岳映画を初期のファシスト的産物と見なすのは、いささか単純すぎるだろう。なぜなら、そのような見方はロマン主義文学、アルピニスト運動、二〇世紀初頭に流行した自然崇拝など、山岳映画というジャンルを生んだより複雑なルーツを考慮していないからだ」

この主張が正しいとすると——そして私は正しいと考えるが——リーフェンシュタールには分が悪くなる。彼女は大いなる才能、エネルギー、ご都合主義をもって、ファンクのカメラワークや編集技術を習得し、その技術をナチス党のための、芯からのプロパガンダ作品の制作に利用したことになるからだ。

『意志の勝利』を非常に有害な映画にするのは、そこに表れる古典主義や、ワイマール期の「ドイツの栄光」といった粗野なロマン主義ではない。それはリーフェンシュタールや、大会のパレード場をデザインしたアルベルト・シュペーアによる、あくまでも意図的な美意識の政治操作である。

ヒトラーお気に入りの建築家と映画作家は、非常によく似ていた。両者とも若く、意欲的で、権力に酔い、少なからず無節操だった。それだからといって、二人がナチスのイデオロギーを心底信じていたことにはならない。全体主義下のドイツで大きなチャンスを察知した建築家は、シュペーアだけではなかったのだ。

ルートヴィヒ・ミース・ファン・デル・ローエのような建築界の巨匠も、ナチスからの雇い賃を目当てに仕事をした。ファンクの神秘的な山々とナチス様式の間に美意識の繋がりを確認できるのと同じように、ミースの冷たく、完璧主義のモダニズムも、全体主義体制の確立という目的に役立つことがあった。しかし、ミースにとって幸運なことに、ヒトラーは彼のプロジェクトに、興味を示さなかった。総統は、シュペーアとリーフェンシュタールの作品をより好んだだけでなく、その貧しい感情生活の許す限り、彼等のことを敬愛してもいたようだ。その気持ちがリーフェンシュタールとの肉体的関係に繋がった、という証拠は何もないが、彼女はそのような噂をあえて否定することもしなかった。

リーフェンシュタールも、ヒトラーのことを崇拝したのだろうか。戦後リーフェンシュタールは、ヒトラーを含む政治への関心を激しく否定した。自分は純粋な芸術家であり、政治的に疎く、無実だというのだ。しかし、彼女は一九三一年に『わが闘争（*Mein Kampf*）』を読み、こともあろうにパトロンであるユダヤ人のハリー・ソカルに向かって熱く語ったという。「ハリー、あなたもこの本を読まなきゃ。この人はこれから大物になるわ」と。

翌年、彼女はヒトラーがベルリンのスポーツパレスで演説するのを聴きに行った。「稲妻に打ちのめされたようだった」と語っている。それはあたかもアーノルト・ファンクの山岳映画、または彼女の表現主義のダンスを彷彿とさせるようなドラマチックなシーンだ。「私は黙示録的ともいえる幻視を見た。まるで地球の表面が広がっていくような感覚だった。急に地球が半球に分裂し、巨大な噴水が、力強く、天に届くほど力強く、地球を揺らしながら噴き出したのだ」

これはどうにもいただけない。熱狂的なロマン主義の感情そのものが悪いのではなく、ここでは、それが向けられた対象が問題なのだ。ロマン主義的な憧憬が、競技場で、暴力を伴う群集ヒステリアを挑発することに利用されたとなると、リーフェンシュタールの無実の主張はいかにも空虚だ。

『意志の勝利』の問題は、まさにそこにあるのだ。この作品においてヒトラー崇拝は、これ以上ないというほど露わにされている。総統の飛行機が、『ニュルンベルクのマイスタージンガー(*Die Meistersinger von Nürnberg*)』の序曲や、ナチスの党歌『旗を高く掲げよ(*Die Fahne hoch!*)』の調べにのって、ファンク・スタイルで撮影された雲の合間から降下してくる。この「ドキュメンタリー」が政治に無関心で、ナイーブな者の手によって作られたとは到底考えられない。

もちろんこの映画は、本当の意味での「ドキュメンタリー」ではなかった。実際のところはリーフェンシュタールとシュペーアによる、「総合芸術作品(Gesamtkunstwerk)」を名乗る、プロパガンダだった。彼女は否定したものの、伝記中に引用されている様々な証言によれば、いくつかの場面は党大会の後に、ベルリンのスタジオで再現されたものだという。

また党から命令されたわけではなく、リーフェンシュタールは自ら願い、積極的にこの映画の制作を売り込んだこともわかっている。シュペーアの建築計画と同様、ヒトラーはこのプロジェクトに個人的な関心を寄せた。そして、自分自身がこの壮大な見世物のプロデューサーとなったのだ(映画の題名は、ヒトラー自身がつけたという)。

その結果、リーフェンシュタールは、求めるものすべてを手に入れられるようになった。『意志の勝利』は、ハリウッドの大手スタジオ制作の映画と同等の予算や人材を得た。撮影には三六名のカメラマン、九名の航空写真家、一七名から成る照明クルー、および二名のスチールカメラマンが動員された。それもスチールカメラマンの一人は、リーフェンシュタールを専属で撮影するためだけに雇われたのだった。リーフェンシュタールは、ゲッベルスの宣伝部を飛び越えて、ヒトラーと直接のパイプを持つ、ナチスドイツ唯一の映画作家に成り上がった。

このことは、ゲッベルスの神経を、ひどく逆撫でした。特にリーフェンシュタールが国庫に直接アクセスできるがごとき態度をとるのは、気に障った（そして彼女は実際にそれをやってのけたのだ）。リーフェンシュタール自身の解釈によれば、ゲッベルスに嫌われた理由は、彼と寝るのを拒んだためだからだという。いずれにせよ、偉大な映画監督が予算超えをすることはよくあることだし、ゲッベルスに嫌われること自体が罪なのではない。

そして『意志の勝利』は、驚くべき作品である。アーノルト・ファンクから吸収した編集技術やカメラワークのすべてを駆使する一方で、彼女自身のオリジナルなアイディアもあった。カメラマンにローラースケートを履かせたり、ヒトラーの演説台の背後にエレベーターを設置し、そこから撮影したり、といった具合だ。そのような斬新なアイディアは、群衆と演じる者の間に接点を見出し、臨場感を表現し、その中で何千ものキャストがそれぞれの役回りを演じることを可能にした。

問題はこの映画において、彼女の天才が純粋に技術的なものに留まっている点である。そしてまたその天才は、きわめて価値のない危険な対象に向けられているのだ。バッハはこう述べる。

「リーフェンシュタールは、二〇世紀の最も強力な芸術形式を用いて、殺人狂の独裁者の政治ビジョンを広めた。彼女自身をも魅了し、また個人的にも有用だった犯罪者による政権の確立に加担したのだ」

どうしてその道を選んだのだろう。リーフェンシュタールは、心底ナチスのイデオロギーまたはその美的センスに惹かれていたのだろうか。必ずしもそうとは言えない。一九二〇年代、リーフェンシュタールはハリウッドのスターになることを強く願っていた。そしてジョセフ・フォン・スタンバーグに、マレーネ・ディートリッヒの代わりに自分を『嘆きの天使（*Der Blaue Engel*）』に出演させろと、うるさくつきまとった。スタンバーグがそれを拒否したことは何とも幸いだった。リーフェンシュタールに演技の才能はほとんどなかったからだ。

レイ・ミュラーによる一九九三年のドイツのドキュメンタリー『レニ（*Leni*）』の中のインタビューで、彼女は何とも印象深い発言をしている。お決まりの「政治的無実」の主張を繰り返しながら、自分には『意志の勝利』の撮影対象が、ナチス親衛隊だろうが、野菜だろうが関係なかった、常に自分の興味は構図の美しさとか、芸術的効果にあったのだから、と語ったのだ。

この発言は、ほぼ間違いなく本心から出たものだろう。リーフェンシュタールは、ラジオシティミュージックホールのダンスのルーチンとか、美しい入浴シーンとか、または競技場で色つきパネルを持ってマスゲームに参加する何千人もの匿名の人々からなる北朝鮮の政治劇場の監督として、その卓越した才能を発揮できたはずだ。

しかし一九三四年、これらのキャリアは選択肢になかった。おそらく彼女がヒトラーと交わした悪魔の契約は、不滅の芸術を残す、唯一のチャンスだったのだろう。彼女の個人的な見解や感性をひとまず脇に追いやっても、その才能はヒトラーの巨大プロジェクトと完璧に一致するものだった。殺意のこもったビジョンを、死のミュージカルとも言うべき群衆劇として演出したのだ。

だが結果として、その作品は偉大な芸術として残るのには、あまりにもキッチュだった。感情が不必要に満載されているという意味で浅薄な作品だった。ともあれヒトラーはリーフェンシュタールに、自分の役に立つ完璧な技術者を見出したのだった。

3

リーフェンシュタールの最高傑作と言われる一九三六年のベルリンオリンピックの記録映画、『オリンピア（*Olympia*）』は、どうだろうか。この映画（正式には『民族の祭典（*Fest der Völker*）』、『美の祭典（*Fest der Schönheit*）』から成る二部仕立ての作品）は、一九三八年四月、ヒトラーの四九歳の誕生日に、ベルリン随一の映画館、ウーファ・パラスト・アム・ツォーで初公開された。

ナチス神殿に仕える神官たちすべてがプレミアに参加した。ヒトラー、ゲッベルス、ゲーリング、リッベントロップ、ヒムラー、ハイドリッヒといった面々だ。指揮者のウィルヘルム・フルトヴェングラー、俳優のエミール・ヤニングス、ボクサーのマックス・シュメリングなどの著名人もいた。リーフェンシュタールの名がライトに照らされていた。ヒトラーは彼女に敬礼し、観衆は騒ぎ立てた。この時、リーフェンシュタールはこの世の、いや少なくとも帝国の頂点にいた。

これに限ったことでないが、この映画についてもリーフェンシュタールは嘘をついた。映画は彼女が主張したように、国際オリンピック委員会から依頼され制作した、政治的に独立した作品ではなく、第三帝国が委託し資金を調達した映画だった。『オリンピア』はまた、ドイツの対外イメージを改善するために作られた映画であったことも間違いない。

前面に押し出されるのは良識的で、丁重で、かつ現代的、効率的なスポーツを愛する平和国家として描かれるドイツだ。リーフェンシュタールは、ヒトラーの政権が国際的な信用を得られるよう喜んで助けたのだった。しかし、作品そのものはどうだろう。それは「魅惑のファシズム」の一例だろうか。

『オリンピア』は、新古典主義崇拝とファンク風の雲が混ざりあったシーンで始まる。あたかも古代ギリシャと、現代ドイツの継続性を示唆するように。有名な「円盤を投げる人」の彫刻像が、デルフィで撮影された裸体のアスリートの姿に、ゆっくりと溶け込んでいく。このイメージは、アーリア男性の肉体の賛美だと解釈される。ヒトラーはこの彫像にご執心で、ついに一九三八年、ローマ時代のレプリカを購入したほどだった（オリジナルは、現存しない）。しかし実際には、ナチスがそれを濫用する以前より、ロマン主義芸術において古代ギリシャのイメージは使われていた。

またリーフェンシュタールは、このオープニングの撮影に、ドイツ人ではなく、アナトール・ドブリアンスキーという名のロシア人の若者を使った。そしてバッハによれば、彼の両親に幾分の手数料を払った後、しばらくの間、愛人として囲っていたという。

リーフェンシュタールは、同時代の同胞の大部分と同様、ユダヤ人迫害に素知らぬ顔をできたという意味において、反ユダヤ主義者だった。ただ『オリンピア』を、人種差別主義映画として説明することはできないだろう。また彼女の個人的な好みは、人種差別主義にも、国家主義にも左右されなかった。リーフェンシュタールには、ユダヤ人の愛人たちがいた。ロシア人の若者を捨てた後には、一〇種競技覇者のアメリカ人、グレン・モリスと関係を持った。そしてもしも『オリンピア』に、その肉体の完璧さを取り上げられた人物がいるとすれば、それはアメリカの黒人アスリート、ジェシー・オーエンス以外いないだろう。

もっとも、人種差別主義そのものが、ファシズム的美学の中核を成しているわけではない。つまりリーフェンシュタールの美学が基本的にファシストである点に依拠したという主張の本質が、彼女の人種差別主義の度合いによって変わるわけではないのだ。

肉体美やその完全性を崇拝することはファシズムの要素であり、それはまた肉体的に不完全な者を病人であり、劣等な人間として見ることに繋がる。これは社会ダーウィン論的な生存競争の考えにも結びついている。その闘いでは強者が勝ち残るだけでなく、大いに祝福され、その肉体を崇拝されなければならない。この概念が、スポーツ競技に秀でる個人とか、国や人種に適用されるのだ。

ナチスがこのような見解を示していたことは明確であり、またリーフェンシュタール自身も、そのような考えに抵抗できなかった。ただ『オリンピア』は、そもそもアスリートが主役の作品である。体力を最大限に美しく駆使し、競争する人々の記録である。映画の目標は「オリンピックをより至近距離から、今までなかったほどに、より劇的にフィルムに捉えること」だったという。そんなリーフェンシュタールの言葉を疑う理由はない。そしてこれはまさに、四五人の優秀なカメラマンの協力と、編集室での七ヶ月間の作業を経てリーフェンシュタールが成し遂げたことだった。

視覚実験の分野でリーフェンシュタールは、師匠のファンクを越えた。カメラを気球や軽飛行機に取りつけたり、マラソンランナーの首に吊り下げたり、馬の鞍に固定したりといった風にだ。競技のいくつかは、特別に掘った壕やスチールの柱の上から撮影された。彼女は絶え間ない要求と浪費で、ゲッベルスを怒らせた。リーフェンシュタールのチーム以外のカメラクルーは脇に追いやられ、撮影のためとなれば、アスリートの集中力を妨げる行為もなされた。またいくつかのシーンは演出され、他の映像に継ぎ接《は》ぎされた。

リーフェンシュタールはルールに従うことなく、周囲を困惑させた。だがその結果が、傑作映画だった。ユルゲン・トレンボロンの「映画史上に残る、美のマイルストーン」との評価は正しい。しかしながら、『オリンピア』が本当に物理的な完璧さへの賛辞であるのだとしても、そこに映し出されるのは寒々しい完璧だ。個人の性格とか人間的な感情などは、リーフェンシュタールの辞書に存在しないかのようだ。バッハは「『オリンピア』が官能的で、エロティックな特性」を持つ作品だと評し、スーザン・ソンタグも「ファシズムをエロティックに仕立て上げた」としてリーフェンシュタールを批判した。

これは趣味の問題かもしれないが、『オリンピア』に登場するヌードは、実際には奇妙にも、エロティシズムと正反対を行くように見える。それはリーフェンシュタールの好んだ、裸体の男性がサウナに入ったり、湖に飛び込んだりしているシーンに関しても言えることだ。この映画はカノーヴァの手による、磨き抜かれた白い大理石の彫刻のような、冷たい美しさを持っている。マリオ・プラーツの述べた「エロティックな冷蔵庫」というカノーヴァ彫刻評は、リーフェンシュタール作品にも該当する。彼女の男性との戯れ合いにも、また同じことが言えるだろう。『オリンピア』に映し出されるヘレニズムや古代ローマの伝統は、確かに公式のナチス芸術に使われている。

しかしまた同様の主題は、リーフェンシュタールのように、権力に魅了されるご都合主義者で、革命的英雄を賛美した芸術家、ジャック＝ルイ・ダヴィッドの絵画にも確認できる。彼もまた、裸体で戦うグラディエーター、偉大な指導者、そしてロマンチックな死のシーンの虜だった。だが、だからといってそのような嗜好が、彼の芸術の美しさを損なうことはない。

ナポレオンの崇拝者でなくとも、ダヴィッドの絵を称賛することができるように、『オリンピア』の冷たい美しさを、それを生んだ政治的な状況から切り離して鑑賞することが可能なはずだろう。しかし、いくら巧みに撮られているとはいえ『意志の勝利』に関して言えば、それは政治的な文脈においてのみ成立している。その唯一の目的が、政治的なものだったからだ。一方で『オリンピア』は基本的に、スポーツだけを扱ったものだ。

4

リーフェンシュタールのアーティストとしての最大の問題と限界は、彼女が「エロティックな冷蔵庫」であっただけでなく、「感情の冷蔵庫」でもあったところにある。人間を理解する力の欠如、または純粋な美学とは別に存在する人間にまつわる感覚の欠如は、『オリンピア』のような映画では、それほど重要ではない。しかし、愛、拒絶、陰謀などを扱う長編劇映画においては大変重要な要素だ。

リーフェンシュタールが一〇年以上の歳月をかけて完成させ、ついに一九五四年に公開された『低地（*Tiefland*）』は、バッハが的確にこう評している。

「キッチュな骨董品とも言うべきなのか、この作品は世界的な監督の手による映画にしては、いまだかつてないほどの鑑賞に堪えられぬ駄作だ」

『低地』のあらすじは、リーフェンシュタール演じる自然児が、退廃的な文明世界の邪悪な住民たちに迫害されるというものだ。これ自体、彼女の作品において、もう馴染み深い前提だ。リーフェンシュタールが、スペイン人のように見受けられるエキストラに囲まれ、フラメンコダンスが混ぜ合わさったような踊りを披露する様子は、芝居くささを通り越し、ただ単に恥さらしだ。

実際にはエキストラは、リーフェンシュタール本人がザルツブルグの強制収容所から選抜した、選《よ》りすぐりのジプシーたちだ。やがてアウシュヴィッツに送られる運命にある人々だった。この事実は、すでに悪名高き彼女の評判を、また一段と怪しいものにした。もちろんそれについても、リーフェンシュタールは嘘をついた。エキストラたちは全員、幸せに戦争を生き延びたと主張したのだ。ほとんどが死んだにもかかわらず。

しかし映画の芸術上の失敗は、必ずしもそれがファシスト的だったからではない。それは、無声映画のように不器用に、大げさに演出されており、人間の感情を補うために、いかにも芝居じみたジェスチャーを多用している点にある（これはリーフェンシュタールが、表現主義舞踏家としてのバックグラウンドを引きずっているためとも言えるだろう）。つまり一九二〇年代から、何も変わらなかったような作風なのだ。

ドイツにおいて、ナチス支配が芸術的表現に与えたダメージは計り知れない。ドイツ語のボキャブラリーは、大量殺人までをも正当化する官僚的な専門用語に毒された。美術に関して言えば、ロマン主義や古典主義の伝統が、ナチスによる利用によってひどく汚されたために、美的伝統そのものを、まったく新しい批判精神をもって燻蒸《くんじょう》消毒しなければ継承不可能な状態になった。アンゼルム・キーファーのようなアーティスト、ギュンター・グラスなどの作家、またヴェルナー・ヘルツォークやライナー・ファスビンダーといった映画監督が代表する若い世代が、まさにそれをやってのけた。
だが、戦後のドイツ芸術の批判的な改革は、レニ・リーフェンシュタールの能力を超えていた。いずれにせよ、彼女は、自分の過去についてあまりにも受け身で、自己弁護が過ぎたため、批判的な態度をとることなど所詮無理だったのだ。

リーフェンシュタールは、戦後の非ナチ化裁判において、たまたまナチスと同じ時代を生きた「旅仲間」として免罪され、戦争犯罪に問われることを逃れた。ナチスの犯した罪を知らずに、ドキュメンタリー映画制作を強要されたと主張し、迫害された被害者を演じ続けた。また自分の映画に出演したエキストラを厚遇したとも主張した。彼女は美しさを追求する純粋な芸術家に過ぎず、その見解に異を唱える者があれば、訴訟を起こすことも辞さなかった。

多くのプロジェクトの構想が練られた。そのほとんどが戦前のファンク風のロマン主義を引き継ぐもので、批判的な視点を提供するものはなかった。『青の光』のリメイク版、または別の『赤い悪魔（*Die roten Teufel*）』と題された山岳映画、スペイン賛歌ともとれる闘牛と聖女のストーリーといった具合だ。そしてフリードリヒ大王とヴォルテールの関係をジャン・コクトーの脚本で映画化する話もあった（コクトーは『低地』を好意的に評価した数少ない一人だった）。

コクトーはリーフェンシュタールに告げたという。「あなたと私は間違った世紀に生きている」と。それは、両者の戦時中の経歴を思えば、あまりにも甘すぎる、自己弁解のような発言だった。

リーフェンシュタールがある種の現役復帰を果たしたのは、一九七〇年代初頭だった。スーダンのヌバ族を撮影した二冊の写真集『NUBA ヌバ 遠い星の人びと（*The Last of the Nuba*）』と『ヌバ（*People of Kau*）』が、大きな成功を収めたのだ。裸のレスラー、灰に覆われた男性、フェイスペイントされた顔、そしてバターを塗りたくった美少女などのカラー写真は、確かによく撮られてはいるが、天才の作品とは言えない。被写体そのものがあまりにも印象的なため、リーフェンシュタールが面白い着想を得るのは、大して難しくはなかっただろう。ただ取材を成功させること自体が、それほど簡単ではなかった。ヌバ族は詮索されるのを嫌った。リーフェンシュタールは六〇代となっても有り余るエネルギー、忍耐力、そして、それらをうまく使って立ち回るための機知や、厚かましさを持って、ヌバ族の撮影に成功したのだった。

運動能力の高い、若い黒人の持つ美しさは、いつの時代も彼女を魅了してきた。失敗に終わったプロジェクトの一つに、奴隷貿易を扱った『黒い積み荷（*Die Schwarze Fracht*）』という映画がある。一九五一年に、イギリスの写真家ジョージ・ロジャーが、壮大な白黒写真にヌバ族を記録している。それからインスピレーションを得たリーフェンシュタールは、ヌバ族を白黒の映像で捉えようとしたのだ。口利きをしてほしい、紹介料は払うとリーフェンシュタールに依頼されると、ロジャーはこう答えたという。

「親愛なるマダム、あなたと私の歩んできた道を考えると、あなたに話すことなぞまったくございません」

ロジャーはイギリス軍がベルゲン・ベルセンの収容所を解放した時、『ライフ』誌のカメラマンとしてその場に立ち会っていた。彼は自分が「ファインダー内に、無意識のうちに、人々や地上に横たわる遺体を、芸術的な配置に置き換えようとしている」ことに気づき、ショックを受けた。これは、リーフェンシュタールの世界観に通じるものがあるだろう。たとえ彼女が拷問や虐殺の犠牲者に、そのようなものの見方を適用したことがなかったにしても、だ。

フランスの映画批評誌『カイエ・デュ・シネマ』で、リーフェンシュタールがこう述べたのをスーザン・ソンタグが引用している。「私は、美しく、強く、健康なもの、つまり生きているものに魅了される。私は調和を求める。ハーモニーが生まれた時、私は満足できる」。つまりそれはジェシー・オーエンスであり、ナチス突撃隊であり、ヌバ族なのであった。

この発言をもってして、リーフェンシュタールが、生涯を通しての審美主義的なファシストだったと言えるだろうか。彼女が撮ったヌバ族の写真は、ナチスの党歌「旗を高く掲げよ」を斉唱するナチス突撃隊の映像と、同じ毒に冒されているのだろうか。

確かにリーフェンシュタールによるヌバ族の文化の扱い方は、特に知的考察に基づくわけでもなく、平和主義的でもなく、多元主義的でも、あるいは自由主義と呼べるものでもなかった。しかしだからといって、ニュルンベルクで開かれたヒトラーの党大会と、スーダンの部族儀式の間に継続性を見出すのは無理があるだろう。また、リーフェンシュタールの撮影したレスラーや裸の若者のカラー写真を楽しんで鑑賞することが、政治的にまずいことだとも言えないだろう。ヌバ族は、ただ単にヌバ族であるのだから（より正確には、「だったのだから」と言うべきだろう）。

彼女にとってのヌバ族の魅力は、お馴染みの反文明論とでもいった感性と共通するものだった。ファンクの山岳映画で描かれた登場人物のように、彼女はヌバ族を、自然の子であると見なした。このような態度は尊大だと言える。そして確かに、ロマン主義的でもある。しかし、到底ファシスト的とは言えない。

リーフェンシュタールは、二〇〇三年九月に亡くなる直前まで、仕事を続けた。それまで、複数の飛行機事故で負傷している。同時に、加齢に抗う病的な試みを続けた。厚化粧、真黄色のかつら、ホルモン注射、顔面の整形手術などのせいで、晩年の容姿は、まるで女装した老人のようだった。

一〇〇歳の誕生日は、ラスベガスのサーカスエンターテイナー、ジークフリートとロイや、登山家のラインホルト・メスナーとともに祝った。それは最新作『ワンダー・アンダー・ウォーター　原色の海（*Impressionen unter Wasser*）』がテレビで上映された、たった一週間後だった。世界最高齢のスキューバダイバーとして、その生涯の最後の二〇年を、ずっと若い恋人ホルスト・ケトナーとともに、海洋生物の撮影に費やしたのだ。

途切れることのない熱帯魚や鮮明な色のイソギンチャクのイメージは、特に評価されたわけではなかった。バッハがある批評家を引用している。『ワンダー・アンダー・ウォーター』は、「世界で最も美しいスクリーンセーバー」だ。別の批評家は、『意志の勝利（*Triumph of the*

Will)』に引っかけて、「エラの勝利（Triumph of the Gill）」だと皮肉った。

しかしリーフェンシュタールは、いまだ汚染されない自然界の、静寂の中の美しさを捉えることにくつろぎを覚えていた。彼女はこう言っている。「(海は) 外界からの、すべての問題や心配事を取り除いてくれる」。おそらくリーフェンシュタールにとって一番心地の良いことに、それは、人間的なものすべてが排除された世界だったのである。

JUNE 14, 2007, *The New York Review of Books*

愚か者、臆病者、それとも犯罪者？

Fools, Cowards, or Criminals?

1

ニュルンベルクの戦争犯罪裁判は、一九四五年一一月に始まり、翌四六年一〇月まで続いた。雑誌『ニューヨーカー』に、その遅々とした裁判の模様をレポートしたレベッカ・ウェストは、法廷を「退屈の砦」と評した。しかしその中にも、ドラマチックな瞬間がいくつかあった。たとえば反対尋問の際、主任検事を務めたアメリカ人ロバート・H・ジャクソンが、ヘルマン・ゲーリングに言い負かされる場面である。そのジャクソンが開廷の際に出した声明は、この裁判で最もよく知られることになる言葉だった。

「我々が今日これらの被告に下す判決の記録は、未来が我々を裁く際の判断材料となることを決して忘れてはならない。被告に毒杯を手渡すのは、それを私たち自身の口に運ぶのと同じだ。公平性や知的高潔性をもって挑めば、後世、この裁判が人類の正義への願望の表れとして評価されることに繋がるだろう」

その後、人類がジャクソンの言葉にどれだけ応えたのか。ナチスの指導者を裁いた国々を巻き込むいくつかの血まみれの戦いを通じて考えることが、四時間半にわたるドキュメンタリー映画『正義の記憶（*The Memory of Justice*）』の主題だ。一九七六年の公開以来あまり観られることのなかった映画だが、監督のマルセル・オフュルスは自身の最高傑作だと信じている。より世に知られる、一九六九年制作でナチスのフランス占領、ヴィシー政府、レジスタンス運動を扱った『悲しみと哀れみと（*The Sorrow and the Pity*）』をも越す作品だと感じているようだ。

ヴァイオリニストのユーディ・メニューインは、『正義の記憶』の冒頭近くで、ナチス・ドイツの野蛮性は普遍的な道徳問題としてしか考えられないと述べる。「私は人間とはすべて罪深いという前提からスタートして、物事を捉えている」。同時に、ドイツで起きたことが、他の場所では起こり得ないということではないと警告する。メニューインのこの言葉は、ナチスの指導者がニュルンベルク裁判の法廷で、次々と無罪を主張する映像の直後に続く。

我々はまた、フランスの元空挺兵がアルジェリアにおけるフランス軍の振る舞いについて語るのを聞く。そこでは男性、女性、子供の区別なく、組織的な拷問や殺人が行われた。ベトナム戦争の凄絶《せいぜつ》なイメージも流される。ニュルンベルクの主席検事テルフォード・テイラーは、いったいどれほどの数の人間が「プレッシャーの下で起こる（道徳的）基準の荒廃」に対処できるのだろうか、と疑問を呈する。映画の終わりの方でテイラーは、アメリカ人とアメリカの歴史に対する自分の見方は、かつて裁決したドイツ人を見る目以上に変わったと述べている。

異なる戦場での残虐行為を対比して見せることは、ある種の人々を怒らせた。芸術評論家ハロルド・ローゼンバーグはかつて『ニューヨーク・レビュー』誌上で、オフュルスが「誰もが有罪であり、誰も他人を倫理的に裁く資格がない、それゆえに誰もが無罪である、という虚無的な主張の泥沼に引き込まれている」と非難した。ローゼンバーグはオフュルスがナチス犯罪を「軽視」して、強制収容所の恐ろしさを「希薄化した」と考えたのだ。

そのような見方は、オフュルスがこの映画を通して何を達成したかったのかを曲解することになるだろう。彼は何も、アウシュヴィッツがベトナム戦争中のソンミ村虐殺事件と、あるいはフランス植民地下のアルジェの拷問刑務所と同等だ、と言っているわけではない。オフュルスは、ニュルンベルクでゲーリングと彼の取り巻きに下された判決が正当だったと信じて疑わない。オフュルス自身が、一九三三年にドイツを去ったナチス難民なのだ。

一九四〇年にフランスが侵略されると、彼は家族とともに再びそこから逃亡した。オフュルスは感情に左右されずに、時には冷笑を含むユーモアをもって倫理的な問題提起をする。通常は平凡な人間が、異常な状況下で残虐行為を犯すのはなぜなのか。そのような犯罪が、国の名の下に同胞によって犯された場合、どうすればよいのか。ニュルンベルクの判決と照らし合わせると、今日の我々の正義への取り組みはどの程度達成されているのだろうか。プラトンが仮定したように「正義の記憶」は果たして、私たちがより良い人間になる努力を助けるのか。

オフュルスは決して、ナチスの犯した罪の酷さを軽んじるわけではない。だが、加害者を単なるモンスター、つまり「例外」と見做すことは拒否する。かつて「ナチスを怪物だと信じることは偽善にすぎない」と述べている。このコメントは、何かと物議を醸すドイツ人作家マルティン・ヴァルザーが、一九六〇年代にフランクフルトで行われたアウシュヴィッツ裁判についてかつて語ったことを思い出させる。

ヴァルザーは裁判そのものに否定的だったのではない。しかし、ナチスの極悪人が犯したグロテスクな拷問法などについての、恐怖を掻き立てる連日の報道によって、一般のドイツ人はそんな酷い犯罪や、それを起こさせた体制を他人事のように感じ、かえって自分たちとの間に倫理的距離を置きやすくなったと主張した。誰もそのような野獣を身近に感じることはないだろう。だが、もし怪物のような性格破綻者だけがホロコーストや他の大量殺人の責任を負うとなると、残された我々が鏡の中の己の姿を見つめる必要はなくなる。

確かにオフュルスは、アルベルト・シュペーアやカール・デーニッツなど、元ナチスをインタビューする際、責め立てるそぶりを見せない。それは彼の興味が悪人を起訴することではなく、そのような人々、とりわけ文化的に洗練されていたと思しき人々を動機付けたものが何だったのかを、より良く理解したいからだろう。この点についても、ローゼンバーグはオフュルスを非難した。犯罪者に意見を述べさせるのであれば、それを被害者の意見と対比させてバランスを取るべきだったと主張し、そうでなければ観客が悪者の主張だけをとりあえず信じてしまう可能性がある、というのだった。

しかし、その危険はまずないと思われる。デーニッツ元帥の例をとってみよう。彼は自分が反ユダヤ人的であったはずはない、なぜならばドイツ海軍内で自分はユダヤ人を差別したことがないのだから、という主張を試みる。だが、ヒトラーのドイツ海軍に、そもそもユダヤ人と目される人物が存在しなかったことを忘れているようだ。

オフュルスはデーニッツに質問する。あなたが行った猛烈な反ユダヤ主義的スピーチと、あなたが仕えていた政権の下に行われたユダヤ人虐殺との間に、関連性がないと本当に信じているのですか、と。すると元帥は警戒の色を隠さず、引きつりながら小さな口を固く結ぶ。やがて激しい語調で、追い詰められた犬が吠え立てるかのごとく、すべてを否定する。このようなやりとりの記録自体がいかに力強く、多くを語っていることか。別人の声で「バランスを取る」必要など感じられない。

オフュルスは優れたインタビュアーだ。礼儀正しくクールで、執拗だ。口調はしばしば懐疑的であるものの、道徳的優位を見せつけるわけでも、攻撃的でもない。だからこそ質問される側は、対決的な態度で挑むインタビュアー相手には決して漏らさないようなことまで、喋ることがある。

アルベルト・シュペーアのナチス政権における責任の一つに、ドイツの武器工場で働かされるために強制収容所から引き抜かれた、無数の奴隷労働者の無残な運命があった。オフュルスの静かな問いかけに対し、シュペーアは自らの無慈悲な野心が招いた道徳心欠如や、犯罪に値する日和見主義について延々と語るのだった。彼の世代のほとんどのドイツ人とは異なり、シュペーアはニュルンベルク裁判が正当だったと信じていた。だが、彼が処刑されずに刑務所行きで済んだことは、かなりの軽罰だったと言えよう。

デーニッツがムキになるような質問にも、シュペーアは滑らか、かつ魅力的に応じる。その対応ぶりはほぼ確実に、裁判でシュペーアの命を救った。テルフォード・テイラーはニュルンベルクで提出された証拠と基準に基づいて、シュペーアは絞首刑になるべきだったと信じていた。ユリウス・シュトライヒャーはシュペーアほどの権力を有さなかったものの、反ユダヤ主義を宣伝した罪で処刑された。

レベッカ・ウェストが「公園で問題を起こすタイプの、うす汚れた老人」と形容したシュトライヒャーは、野暮な丸刈り頭のならず者で、いかにも一見して怪物になり得るような印象を与えた。裁判官は反省する者への救済策として、シュペーアに温情を示すようになった。シュトライヒャーはもちろん、下品でもったいぶったゲーリング、気取ったやかまし屋のアルフレート・ヨードル将軍、あるいは不恰好なナチス親衛隊（ＳＳ）幹部のエルンスト・カルテンブルンナーなどと比較すると、シュペーアは確かに紳士然としていた。テイラーは映画の中で、シュペーアを救ったのはその秀でた品位だったと回想する。

オフュルスがシュペーア本人にこの点についてどう思うのか聞くと、幽霊のような笑みが彼の顔を横切る。「そういう説明がされたのであれば……それは何とも嬉しいことだ。そんなに良い印象を残したとはね」。裁判でシュペーアは二〇年の禁固刑に処され、命拾いした。なお印象はともあれ、敗戦間近まで権力の中枢から離れていたためより軽い罪と見做されたデーニッツは、一〇年の禁固刑に処されただけだった。

オフュルスはインタビューで、シュペーアに好感を持つのは簡単だと言った。ただそれがシュペーアの罪を軽くするという意味ではない。長年にわたってシュペーアをインタビューした英歴史家のヒュー・トレヴァー＝ローパーは、彼がサディスティックな野蛮人ではなく、高度な教育を受けた、礼儀正しい「普通の」人間であることをわかっていたからこそ、シュペーアを「ナチス・ドイツの真の犯罪者」と呼んだのだった。そのような人物だったからこそ、殺人狂の政権に加担することを拒否するべきだったというのだ。

トレヴァー＝ローパーの主張はおそらく、オフュルスの映画の要点でもあるだろう。ドイツ人が他の国民よりも殺人犯になりやすいということはなかったし、ドイツ人だから殺害を見過ごした、ということもなかったはずだ。この世には先天的な「犯罪者の国民」などいない。シュペーアのようにソフトな物腰の若い建築家が、ユダヤ人狩りをしたならず者よりもはるかに多くの命を奪った例もある。思うにこれこそが、ユーディ・メニューインが発した「どこにでも起こり得る」という警告の意味だろう。

2

オフュルスは、ナチスの犯罪を軽視しようとするニヒリストとは程遠い。罪や正義の検討に本気だったからこそ、『正義の記憶』は歴史に葬られる可能性があったのだ。映画の制作を依頼したＢＢＣ（英国国営放送）を含む企業は、オフュルス自身による編集版を却下した。「長すぎる」というのが理由だった。また当初の計画では、映画がテルフォード・テイラーの著書『ニュルンベルクとベトナム――アメリカの悲劇（*Nuremberg and Vietnam*）』（一九七〇年）を土台にするはずだったので、ニュルンベルク裁判よりもベトナム戦争の映像をより多く含むべき、という意見もあった。

周りにとやかく言われるのを元から嫌うオフュルスは、否定されたことでさらに強固に己のビジョンに執着した。オフュルスが問いたかったのはアメリカ特有の悲劇、またはドイツ特有の悲劇ではなく、なぜ人間はあらゆる時に、いかなる場所でも「ひとでなし」になり得るのか、なのだった。

オフュルスはロンドンの編集室から追い出された。プロデューサーは監督の意図を無視して独断で映像をカットし、それをドイツのＺＤＦテレビに売却した。その間オフュルスは、自らのバージョンを救うためにヨーロッパを奔走し、その甲斐あってドイツの裁判所はＺＤＦが買い求めた映像を放送差し止めにした。オフュルスのカットはやがてアメリカに密輸され、そこでプライベート上映が行われた。それを観たマイク・ニコルズ監督は涙したという。

後に高名な出版者となるハミルトン・フィッシュは、元の映画を購入するために投資家グループを説得し、それをパラマウント映画から配給させることに成功した。一九七六年、カンヌ映画祭で、そしてニューヨークや各地の大学キャンパスで映画が上映された。多くの国ではテレビ放映もされた。オフュルスの強情や忍耐強さなくして、またアメリカの後援者の助けなくして『正義の記憶』が日の目を見ることはなかったのだ。フィッシュの言葉では「そんな性格が、そんな映画を作るために必要だった。オフュルスは個人として、自ら歴史と向き合ったのだ」

だがその後、映画は姿を消した。保管権利に関する契約も失効し、フィルムは劣化の危険に晒された。この傑作は、もう二度と我々の前に戻ってこなかったかもしれない。マーティン・スコセッシの非営利団体「フィルム・ファンデーション（The Film Foundation）」が、パラマウント映画と共同で介入しなければ。映画の復元には一〇年の年月を要し、二〇一五年に完成した。

言うまでもなく一九七六年以降、様々な変化があった。ドイツは現在、地理的、政治的、文化的に見て、映画制作当時とは違う国だ。オフュルスがデーニッツをインタビューした頃、西ドイツの権力構造はいまだ元ナチス党員で占められていた。戦争世代の大部分は沈黙したり苦しい言い訳で、まずい秘密を隠そうとしていた。まだ第三帝国の歴史は、ホロコースト生存者で、強制収容所について最初に記録した歴史家であるオイゲン・コーゴンが形容したところの「倉庫の中の死体」状態にあった。

映画の中でオフュルスは、シュレースヴィヒ＝ホルシュタイン州の小さな村を訪ねる。そこで出会った笑顔の男性は、第三帝国時代を良い時代、「犯罪のない」秩序ある時代だったと回想し、懐かしむ。オフュルスがこの人懐こい村人に遭遇したのは、ニュルンベルクで有罪判決を受けた女性医師を追跡調査している最中だった。その医師が犯した罪の一つに、強制収容所で子供の静脈に油を注入して殺害するという凄まじい実験があった。彼女は一九五二年に刑務所を出所した後、家庭医として開業していた。地域で尊敬され、気さくな人柄で知られてさえいるようだった。

オフュルスが最終的にその医師を探し当てた時、彼女は健康上の理由からインタビューのリクエストを丁重に断った。もう一人の収容所付き医師ゲルハルト・ローズは、インタビューに応じた。だがその理由は、罪をすべて否定することにあった。自分が行った医学実験（たとえば被検者にマラリアを感染させる実験）は人道目的であり、米陸軍も実験をしていたという類の主張をするのだった。

オフュルスは、アメリカの実験はダッハウやブーヘンヴァルト強制収容所で行われたような状況下で行われたものではなかったと指摘する。ただ、人体実験についてより顕著な西側諸国の偽善があったことに、映画は言及していない。ローズ医師よりもさらにひどい罪を犯したドイツや日本の医師たちが、冷戦時代に彼らの知識をあてにした米政府によって保護されていた事実がここで示されても良かっただろう。

おそらく映画の中で最も不穏なインタビューは、悔い改めない元ナチスや戦争犯罪人ではなく、紳士的かつ非常に尊敬されている弁護士オットー・クランツビュラーのものだ。戦時中、海軍判事だった彼は、ニュルンベルクでデーニッツの弁護士を務めた。海軍のユニフォームを纏ったその颯爽とした姿は、確かに印象的だった。後に彼は企業弁護士として成功を収めたが、その業績にはアルフリート・クルップのような奴隷労働者を使った大企業家を弁護したことも含まれている。

クランツビュラーはナチズムを正当化したわけではない。しかし、第三帝国時代の自分の役割を子供たちに話したことがあるのかとオフュルスに問われると、子供たちにわかってもらうために、ある格言に辿り着いたのだ、と答えた。それは「もし自分の周りで何が起こっているのか知らないと言うのならば、お前は愚か者だ」。「もし知っていて、それでも見て見ぬ振りをしたと言うのならば、お前は臆病者だ」。さらには「もし知っていて、それに参加したのであればお前は犯罪者だ」。

これで彼の子供たちは安心できたのだろうか。クランツビュラーは断言する。

「子供たちは自分の父親が「愚か者」でも「臆病者」でも「犯罪者」でもないと考えた」

それは何とも見事な言い逃れだ。だが、ニュルンベルクのフランス人検事エドガール・フォールの言い逃れも、クランツビュラーに引けを取らなかった。フォールはナチスによるフランス占領中、レジスタンスのメンバーだった。いわゆる勝者側の英雄だ。オフュルスはそのフォールに、アルジェリア独立戦争時のフランスによる戦争犯罪について尋ねる。戦争中、拷問が組織的に行われ、民間人が虐殺され、捕虜はヘリコプターから投げ捨てられた。これらは後に、南米の軍事政権下で広まった手法だ。

「まあいろいろあると手に負えなくなるのは仕方がない。だが、政府を運営するという難しい仕事と向き合っているのだから、政治家を批判するのは不当だろう」

こう述べたエドガール・フォールはアルジェリア戦争中、フランスの首相を務めていた。

一九七〇年代は、ドイツにとって非常に重要な時代だった。オフュルスにインタビューされる武装親衛隊元隊員の息子のように、ナチスの収容所が嘘であるとか、ガス室を建てたのはアメリカ人だったというような陰謀説を信じる人もまだいた。しかし、戦後の世代は一九六〇年代の学生運動を通して、自分たちの親に疑問を抱き始めていた。『正義の記憶』が完成したちょうど一年後、ドイツの急進主義が激化した。テロ集団であるドイツ赤軍のメンバーが、反ファシズムの名の下に銀行家を殺害し、工場主を誘拐し、飛行機をハイジャックするようになった。それはあたかも彼らの親世代のナチスとの共謀という罪を、別の罪で穴埋めするかのような激しさで行われた。ドイツの家庭は、戦争の記憶によって引き裂かれていったのだ。

オフュルスは、かなり複雑な自分の家庭も映画に登場させる。ドイツ人の妻レジーネの父親は、ドイツ国防軍の軍人だった。ナチスの下で送った自分の子供時代について、彼女はアメリカの学生相手にオープンに語る。ティーンエージャーの娘の一人は、過去と向き合う必要性について熱く語る。

レジーネは、強制収容所の写真を見るのに一七歳とはいかにも幼すぎると娘のことを心配する。やがてレジーネは、オフュルスの人生や作品の中核に迫る、個人的なコメントをする。自分の夫が暗いテーマの映画ばかり撮るのが、時々嫌になるという。「だったら、いったいどんな映画を撮れば良いんだい」と尋ねられると、「エルンスト・ルビッチみたいなの、でなければ『マイ・フェア・レディ』のリメイクもいいわね」と切り返す。

その後スクリーンには、強制収容所で子供を殺害した件の医者を見つけるために車を走らせるオフュルスが映る。BGMはミュージカル映画『バンド・ワゴン（*The Band Wagon*）』（一九五三年）でシド・チャリシーが歌う「ニュー・サン・イン・ザ・スカイ」だ。

このようなくだりは、いかにもオフュルス的なタッチで描かれている。より幸せな時間を思い起こさせるミュージカル・ナンバーが、恐ろしい記憶と重なり合う。そのようなコントラストは、何も陳腐な皮肉を意図しているのではない。オフュルスにとって、それこそが自伝を織り込む手法なのだ。

オフュルスの父は『恋愛三昧（*Liebelei*）』（一九三三年）、『輪舞（*La Ronde*）』（一九五〇年）、『歴史は女で作られる（*Lola Montès*）』（一九五五年）などの作品で知られる偉大な映画監督、マックス・オフュルスだ。マックスは、亡命を余儀なくされた天才的な映画制作者の一人だった。裏切りやひねくれたセクシュアリティが、帝都ウィーンや一九世紀フランスの甘く華やかな生活に暗い影を落とすような作風を得意とした。

古き良き時代への慕情は、息子オフュルスを悩ます。恐怖から逃れることに費やされたその少年時代は同時に、父親の天才には到底叶わないという自覚が芽生えた時代でもあった。マルセルも『輪舞』のような名作を監督することを夢見ていただろう。だが、代わりに彼はドイツ占領下のフランスや、「リヨンの屠殺人」と呼ばれたドイツ親衛隊員クラウス・バルビー、またはニュルンベルク裁判など、彼の心を摑んで放さない過去についてのドキュメンタリー映画を撮るようになった。そのような作品では戦前のベルリンの演芸場やハリウッド映画で流れた歌が、まるでコラージュのように実際に起こったホラーストーリーと混在する。オフュルス・タッチの中でも最も忘れられない場面の一つに、これまたほとんど観られることのない映画からのシーンがある（大規模な公開ができなかったのは、プロデューサーとの意見の食い違いが原因だった）。

『一一月の日々（*November Days*）』（一九九一年）は、ベルリンの壁の崩壊についての作品だ。オフュルスは東ドイツの国家保安省（シュタージ）の諜報部門長だったスパイのマルクス・ヴォルフをインタビューする。ヴォルフの父親は共産主義の作家フリードリヒ・ヴォルフで、戦前のベルリンではマックス・オフュルスの知り合いだった。

ヴォルフが自分の過去についての質問をすべて嘘で固めて否定する背後に、父オフュルスの映画のサウンドトラックが流れ始める。音楽がゆっくりとクライマックスに向かう中、独り言のようなオフュルスの語りが被さる。自分の父親が「東」ではなく「西」に行ったことはいかにも幸運だったと。

3

『正義の記憶』の後半は、物語の焦点が「東」から「西」に移る。つまりドイツからフランス、アメリカへ、という具合に。アメリカの経済学者で平和運動家のダニエル・エルスバーグは、ベトナムについてこう述べる。「この戦争は私たちを怪物にするだろう」。民間人を冷酷に殺害した米兵たちも話をする。指揮官に民間人の虐殺を報告した兵士は、上層部から「黙れ」と命令される。エルスバーグはソンミ村虐殺事件に関連して有罪判決を受けた米兵の中に、中尉以上のランクの人がいなかったことを指摘する。

フランスに関して言えば、アルジェリア戦争（一九五四年〜一九六二年）の期間中に行われた処刑や拷問の話が登場する。前述の元首相エドガール・フォールに、オフュルスは重要な質問を投げかける。フランスがアルジェリアでしたことを、ニュルンベルクのように裁決する国際委員会が設置されたとして、フランスはそれを受け入れただろうか、と。「いいや」。じっくりとパイプをくゆらせた後に答える。ドイツが外国で行った侵略行為と、フランスが自らの植民地内で宗主国として取った行動を比較することはできない、というのがその理由だった。

ニュルンベルクのイギリス検事だったハートリー・ショークロス卿は、サセックスにある彼の瀟洒な田舎の家でオフュルスと会話する。そしてアメリカの同僚たちが、いかに正義と法の支配を信じていたかを思い起こす。当時のイギリスの当局者と同様、ショークロス自身はより穿《うが》った見方をしていた。「すべての法は勝利者によって、征服された者を裁くために作られる」、と。しかし、彼が重要視するのは「誰が法を定めたのか」ではなく、「その法が示すところの規範が果たして正しかったのか」という点だ。そしてこの点について、ショークロスは疑いを持っていない。

オットー・クランツビューラーも、ショークロスと同様にアメリカの理想主義を振り返る。しかしクランツビューラーは、将来のモデルを示すという点においてはニュルンベルク裁判は失敗だったと考えた。裁判が「戦争は過去のものになる」という、平和主義的な世界共同体観を前提として行われたからだ。そんな錯覚は、長くは続かなかった。

実際、裁判には当初から問題があった。ナチス指導者を裁いた人々の中には、スターリンが大粛清のために行った悪名高き見世物裁判の判事がいただけでなく、そこで連合軍側が犯した戦争犯罪について言及することは一切許されなかった。戦中、爆撃司令部の関係者だったイギリス人の元将校は、ニュルンベルグではその主張が取り上げられるべくもなかったが、連合国によるドレスデンの空爆が戦争犯罪だったと信じていた。

『正義の記憶』に弱点があるとすれば、それはフランスとアメリカの戦争犯罪に焦点を当てた映画の後半部分が、前半ほどは観客の心を摑まない点だろう。前半はニュルンベルク裁判から継承されるドイツの遺産が主題だが、それはオフュルス自身の興味の強さを反映しているのではないだろうか。あるいはソンミ村やアルジェをもってしても、ナチスの犯した犯罪の規模と野蛮性のスケールには、およそ及ばないということなのだろうか。

しかし、オフュルスはローゼンバーグとは違い、それらの犯罪が同レベルで語られるべきだとは、そもそも主張していない。比較できるのは、人々が自分たちの目の前で、自分たちの名の下に起きている事態にも見て見ぬ振りをしたり、正当化したり、否定したりする様子だろう。ベトナムで戦死した米海兵隊員の妻は、家を旗や軍事記念品で埋め尽くし、アメリカが悪いことをするわけがないと信じて疑わない。

より興味深く、そしておそらくより罪深いのは、紛う方なきリベラルで大使も務めた経済学者ジョン・ケネス・ガルブレイスの発言だ。ベトナム戦争について、自分は現実的に考えただけで、道徳的な意味合いについてはまったく考慮しなかったとオフュルスに語っている。ベトナムは一九四三年の東部戦線ではない。ソンミ村はアウシュヴィッツでもなかった。そしてガルブレイスはもちろんアルベルト・シュペーアではない。それでも暴力的争いを技術屋的な目だけで分析することは危険だ。いったん犯罪者の政権の下に置かれれば、そのような態度こそが多くの人々を迷走させることになるのだ。映画中、エルスバーグはシュペーアのトンネル状の視野を「抑制のきいた愚かさ」と表現している。それは自らの行動や存在が、どんな結果をもたらすのかを直視するのを拒むことだ。

そこで思い出すのが、別の素晴らしいドキュメンタリー映画『フォッグ・オブ・ウォー マクナマラ元米国防長官の告白（*The Fog of War*）』（二〇〇三年）だ。これはロバート・マクナマラにスポットライトを当てた、エロール・モリス監督の作品だ。マクナマラは第二次世界大戦における日本の都市の消滅や、一九六〇年代のベトナム戦争激化を生んだ政策決定に関わっていた。まさにこの作品のライトモチーフも「抑制のきいた愚かさ」だ。マクナマラにとって、何十万人もの民間人の殺害は数学的な問題でしかなかった。だが何年も後になって、仮に第二次世界大戦にアメリカが敗れていれば、自分は確実に戦争犯罪人として起訴されたであろうと考えるようになった。

さらにぞっとさせられるモリスのドキュメンタリーに『知られている、未知なるもの（*The Known Unknown*）』（二〇一三年）がある。この作品は『フォッグ・オブ・ウォー』ほどは注目されなかった。そこではもう一人の紳士的な技術屋の政治家ドナルド・ラムズフェルドが、ベトナム戦争について肩をすくめる。「時には物事がうまくいかないこともある」と彼は言う。イラク戦争はラムズフェルドが深く関わったもう一つの戦争だが、バグダッドが暴力的な無秩序に陥っている最中、悪名高い発言をしている。「よくあることだ」と。これは哲学者ハンナ・アーレントが言うところの「犯罪者的想像力の欠如」だろう。

おそらく一九四五年のアメリカは、高すぎる理想を設定していた。それでも、国際法を信じ、その規範を確立するために多大な貢献をしたその国自らが、期待に応える行動を取ってこなかったことは悲劇だ。アメリカ合衆国は、国際刑事裁判所に加盟さえしていない。それは確かにニュルンベルク裁判のように欠陥のある機関であるには違いないが、正しい方向へ向かうための必要なステップでもあるはずだ。世界最大の軍事大国を制止することは誰にもできない。アブグレイブで囚人を拷問したり、裁判なしに人々を拘束したり、ドローンで民間人を殺害しても、それを戒める力は誰にもない。

第三帝国に生活したドイツ人にとって、支配者が何をしていたかを事細かに想像することはリスクを伴っていた。抗議することは明らかに危険だった。現在のアメリカはまだそこまで酷くないが、トランプ大統領は公然と拷問を容認し、集会で暴力を振るうならず者に拍手を送る。我々はいまだかつてないほどオフュルスの傑作『正義の記憶』のような作品を必要としている。正義の記憶が消えた時、何が起こるのか。それを思い出すために。

AUGUST 17, 2017, *The New York Review of Books*

日本——美しく、野蛮で、無言の国

Japan: Beautiful, Savage, Mute

マーティン・スコセッシ監督が、遠藤周作の小説『沈黙』を美しい映画にした。映画は騒音に満ちた九州の夏の田園風景で始まり、終わる。蝉の声、波の砕ける音、雷の轟音、そして雨が岩を穿つ音が聞こえてくる。そんなオープニングとエンディングの間に、三時間近くに及んで悲惨なストーリーが繰り広げられる。二人の若いイエズス会所属のポルトガル人宣教師が、日本に潜入する。拷問後に信仰を放棄し、仏教徒として生きていると噂されるもう一人の司祭を、秘密裏に見つけるためだ。

史実に基づくこの物語は一六四〇年代に設定されている。その半世紀前、長年にわたる戦国時代を経て、天下統一の直前までいった豊臣秀吉はキリシタン禁制を命じ、宣教師を国外に追放した。キリスト教徒は聖母子像の踏み絵などによって、棄教を迫られた。そのような迫害は、主に長崎の周辺地域に密集するキリシタンがターゲットにされていた。棄教を拒んだ者には、死ぬまで続く様々な恐ろしい拷問が待ち受けていた。煮えたぎった硫黄泉で火傷を負わされたり、火あぶりにされたり、十字架にはりつけられたり、海で溺れさせられたり、糞尿が充満する穴に逆さづりにされるなどだ。彼らはなかなか死ぬこともできなかった。

ロドリゴ神父（アンドリュー・ガーフィールド）とガルペ神父（アダム・ドライバー）の二名の宣教師は、潜伏司祭として地方の隠れ家に潜んだ後、狡猾《こうかつ》な初老の井上筑後守（イッセー尾形）によって捕らえられる。また彼らとともに、何人かの信心深いキリシタンの村人も捕まってしまう。井上筑後守は、殉教がキリシタンの信心をより強固にすることを認識している。そこで村人に慕われる司祭たちこそが、キリストの描かれた絵を踏みつけて、棄教の手本を示せと迫るのだ。「形だけ踏めばよいことだ」と通辞は説得を試みる。

司祭たちが信仰の象徴を冒瀆することを拒否すれば、貧しい村人連中は拷問され、やがて殺される。ガルペは数人の信徒とともに海で溺れる。ロドリゴにも、棄教か殉教かの決断が刻一刻と迫ってくる。これが、『沈黙』の核をなすジレンマをもたらす。ロドリゴの純粋な神への献身のために、日本の農民が犠牲になるのか。または銅板に彫られたキリストを踏みつけ、彼にとって一番神聖な物を汚すことで農民を救うのか。夜明け、最終的にロドリゴが踏み絵に足をかけた時、遠くで鶏が鳴く。

映画の冒頭と終わりに流れる自然の音は、耳をつんざくほどに大きい。だが対照的に、題名にあるように、神は無言で「沈黙」を押し通す。神は、信徒が苦しんでいても何も言わない。ガルペが村人たちとともに溺死する様子を遠くから見守るロドリゴは、小説の中でこう描かれる。

「汗が額に流れるのを感じながら眼をつぶり、今から起きる出来事から卑怯にも司祭は眼をそらそうとした」。そしてロドリゴは神に問う。「あなたはなぜ黙っているのです。この時でさえ黙っているのですか」

「神の沈黙」は、最も敬虔な信徒の信仰さえをも試す。それはしばしば強制収容所の生存者や、他の恐怖体験をした者に共通する嘆きを呼ぶ。だがこの物語では、「自然」がより重要な役割を演じている。無慈悲な井上筑後守だけでなく、棄教して仏教徒となったフェレイラ神父（リーアム・ニーソン）は、日本を「沼地」と呼ぶ。同じように、井上を前にした取り締まりで、侍の一人がロドリゴ神父にこう言い放つ。

「ある土地では繁茂する樹木も、土地が変われば枯れることがある。切支丹と呼ぶ樹は異国においては、葉も茂り花も咲こうが、我が日本国では葉は萎え、蕾一つつけまい」

これらの言葉のいくつかは、スコセッシの映画でも忠実に再現されている。小説同様、その一部は、ロドリゴがマカオにいる上司に宛てた手紙のかたちで伝えられる。しかし映画の真の輝きは、スコセッシがこの物語をいかに視覚化したかに尽きるだろう。

映画『沈黙―サイレンス―（*Silence*）』は一見、偉大な宗教絵画のようだ。松明や月の光で作られる明暗法（キアロスクーロ）、血と暴力の醸し出す、恐ろしくも美しい精神性の表現。カラヴァッジョのように、かつて司祭になりたいと願い、少年の日、ミサで司祭の侍者を務めたこともあるスコセッシは、最も神聖さからかけ離れた状況にも、福音の精神を注入できる、類い稀《まれ》な能力を持っている。ニューヨークの中心から、一七世紀の日本の拷問部屋まで、そんな精神の発露は場所を選ばない。彼の手にかかれば、死刑が執行されて、切断された頭が砂地に血痕を残す様子でさえ、官能的に見えてしまう。

実は『沈黙』は一九七一年に、すでに篠田正浩によって映画化されている。それと今回のスコセッシの映画と比較すると興味深い。武満徹の作曲した、華麗なスコアに載せて描かれる篠田の作品は美しいが、かなり違う。より日本的だということだろうか。撮影を担当した名カメラマン宮川一夫は、溝口健二監督の傑作の数々も手がけている。そんな篠田の『沈黙』は、非常に耽美的な自然と人間の残酷さが、明確なコントラストを織りなしている。そこに欠けているのは、スコセッシ作品に見られる宗教的感受性だ。

確かに審美的に見ると、キリシタン拷問の野蛮さは、カトリック信仰の病的な陰鬱さに相通ずるものがある。映画には出てこないが、信徒たちは十字架の刑に処された殉教者の血で、我先にと自分たちの手ぬぐいを浸した。そんな血に染まった布の切れ端は、いまだに愛情深く、長崎のイエズス会経営の博物館に展示されている。

スコセッシはインタビューで、一九八九年に遠藤の小説を初めて読んだ瞬間から、作品が心に訴えてきたと語っている。その理由はよくわかる。遠藤の主題は、宗教へ向けられる懐疑だ。遠藤は熱心なカトリック信者だった母親の影響下、少年時代に洗礼を受けた。日本が沼地のように、外から来る思想を吸い込み、原形を留めない何かにしてしまう、という考えは、キリシタン狩りを行った井上筑後守や、背教者と成り果てたフェレイラ神父の言葉で表されるが、それは遠藤自身の不安でもある。

信仰を失うことなく棄教したフェレイラ神父は、リーアム・ニーソンによって深い悲哀とともに演じられている。日本の当局よりロドリゴ説得の使命を帯び、送り込まれる。自分がしたように、キリストを捨てることによって農民を救え、というのだ。

フェレイラも井上筑後守同様、キリスト教という樹木は日本の土壌では育たないのだと主張する。ロドリゴはそれに対し、弾圧前には日本に数多くのキリスト教徒がいたではないかと反論する。するとフェレイラは、キリスト教徒のように見えるかもしれないが、それは錯覚であると返す。彼らが信仰するのは神の御子《みこ》ではなく、太陽だというのだ。

ロドリゴは、信仰のために死ぬことを望む農民を引き合いに抗議を続ける。だがこれにもフェレイラは、彼らは信仰のために死ぬのではなく司祭のため、つまりロドリゴのために死んでいくのだと諭す。フェレイラは続ける。

「日本人は人間とは全く隔絶した神を考える能力を持っていない。日本人は人間を超えた存在を考える力も持っていない」

これらの言葉は小説から直接取られている。日本におけるキリスト教信仰とは、本当に、日本の土地に根付いたものなのか。それはまた遠藤自身の信仰の深さを自問する言葉でもあった。だが遠藤は、一九九六年に亡くなるまで、決して希望を捨てることはなかった。カトリック信仰は交響曲のようだとも語っている。その交響曲の中に日本の泥沼の水と呼応する部分がなければ真の宗教とはなり得ず、その部分が何であるのか、それを見つけるのが自分のカトリック作家としての使命なのだ、と。

そんな問いかけは、スコセッシの映画にも反映されている。しかし、スコセッシ自身の本来の興味は、日本のような非西洋文化におけるカトリック信仰の根付きというよりは、この小説のもう一つの主題である、道徳的ジレンマにあるだろう。それは、信ずる宗教の戒律を破らなければ他者を助けられないというジレンマだ。

教会の観点からすれば、フェレイラとロドリゴは裏切り者で、背教者だ。彼らは棄教後、長崎で日本当局のために働き、あらゆる外国船の貨物に目を通し、キリスト教関連の密輸品を徹底的に取り締まる仕事に従事する。しかし彼らの棄教は、日本のキリスト教徒の命を救った。

自然が不協和音を奏でる中で、スクリーンが暗くなる直前の、映画の最後のイメージは、ロドリゴの遺体が葬儀で燃え尽きるシーンだ。手には小さな木製の、十字架にはりつけられたキリスト像を握っている。これは遠藤の小説にも篠田の映画にもなかった、希望に満ちたディテールだ。篠田作品は、ロドリゴが未亡人の日本女性と床に入るシーンで終わっていた。あたかも性関係が、元司祭を沈めていく沼地であるかのように。

罪人や裏切り者は、スコセッシの作品群に多く見られるテーマだ。『ミーン・ストリート（*Mean Street*）』（一九七三年）で、幼なじみのジョニー・ボーイを守ることのできない、落ちこぼれやくざのチャーリーしかり。『最後の誘惑（*The Last Temptation of Christ*）』（一九八八年）で、信徒をさし置きローマ人と協力するさまを描かれるキリストもしかり。このキリストはまた、悪魔に誘惑され、十字架を降り、マグダラのマリアと罪に生きることをも考える。正当な評価を受けなかった『ウルフ・オブ・ウォールストリート（*The Wolf of Wall Street*）』（二〇一三年）も、アメリカの傲慢という伝統の中で語られる罪人の救済の試み、そしてその失敗の寓話として解釈することができる。

宣教師とその迫害者を除いて、『沈黙』にはもう一人の重要な登場人物がいる。ロドリゴとガルペは日本での秘密任務に船出する前に、マカオで惨めなキリシタン農民キチジロー（窪塚洋介）と出会い、彼を案内役として日本に連れ帰る。

キチジローの物語はキリストの裏切り者、ユダの物語だ。当初はキリシタンであることを否定するが、実際に彼は生き残るために何度もキリストや聖母マリアの踏み絵に足をかけた、背信の前科のある信者だった。彼は何度も金や命拾いのために、司祭たちをも裏切る。そして、その度にロドリゴに告解し、罪を赦されるのだ。キチジローは危険な時代に生きる、弱い人間だ。生き残るために小賢しく、卑怯な行動に出ては、そのことに罪の意識を感じる。遠藤とスコセッシ両者にとって、キチジローは、最も人間的な登場人物なのではなかろうか。そして彼は、我々のほとんどに最も近い存在なのだ。

スコセッシ作品の業績の一つにはまた、一七世紀日本の写実的な再現が挙げられる。みすぼらしい小村だけでなく、長崎の街を、ロドリゴ司祭が人々から驚きと嫌悪感を露わに向けられながらキリストのように連行される様子は、いかにもリアルだ。仏教寺院の中やマカオのスラム街の場面も同様だ。だが、これらのすべてはスタジオや、台湾ロケで撮影されたものなのだ（日本ロケは予算的に難しかったという）。

『沈黙』はドラマであり、歴史ドキュメンタリーではない。キリシタン迫害の理由は示唆されてはいるが、明確にはされない。迫害を始めた秀吉は、妄想狂の荒々しい支配者として知られていた。一五九〇年代に朝鮮半島の大部分を壊滅状態にした。だが、彼がキリスト教宣教師に向けた不信感には、ある一定の根拠があった。秀吉は当初、宣教師たちが外界に関する有益な知識を持ってくることをむしろ歓迎していた。

フランシスコ・ザビエルは日本人のことを、キリスト教への改宗を最も受け入れやすいアジア人であると信じていた。そして、一六世紀に始まった宣教活動は確かに成功した。イエズス会はどんな土地であれ支配層に取り入ることを得意としたが、日本でもかなりの成功を収めたのだ。そして「上にならえ」で封建的に支配者の命に従った者も含め、下層階級にも多くの信徒を得た。

だが、キリスト教の宣教には、信仰だけでなく銃や奴隷貿易などを伴うこともあった。日本で活動していた宣教師たちは、特定の戦国武将に武器を供給し、その見返りとして、教会の建設だけでなく寺や神社を破壊することを求めることもあった。秀吉がキリシタン禁制に乗り出す少し前、一人の愚かなポルトガル人が、「キリスト教の宣教は、日本の植民地化への第一歩にすぎない」と、自慢げに公言したという。

そのような状況を考えれば、秀吉の不安は理解できるものだった。映画で描かれている司祭やその信徒に科された刑罰の残虐性も本物だった。『沈黙』を観た人は、キリシタンの苦しみを文化間の致命的な衝突の結果であると捉えるかもしれない。遠藤自身が、そのように見ていた節もある。キリスト教の普遍的な真実が、固有な文化の伝統や習慣と衝突した、というように。

キリスト教信仰は、前近代の日本に、西洋文明の優越性の主張とともに紹介された。それは富と科学の進歩を誇らしげに掲げる国々からやってきたのだ。イタリアの宣教師マテオ・リッチは、一六世紀中国の明朝宮廷に天文学を伝授した。同じように、『沈黙』のフェレイラも科学を日本人に伝える。キリスト教の誰よりも手強い敵は、秀吉のお抱え医師だった。ヨーロッパからの、より高度な医療行為の流入を嫌ったのだ。

しかし普遍的で、現代的で、科学的な西洋が発展以前の文化にぶつかり、衝撃的な残虐行為を招いたというような考えは、正しくないだろう。一六世紀の最も興味深いポルトガル人宣教師の一人は、ルイス・フロイス神父だった。彼は秀吉が血まみれの粛清を行った時、依然として日本にいた（一五九七年には、長崎で二六人の外国人宣教師を含む殉教者が十字架の上で息絶える様子を目撃し、凄絶さを記録している）。

フロイスの使命は、当然のことながら日本人の魂を救うことではあったが、その一方、人並みならぬ好奇心で日本語を流暢《りゅうちょう》に話すまでに習得し、仏教についても、より効果的に反論するために学び、日葡《にっぽ》辞書を編纂し、日本の歴史、芸術、習慣について幅広く書いた。

フロイスが日本から送った手紙は、特別な読後感をもたらす。非常に教育があり、柔軟な考えのできる学者だった彼でさえも、現在、正統派イスラム教徒が西洋の退廃ぶりにコメントするような口ぶりで、日本を語っている。日本についてまず知っておくべきことは、すべてが他の国とはまったく違うということだ、とフロイスは断言する。たとえば、女性は非処女でも結婚できるし、ヨーロッパの女性と違い、望めば離婚もできる。若い日本の女性は、両親の許可なく家から出て町を歩くことも自由だし、最も衝撃的なことに、中絶もできる、とも書いている。

フロイスはヨーロッパと比べた日本の社会的制約の緩さに驚くあまり、当時の日本人女性の自由を幾分誇張した嫌いがあるかもしれない。しかし、彼のカトリックの道徳観と、ほとんどの日本人の道徳観の間の溝の本質は、フェレイラがロドリゴに語ったことに要約されている。つまり日本には人間を超越するものはない、という考えだ。

原罪の概念は、過去にも現在にも日本に存在しない。神聖なもの、という考えはあるし、中国や朝鮮半島から入ってきた仏教には、現世ではない独自の異世界観もある。しかし、日本で最も神聖なのは自然そのものなのだ。神が自然であるというスピノザの見解は、一七世紀の日本人によって容易に理解されただろうし、それは今日でも同じだろう。

その気づきは『沈黙』を、単なる時代劇的な興味以上の作品にする。奇妙にも約四〇〇年前の日本は、現代の世俗的な西洋社会に、十分通じるものがあるのだ。『沈黙』の真のドラマ性は、多様な神々の間や異文化間にではなく、絶対的、形而上的な真実を信ずる者と、この世の心配事を優先する者の間に起こる衝突にあるのだ。

キリシタン狩りをする井上筑後守は、仏教または神道の教義を擁護するために、キリスト教徒を迫害するわけではない。彼は自分が仕える社会秩序という利益を護るために恐怖という道具を使う、現世に根ざした政治家だ。通辞が「形だけ」踏み絵を踏めばよいではないかとロドリゴを懐柔するのは、まさに踏み絵が彼にとって「神」とはなり得ず、ただの「物」にすぎないからなのだ。

日本では「形」が無意味だとは、決して言えない。それどころか、形式は大いに重要視されている。だが、それは滅多に形而上的、抽象的意味を持たない。「形」は精神にのみ存在するのではなく、血と肉の世界に秩序をもたらすためのものなのだ。だからこそ、キリスト教的な想像力は日本において、大きな困難に直面した。

遠藤は、彼の人生の中でその困難に挑戦し、少年の日に植えつけられた宗教観と自国の文化を調和させる何らかの方法を見つけようと努力した。だが、より大きく普遍的な課題は、肉体と精神に調和を、そして罪人の命にさえもより深い意味を見出そうとする葛藤だった。その葛藤は、遠藤に偉大な小説を書かせ、スコセッシに素晴らしい映画を撮らせた。

FEBRUARY 9, 2017, *The New York Review of Books*

インドネシアの凶暴な謎

The Violent Mysteries of Indonesia

1

ジョシュア・オッペンハイマーが一〇年間にわたってインドネシアで撮影した二つの見事なドキュメンタリー映画は、ともに同じ簡潔な声明で始まる。

「一九六五年、インドネシア政府は軍によって倒された。軍事独裁に反対すれば共産主義者であると非難される危険があった。西側諸国政府の援助の下で、組合員、土地を持たない農民、知識人、そして中国系インドネシア人など一〇〇万人以上の「共産主義者」が一年以内に殺害された。

軍は殺人を敢行するために準軍隊や暴力団員を使った。そんな男たちは以来ずっと権力を維持し、抗う者を迫害してきた」

正確な数はわからない。五〇万人が殺害されたと言う人もあれば、二〇〇万人だと言う人もいる。だが、本当の数は知りようがない。自らの血まみれの欲望の詳細を几帳面に記録していたのはナチス時代のドイツ人くらいだ。インドネシア軍が虐殺行為に直接的な役割を果たしたケースもあった。だがほとんどの場合、最も厄介な仕事を請け負ったのは、地元のヤクザ者たちだった。実際、何がきっかけでこの暴力行為が開始されたかについては、議論の余地がある。インドネシア共産党（ＰＫＩ）が支援した可能性のある、失敗に終わった軍の派閥によるクーデター、あるいは軍の内部での権力闘争から始まったという見方もある。

はっきりとわかっているのは、インドネシアの最初の大統領であるスカルノがアジアにおける冷戦のキープレーヤーになっていたこと、また彼の予測不可能な言動が、西側諸国の懸念を掻き立てていたことだ。スカルノは自分自身を、中国、北朝鮮、ソヴィエトと手を結んで西洋帝国主義や新植民地主義に抵抗する「終身大統領」として見据えていた。

このことは一九六〇年代初頭、独立したばかりのマレーシアとの軍事衝突を生んだ。スカルノはマレーシアを反革命的なイギリス人の小間使いだと考えたのだ。国内の経済が混乱状況に陥る中、スカルノはインドネシア共産党に近寄っていった。

インドネシア軍は共産主義に激しく反対していた。一九六五年のクーデターの発端は、スカルノと左派による権力基盤の確立と軍の統制にあったと考えられる。九月三〇日深夜から一〇月一日の早朝にかけて六人の陸軍高級将校が殺害された。この危機を逃れた若く保守的なスハルト少将は、数時間後に統制鎮圧に乗り出した。スハルトがアメリカやイギリスから積極的な支援を受けていたことは、驚くべきことではないだろう。鎮圧対象の共産主義者リストは、アメリカ当局から渡されたとされている。

一九六六年の初めまで続いた共産主義者の粛清により、そのリストに載っていたほとんどの人が殺害されたに違いない。だが、全体的に見れば犠牲者の多くは、共産主義が何かも知らない農民だった。華僑の商人に対する巷《ちまた》の偏見も民族粛清を生んだ。スハルトは翌年大統領になり、インドネシア共産党は禁止された。一方スカルノは一九七〇年に死去するまで、自宅監禁された。

一九六五年と一九六六年に繰り広げられたインドネシア大虐殺は、共産主義に対する大きな勝利として、アメリカの報道機関で称賛された。だが、それは二〇世紀の最もおぞましい残虐行為の一つとして位置付けられるべきものだ。スハルト新体制の下で、この事件は事実上、強制的に歴史に埋葬された。いや沈黙よりも厄介なことに、インドネシア国民は教科書、映画、記念碑などで、殺戮を犯した者が国家を救った英雄だと教えられるのだ。

この公式に「英雄」となった人々の多くは、残虐行為の報酬としてインドネシア社会での権力や金銭を手にした。それだけでは満足できない「英雄」の中には、然るべき見返りをアメリカ政府から期待する者もいた。オッペンハイマーの二作目『ルック・オブ・サイレンス(*The Look of Silence*)』でインタビューされる殺戮隊のリーダーは、アメリカ政府が彼に何も、たとえば「家族でクルーズ旅行」といったような景品を与えなかったことを不服に思っているようだった。一方、犠牲者の家族は声を押し殺して生き続けなければならなかった。

しかし、真実を永遠に抑圧することはできない。たとえば、対独協力をしたヴィシー政府の過去からはベールが取り除かれたし、スペインやアルゼンチンでも同様のことが起こった。インドネシアも例外ではない。虐殺に関する公式見解とは異なるナラティブが現れ始めたのは、一九九八年以降のことだった。それはスハルトが、またもや華僑が多く犠牲となった暴動の後に辞任に追いやられた頃だった。『テンポ（Tempo）』のような政治雑誌が一九六五年の大虐殺についての記事を掲載するようになった。二〇一二年、インドネシアの国家人権委員会は虐殺に関する詳細な報告書を公表したが、旧政権の生き残りであった司法長官によって却下された。

事件について二作のドキュメンタリーを撮ったオッペンハイマーは、スハルトの「新体制」政権が繰り広げたプロパガンダに挑戦する作家や芸術家の一人だ。それは時に多大な危険を伴う。元殺人者たちは、特に地方では依然として権力の座についているし、軍はいまだ政治力を持っている。オッペンハイマーに協力した多くのインドネシア人は、安全上の理由から制作クレジットに名前を載せられなかった。

エカ・クルニアワンは、殺戮の過去を扱うインドネシアの若手フィクション作家の一人である。小説『美は傷（*Beauty is a Wound*）』は影絵芝居、漫画、民話、さらにはインドネシアで人気の高い、血なまぐさいホラー映画の影響を受けている。それは一種の怪談だ。大虐殺の一〇年後に生まれたクルニアワンは、多くの点でギュンター・グラス、ガブリエル・ガルシア・マルケス、さらにはサルマン・ラシュディーの文学スタイルの継承者と言えよう。

彼の作品の中には、歴史があらゆる妙な登場人物によって語られる。彼らは空を飛んだり、墓の中から生き返ったり、豚として生活したりする。これはさほど面白くないマンネリズムで、読者がキャラクターにのめり込むことを難しくする。だが、この世で未解決の様々な問題を抱える幽霊は、かなり信憑性がある。

インドネシアのことを霊や幽霊、または「グナグナ」といった黒魔術の土地と評するのは、お決まりのコースだ。蘭印を植民地支配していた時代の最も偉大なオランダ人小説家ルイ・クペールスの『隠れた力（*De Stille Kracht*）』もそのような主題を扱っているが、それはオランダの支配者が把握することのできない、インドネシア社会の見えない力の隠喩として用いられていた。

クルニアワンの幽霊は、インドネシア的というよりはアジア文学でよく見られる、復讐のために生き返る悪霊の伝統に則っている。「強姦」はこの本における大きなテーマだ。オランダの植民地支配者、日本人兵士、インドネシア兵やならず者たちによって数々の強姦が行われる。

大元の罪は、オランダ人の農園主が若いインドネシア人女性マ・ヤンを恋人のマ・ゲディクから引き離して、愛人にしたことだった。その結果生まれた美しい混血の子孫たちが、残酷な時代を通して貪欲な男たちの犠牲になっていく。第二次世界大戦での日本による占領、一九四〇年代後半のインドネシア独立のための激しい闘争、そしてもちろん血の海を引き起こした一九六五年から一九六六年の出来事が、物語の背景にある。

復讐を誓うマ・ゲディクの霊は、残忍な行為に関わった人々を襲うためにこの世に戻ってくる。その他、脇役的な幽霊も登場する。ジャワ島の架空の町を訪れるオランダの観光客は、地元の人々に「共産主義者の幽霊」に注意しろと警告される。スハルトの経歴と類似点のある地方の指揮官は占領中、日本軍によって訓練され、戦後オランダ軍と戦い、一九六五年には共産党員を殺した。その指揮官を苦しめるのがまさにそんな「共産主義者の幽霊」だ。「大虐殺の後、何年もの間、彼はひどい不眠症に悩まされた。そしてついに眠れるようになると今度は夢遊病に苦しむようになった。彼は共産主義者の幽霊に、常に取り憑かれているのだった……」

結局マ・ゲディクの幽霊は、マ・ヤンとオランダ人農園主の娘、デウィ・アユによって退治される。これを成し遂げるためにデウィ・アユ自身が幽霊として死後の世界から戻ってくるのだ。マ・ゲディクの最後の言葉はこうだ。

「あなたは私を殺したかもしれないが、私の呪いは生き続けるのだ」

この言葉は、デウィ・アユの娘たちによって、本の末尾でも繰り返される。長年にわたる強姦と殺人を嘆いて娘の一人がこう述べる。「私たちはまるで呪われた家族だわ」。もう一人の娘が返す。「「まるで呪われた」のではなくて、本当に、完全に呪われているのよ」

「家族」とは、つまりインドネシアのことを指している。国は美しく、そして虐待されてきた。オランダとインドネシアの混血の子供や孫たちも同じく虐待される。それを「呪い」と考えるのは、何年も続く血まみれの歴史への陰鬱かつわかりやすい反応だ。『美は傷』は完璧な小説とは言えない。英語訳はかなりぎこちなく、クルミアワンの散文スタイルの出来を判断することは困難だ。粗野な口語が、下手な文章に埋め込まれている。

だが、ポストモダン文学的な門構えにもかかわらず、クルミアワンは歴史を重苦しい政治メッセージで押さえつけることなく生き返らせる。この小説では、暴力の源泉は政治よりも深い場所にある。政治は人間の最悪の本能を解き放つためのものでしかない。

クルミワンは文学的メタファーと現実描写を完璧に組み合わせることに、作家としての本領を発揮する。登場人物の一人ママン・ゲンデンは、地方の「プリマン」と称される暴力団のボスだ（「プリマン」は「フリー・マン」から派生した言葉だと言われている）。娘が犬に犯されたと確信しているママン・ゲンデンは、町中のすべての犬を殺すことにする。

「彼の手下たちは、物騒な武器を携え、大きなグループに分かれて、散らばっていった。その中には空気銃を持つ者もいたし、なたや、鞘に収められていないむき出しの刀を持っている者もいた。……

そうやって、恐ろしい犬の大虐殺が始まったのだ。それはあたかも一八年前に起こった、共産主義者の大虐殺のようだった。……ならず者は路上を歩いている犬をいとも簡単に斬り、串焼き肉にでもしようとするかのように細かく切り裂いていった。……

彼は自分の手下を除くすべての人に、本気で怒っていた。娘の一件は単なる言い訳にすぎなかった。実はかなり長い間、周りの人間を恨んでいた。自分や仲間のことを、ビールを飲んで喧嘩ばかりしている職なしの荒くれ者と見下していることをわかっていた」

2

インドネシアを舞台にしたオッペンハイマー監督の第一作目『アクト・オブ・キリング(*The Act of Killing*)』は、まさにママン・ゲンデンのような荒くれ者や、彼らの一部に取り憑く幽霊を主題としている。オッペンハイマーはプリマンや準軍隊のパンチャシラ青年団など一九六五年の大虐殺に参加したり、共謀したりした人々をカメラの前に座らせ、語らせることに成功した。

だが、それだけではない。さらにもっと興味深い、そして議論の余地の残る問題を提起した。「映画の中の映画」という趣向で、彼ら自身が残虐行為を再演することを求めたのだ。この試みの中では、殺人者が自分たちの想像や悪夢の監督になる。大量殺人を犯した者の心中を目の当たりにするのは、観客にとって何とも不穏な経験だ。

これらの「再演」がさらに気味悪いのは、被害者役の割り当てだ。それはしばしば殺害者自身によって演じられている。また一つの恐ろしい例では、拷問に遭う被害者が実際に一九六五年に殺害された男性の継子によって演じられている。彼は不快さを隠すためなのか、不気味なくすくす笑いとともに継父の話をする。偽物の拷問下で、彼は恐怖から唾液を垂らし、命乞いを始める。継父の幽霊が乗り移ったかのように。

カメラの前で行われた別の残虐行為の再現では、ある村が襲撃される。実際の村人がレイプと凶悪殺人の犠牲者を演じている。撮影が終わると子供たちは泣き出し、止まらない。女性の一人は動揺のあまり気絶しそうになる。

オッペンハイマーのことを、ならず者の殺人者たちの話を額面通りに受け止める、淫らで人を食い物にする監督だと批判する向きもあった。しかしそのような見方は、彼がこの試みで何を達成しようとしたかを曲解している。一九六五年にまつわる真実や大虐殺の背後にある政治は、彼の調査の中核ではない。そうではなく、殺人者が自身の過去とともにどのように生きてきたのか、そして政府の宣伝に裏打ちされた彼らの大言壮語が、大虐殺以来どのようにインドネシア社会を形成してきたのか、という点に焦点を当てている。

オッペンハイマーが男性たちに自分の犯罪を再演させることのできた主たる理由は、彼らがそれまで一度たりとも犯罪者として扱われたことがなかったことだ。最も酷いことをした者たちでさえ公式に「英雄」として称賛されたのだから。オッペンハイマーはインタビューで、二作の映画の撮影が行われたスマトラに到着した時の様子を述懐している。それはまるでホロコーストから四〇年経ったドイツで、ナチスが依然として権力を握っているかのような状況を想起させたという。

だが、二つのシナリオには重要な違いがある。ホロコーストでナチスに親族を殺害されたオッペンハイマーは、ナチスの信頼を勝ち得ることはできなかっただろう。だが、インドネシアの殺人犯たちは、アメリカ人という理由でオッペンハイマーを信用した。二作目の映画に登場する人物によれば、共産主義者を憎むよう彼らに教えたのは、そもそもアメリカなのだから。

殺人犯や共犯者の中には、裕福なビジネスマンや政治家もいる。一人は新聞の編集者で、彼のオフィスで人々が拷問され殺された。小物の犯罪人もいる。彼らはメダン市場で、いまだ華僑の店主を脅かし怯えさせる。オッペンハイマーのカメラの前で再演される彼らのグロテスクな拷問、強姦、殺人は悪辣で、ポルノグラフィックなサディズムの一種のように映るかもしれない。「俳優」たちはまるで子供のような熱心さで、どのように犠牲者の首をワイヤーで絞め、喉を切ったりしたかを進んで見せたがる。「俳優」たちが自分の悪行を楽しみながら再演する様子は、いくつかの意味で確かにポルノグラフィーの一種と言えるかもしれない。最もゾッとする発言の一つは、凶悪そうな見てくれの男が、いかに若い女性を強姦し、罰せられずにすんだかを回想する時になされる。「彼女たちには地獄だっただろう」と男は言う。「だが、私にとってそれは天国だった」

しかし、残虐行為をシュミレートすることには、より深遠な目的がある。それは我々が知りたいと思う以上に、人間行動一般について示唆することにある。

確認するまでもないことかもしれない。だが、一つのことははっきりとしている。集団的暴力が自発的に発生することは稀で、そこまでの深い憎悪の念は通常の人間関係には存在しない。命令を出す側は、憎悪が自然発生したように考えさせたいだろう。元司令官はオッペンハイマーの映画で、そのような主張を確かにしている。しかし、それは自己責任を回避する弁明だ。

加害者の一人は「共産主義者」すべてが悪者ではないと認める。別の一人は「確かに殺人犯は犠牲者よりも残酷だったかもしれない」と言う。ではいったい、残酷性とサディズムはどのように違うのかという議論が続く。男たちは皆、自分たちがしたことはおそらく残酷ではあったが、サディスティックではなかったと主張する。

大部分の殺人犯は「共産主義者」とは何なのか、おぼろげなイメージしか持ちあわせていない。「彼らは神を信じない」というのが、一つの共通する見解だ。「彼らはお互いの妻を寝取る」というのも、よくある説明だ。結論としては「良からぬ人々」にならば何をしてもよいということなのだ。家を焼き払ったり、物品を盗んだり、女性を強姦したり、皆殺ししても「良からぬ人々」が相手なら許される。まさに彼らは「殺しのライセンス」を手にしたのだ。

誰もが野蛮行為に参加するわけではないが、それでも大勢が加担する。そのような人々が事後、どのように生きていくのか。それが、オッペンハイマーが問題提起するところだ。答えはまちまちだ。加害者がどれだけ想像力を働かせて自分を犠牲者の立場に置き換えられるかによって、違ってくる。『アクト・オブ・キリング』は、実際には人間の想像力についてのドキュメンタリー映画と言えよう。

ハンナ・アーレントは『エルサレムのアイヒマン――悪の陳腐さについての報告（*Eichmann in Jerusalem*）』で、間違ったアイヒマン評を展開した。彼は狂信的で、彼女の言うような思考の停止した官僚ではなかった。だが、アーレントは道徳的な崩壊を「犯罪者的想像力の欠如」と結びつけた点に関しては正しかった。それは文化的な洗練度や教育といった要因とは、ほぼ無関係だ。

『アクト・オブ・キリング』で最も興味深い登場人物は、アンワール・コンゴという名の暴力団員だ。好きなハリウッドのギャングスター映画のヒーローを真似て濃色のスーツに身を纏う、黒い肌のダンディー然とした男だ。アンワールは大した教育を受けていない。一九六〇年代初頭、彼はチンピラの若者で地元の映画館でダフ屋をして生計を立てていた。彼が「共産主義者」を気に食わなかった主な理由は、彼らがアメリカ映画をボイコットしようとしたことだった。

アンワールの再現するすべての拷問シーンに、アメリカ映画の影響を感じ取れる。彼はハリウッドのギャングスターのような役回りを、真実味をもって「演じる」。彼が自分の記憶から再演する殺戮行為は、フィルム・ノワールを彷彿とさせる身の毛もよだつような照明の中で撮影されている。奇妙なことにアンワールはテレビのトークショーで、好きな映画スターとしてシドニー・ポワチエの名を挙げた。しかし、彼の演技上のモデルはどちらかと言うとチャールズ・ブロンソンやリー・マーヴィンだろう。

一九六五年に手にした「殺しのライセンス」によって、アンワールやその他何千人もの人たちが、自分自身を映画のヒーローと見做すようになった。彼らは英雄で、もはやインドネシアの埃立つ僻地でくすぶる一介のならず者ではなくなったのだ。

殺人鬼となった「プレマン」たちは、発狂を防止するためのまじないとして、自分たちが殺した者の血を飲んだことを告白する。アンワールはしばしば悪夢で、犠牲者の幽霊に追われることがあると言う。これも「映画の中の映画」の一部として登場する。アンワールを夢の中で拷問する幽霊は、いかにもホラー映画のキャラクターのような出で立ちだ。

このことが示唆するのは、アンワールの尊大な態度（何しろ拷問犠牲者を死に至らしめたその場でチャチャを踊ったりするのだ）とは裏腹に、彼はいくばくかの罪の意識を抱えて生きているということだ。殺人者の間では珍しくないことだと、オッペンハイマーはインタビューで述べている。だが、私はあまり確信がもてない。アンワールの罪の意識は、かなり例外的かもしれない。

アディ・ズルカドリはアンワールの殺人仲間の一人だった。アディは現在、ジャカルタの裕福な実業家となり、ミニスカートを穿いた娘に高級ショッピングモールで買い物をさせる父親だ。映画のために自分の犯した行為を再演するため過去の殺害現場に戻るが、あたかも昔のギャング仲間と一緒にされることを恥じているように振る舞う。それでも彼はオッペンハイマーに、自分は過去に囚われて不眠症になるようなことはないのだと主張する。罪を感じる理由はないのだ、と。

ズルカドリの主張は、結局のところ「間違っている」「間違っていない」というのは相対的な概念だということだ。それならアメリカ人は、米軍がイラクで行ったことを正当だと感じないのか、とも訊き返す。「私たちはそうすることを許可されていた」とアディは強調する。「その証拠に、人を殺しても決して罰せられることなどなかった」と。

オッペンハイマーはクローズアップ撮影がうまく、インタビューされる側の神経質な引き攣《つ》りやたじろぎなどが、すぐにまた別の真実回避によって繕われる様子をうまく捉えている。だが、アディの顔からは何も読めない。石のように無表情で、娘が美容院でちやほやされている間も宙を見つめている。他人が何を考えているのか、感じているのか、本当に知ることはできないだろう。だがアディの場合、何も感じていないのでは、とまで思わされる。

これは前述のアンワールには当てはまらない。彼の身の毛もよだつような迫真の演技は、異常な終局を迎える。特に悲惨なシーンで、自分自身が自らの犠牲者を演じるのだ。彼は自宅でそのシーンのフィルムをチェックする際に、幼い孫たちに一緒に観るように命令する。自分が苦しむ姿を見せることが、あたかも贖罪《しょくざい》になるかのように。

「おじいちゃんが殴られるのを見るのは悲しいことではないよ」と孫たちに言う。孫たちは嫌がる。だがアンワールは、犠牲者がどのように感じたのか、人間としての尊厳を失ってどのような気持ちでいたのか、声を出して想像してみる。その直後、実際に拷問が行われた場所に戻ると、彼は吐き気を催して痙攣する。アンワールは殺人者ではあったが、その想像力をして自分自身の行動の恐ろしさを理解することができる人間なのだった。

『アクト・オブ・キリング』の問題は、それが一九六三年から一九六五年まで行われたフランクフルト・アウシュヴィッツ裁判に似ている点だろう。ヘッセン州検事総長フリッツ・バウアーは、ドイツ全土の鏡となる裁判を開きたいと願っていた。アウシュヴィッツの強制収容所で残虐行為に手を汚した者を罰することが、すべてではなかった。その裁判のさらに重要な目的は、すべてのドイツ人に道徳的責任を負わせるというものだった。悲しいかな、そうはならなかった。

ドイツにおける報道では、凶悪人物が犯したおぞましい行為の数々に焦点が当てられた。

そんな報道姿勢は、「まともな」一般人が「自分たちとホロコーストは無関係だ」と思い込むことを、あまりにも容易にした。のちに、バウアーは裁判を失敗だと考えた。

バウアーと志同じく、オッペンハイマーは何も個々の殺人者を糾弾するためだけに映画を作ったのではないだろう。暴力と死に基づいて形成された、腐敗した社会全体を告発しようとしたはずだ。さらに突き詰めれば「誰もが何らかの協力者である」という気づきは、インドネシア国内だけでなく、虐殺を奨励したり、けしかけたりした外の国々についても当てはまる。オッペンハイマーは、ディック・チェイニー元副大統領のような人物が、拷問者を愛国の英雄として称賛し続けていることにアメリカ人自身が気づくべきだ、とも指摘している。殺人者は我々が望むよりも近くにいるということだ。

しかし、そのようなオッペンハイマーの普遍的な創作意図は、『アクト・オブ・キリング』に続々と登場する馬鹿げたほど芝居がかり、アクの強い殺人者たちによって、いささか弱められてしまう（そんな登場人物の一人には女装愛好家もいる）。

もちろん大元の殺人命令はより「まとも」な、時には軍服を着た人々によって下されたのだろう。映画の中にもそんな「まとも」な人物として、スポーツ副大臣が登場する。彼は準軍隊のパンチャシラ青年団が架空の村を襲撃し、村人を強姦したり殺害しながら叫び声をあげて焼き払っていく様子の再演を目撃する。その叫び声が静まると、スポーツ副大臣はオッペンハイマーに恐る恐るこう語る。私は人々が間違った印象を受けることを危惧している、私の部下は野蛮人ではないのだ、と。

「私たちは共産主義者を殺す必要がある。だが、それは人道的な方法でだ」

オッペンハイマーのインドネシア映画二作目は『ルック・オブ・サイレンス』だ。これはより静的で幻想的な作品で、そのためにより力強い。一つの家族に焦点が当てられる。長男のラムリは共産主義の嫌疑をかけられ、めった斬《ぎ》りにされる。その死体は他の多くの虐殺死体同様に、スマトラのメダンから遠くないスネーク・リバーに投棄された。ラムリの父親はこの一件で精神的に打ちのめされる。歯を失い、視力を失い、やがて聴力のほとんどを失い、といった具合に。ラムリの母親は、いまだに沈黙の中で忿怒《ふんど》している。殺人者は死後の世界で必ずや罰せられるだろうと、自分に言い聞かせながら。

映画の主人公は、兄の殺害の二年後に生まれた二番目の息子、アディだ。アディは成長して眼科医となった。小説の主人公かと思えるほど、この物語に完璧に合った人物だ。アディは自分自身が、また他者が、事実をはっきりと見極めることができるように、ありとあらゆる努力をする。兄を殺害した人物をも直接尋問するのだが、それを眼科医として、無料の視力検査をする最中に行うのだ。

オッペンハイマーが用いるドキュメンタリー制作手法の一つに、ドラマ性を高めるため被写体に自分自身の映ったフィルムを視聴させるというものがある。アンワール・コンゴの想像力を刺激したのも、この手法があったからこそだった。

アディはフィルムを見つめる。信じられない、というよりは、恐ろしい物に魅惑されるような眼差しで、兄の殺人者がどのように殺害行為に及んだか、嬉々として詳細を語る姿に見入る。ラムリは背中を鉈で刺された後、腹を斬られた。どうにかして家に戻るのだが、殺人者たちは翌朝、再び彼の前に現れて、重傷を負ったその体をトラックに押し込み、スネーク・リバーに着くと足を持って引き摺り下ろし、そこで喉を割き性器を切り取ったという。

アディがこのおぞましい犯行を犯した者たちに直接対峙したかった理由は、恨みを晴らしたり、復讐するためではなかった。彼にはより高貴で、悲しい願いがあった。アディが望んだのは、殺人者たちの中に少しでもよいから後悔の念を認めることだった。あたかもそれが人類に対する絶望を和らげてくれるとでも言うように。だが後悔や反省の代わりに発せられたのは、怒りの言い訳や脅しとも取れる言明だった。アディは殺人隊のリーダーに尋ねる。「スハルト時代、今の私のように私があなたに近づいたとしたら、あなたは何をしましたか」。「お前には想像することすらできないだろう」と、男は吠え返す。

だが、一作目の映画に登場するアクの強い殺人犯の数々とは違い『ルック・オブ・サイレンス』に出てくる加害者のほとんどは、いかにも普通の中年男性のように見える。礼儀正しく、協力的で、フレンドリーとさえ言える。親切そうな田舎の元教師のアミール・ハサンは、彼自身が犯したおぞましい殺人を漫画本にした。それを喜んでオッペンハイマーに見せる。そのタイトルは『血の雫《しずく》』だ。

絵の中には、被害者たちの死体を投棄した井戸から幽霊が湧き上がってくるイラストがある。もう一つのイラストは、アミールと彼の友人イノングが、まさにヘビ川の岸辺でラムリにやったことを再現している。アミールはまったく後悔などしていない。否、やったことを誇りに思っている。

線が細く、物静かなアディの叔父でさえ、実は殺人の共犯者であったことが判明する。彼は甥が死に場所へ引きずられていく前に留置されていた刑務所で、警備員をしていた。叔父の言い訳は、世界中の数え切れないほどの手を血に染めた人々の言葉と共鳴する。「私はただ単に命令に従っただけなのだ」「他に選択肢がなかったのだ」「自分に責任はなかった」「実際に殺すところは見なかった」「起きてしまったことは今さらどうしようもない」「古傷をえぐったところで、どうなる」等々。

アディは凝視し続ける。残酷で俗悪趣味の漫画本や、アミールとイノングが兄の性器を鉈で切り落とす様子を再演するのを。男たちが脅迫じみた言葉、嘘、つまらない言い訳をその口から吐き出すのを。結果、アディは深い悲しみの中に、感覚が麻痺したように沈んでいく。

一方、殺人犯たちはいかにも親切に、自分たちがラムリを死に追いやった手順を何度も何度もカメラの前で繰り返し説明し、犯罪のあらゆる細部が映画に記録されることを望んでいるかのように振る舞う。まるで歴史家が細心の注意を払って事実を記録しようとするこだわりようで。撮影が終わると、彼らはスネーク・リバーの川岸の、ラムリが切り裂かれたまさにその場所で記念撮影を行う。親指を突き立てカメラに向かって笑顔を浮かべる。その凡庸さには背筋を寒くさせられる。と同時に、それにはひどく見覚えがある。

OCTOBER 22, 2015, *The New York Review of Books*

東京の執着

Obsessions in Tokyo

1

一九七〇年の三島由紀夫の自殺は、綺麗なものではなかった。彼はまず自分の腹に短刀を突き刺した。その後、私設の防衛組織「楯の会」のメンバーでハンサムな若い男が日本刀を振り下ろし、三度、斬首を試みた。だがうまく行かず、結局別のメンバーが任務を遂行した。

この血まみれの出来事を「パフォーマンス・アート」として見ることもできるだろう。三島は陸上自衛隊市ヶ谷駐屯地にマスコミを集め、皇国再建の決起を呼びかける演説を記録させた後に自殺した。それ以前、公共放送局のＮＨＫに勤める親しい友人に「割腹自殺を生中継放送する気があるか」と尋ねたという。その友人はこれを三島のえぐい冗談と受け止めた。だが本気だったのだ。

長い間、三島はその芸術において「死」に取り憑かれていた。一九六六年には短編映画『憂国』を監督している。主役は割腹自殺する一九三〇年代の陸軍中尉で、それを自分自身で演じた。映画中の切腹はリヒャルト・ワグナーの楽劇『トリスタンとイゾルデ（*Tristan und*

Isolde)』中の『愛の死（*Liebestod*）』の調べにのって行われる。

死の一年前、三島は『癩王《らいおう》のテラス』という戯曲を書いた。若いカンボジアの王が美しい寺院を建設中、ハンセン病に冒される。王の肉体が朽ち、死が迫り来るのと同時に寺院が完成する。三島はこの物語について「肉体の崩壊と共に、大伽藍が完成してゆくといふ、そのおそろしい対照が、あたかも自分の全存在を芸術作品に移譲して滅びてゆく芸術家の人生の比喩のやうに思はれたのである」[55]と述べている。

割腹自殺の直前まで一年がかりで、三島は篠山紀信による写真集のための撮影を行っていた。「男の死」がそのテーマだった。裸体で木に縛られた三島に弓矢が突き刺さる「聖セバスチャンの殉教」や、泥の中で溺れたり、頭が斧で割られたり、セメントトラックに轢《ひ》かれたりする死に様が再現されている。

小説家の惨《むご》たらしい死は奇抜ではあったが、実際にはより大きな文化の一部でもあった。それは日本のビジュアル・アーティスト、舞踏家、俳優、映画制作者、詩人、ミュージシャンなどが芸術的表現の物理的限界に挑戦してきた二〇年ほどの試行錯誤が、頂点に達した時に起こった事件だった。ストリート・パフォーマンス、「ハプニング」、アクション・ペインティング、サドマゾ・シアター等々。今日の中国同様、一九五〇年代と一九六〇年代の日本

---

55 「『癩王のテラス』について」毎日新聞夕刊、一九六九年七月一〇日号（『決定版 三島由紀夫全集』第三五巻 評論一〇、新潮社、二〇〇三年、五一一－五一二頁。

の前衛芸術は、しばしば人体に注目していた。

このタイプのパフォーマンス・アートの極限が、三島の死によって表現されたのだった。それは誰にも越すことのできないと思われる限界だった。彼の壮絶な自死が芸術的発酵、スキャンダル、実験性に富んだ一時代に終止符を打ったのだった。

私が初めて日本に住んだ一九七五年には、前衛芸術のキーパーソンたちがまだ活躍していた。寺山修司は映画を撮り、演劇を上演していた。武満徹の作曲した音楽は高い評価を得ていた。土方巽は暗黒舞踏を指揮し、横尾忠則は創作し、磯崎新は建築家としての絶頂期を迎えていた。だが、前衛的な一時代を牽引した「恐るべき子供たち」は、その頃までにはかなり「偉く」なっていた。国際的な評判があり、多くの取り巻きたちに囲まれ、その周辺にスキャンダルの気配はなかった。

大島渚の阿部定事件を取り扱ったハードコア映画の傑作『愛のコリーダ』(一九七六年)は、おそらく唯一の例外だろう。料理店の女中が愛人の店主を絞め殺し、陰茎を切って逃亡した実際の出来事に基づいている。この映画は日本の検閲によって起訴され、広く知られる裁判になった。

第一線の芸術家の多くと様々なコラボレーションをしてきた三島は、伝説的人物だった。彼の死後、人々はいまだに畏敬の念をもって三島について語っていた。それはある意味、奇妙だ。三島は極右思想に傾倒し、武士道の精神や天皇崇拝を復活させようとする超国粋主義者として死んだ。当時の芸術家たちは武士道の復活などにまったく関心がなく、その中には一九七〇年代、テロのような暴力行為まで引き起こした急進的な反帝国主義や左翼思想に繋がりを持つ人もいたのだから、三島はいかにも異色だった。

しかし思想上の隔たりはあれ、三島とそうした芸術家たちは共通の標的を持っていた。三島は日本社会が生ぬるく、繁栄に酔いしれ、精神的な虚無状態に陥っていると感じていた。戦後のブルジョワ体制における順応主義はテレビ、洗濯機、冷蔵庫を新しい「三種の神器」と崇め、商業主義に邁進《まいしん》し、アメリカ文化の模倣をし、学術研究や芸術までもが堅苦しいヒエラルキーに縛られるような社会を作り出していた。それは政治的信条に関係なく、表現の自由を求める日本人には堪え難い状況だった。

そのような人々の不満の源泉はもう一つあった。一九五〇年代から一九六〇年代にかけて、当初は多くの日本人が反対していた日米安全保障条約だ。条約は朝鮮半島、そしてベトナムにおけるアメリカのアジア政策の要で、日本をアメリカの巨大軍事拠点とするものだった。日本の支配層にとって、それは歓迎すべき展開に違いなかった。アメリカの戦争は日本の経済に好効果をもたらす。だが、多くの市民は憤慨していた。

一九六九年五月、東京大学安田講堂で三島と過激派の学生がいまだかつてないような白熱した公開討論を行った。黒いニットシャツとウエストをきつく絞った白いズボンを纏うスタイリッシュなタフガイ然とした三島が、集まった二〇〇〇人の学生に語りかける。「君たちが天皇とさえ言ってくれれば手をつなごう」。彼は天皇制の肯定を促すのだった。学生たちは説得されなかった。三島はまた割腹自殺の数分前、力ずくで止めに入った自衛隊員たちをも説得することを試みた。「武士道」や「天皇」や「国家」のために死ぬ必要性について講じたが、彼らもまた説得されなかった。少なくとも学生連中は、高名な作家の話す言葉に真剣に耳を傾けた。だが、自衛隊員たちは三島の熱弁を冷たくあしらったのだ。

2

二〇一二年末から二〇一三年にかけて、MoMA（ニューヨーク近代美術館）では日本の前衛芸術の展示が開催された。この展示によれば、日本の前衛芸術は三島が自殺した一九七〇年で終了する。それが妥当だとすれば、始まりが一九五五年なのも納得できる。一九五五年には、二つの保守政党だった日本民主党と自由党が保守合同し自由民主党が結成され、やがてそれが二〇世紀を通して日本の政治を支配することになる。

冷戦期、日本はアメリカの軍事力の傘の下で共産主義に対抗する砦、つまり中曽根康弘が形容したところの「不沈空母」になった。中産階級は社会の安定、安全、繁栄と引き換えに、政治的抗議から目を逸らすことになった。アクティヴィズム（積極行動主義）は失敗に終わったのだ。一九五〇年代半ばまで、日本の近代芸術は戦時の大惨事や、その結果である進駐軍の占領に非常にこだわっていた。ほとんどの芸術家は頑なな左翼で、中には共産党に関わっている場合もあり、その思想が彼らの作品にも浸透していた。MoMAの展覧会にはその良い例がいくつかある。

一九四〇年代の軍国主義プロパガンダや、戦前のヨーロッパのシュールレアリズム（超現実主義）からの影響を背景に、いわゆる「ルポルタージュ絵画」の潮流が生まれた。山下菊二による血に溺れた死体の油絵や、より社会主義リアリズム的な池田龍雄の「シャベルを握る拳」を描いたプロレタリア革命画などの混成スタイルは、戦争を直接体験したアーティストの強い政治関与を示す典型的な例だ。

一般的に日本人は、自国が始めた戦争の悍《おぞ》ましさを直視しないと言われる。MoMAで展示されるアートの一部は、その誇張された先入観を払拭するのに役立つはずだ。たとえば、浜田知明による戦時中の荒廃を表した美しい銅版画がある。それには槍の刺さった頭や体の一部が散らばる中国の村が描かれている。女性の死体の局部には杭が突き刺さっている。これは「ルポルタージュ絵画」というよりは、一種のシュールレアリズム的抗議芸術だ。

一九五〇年代の日本の芸術家や知識人は、戦後のアメリカの圧倒的な影響力に抗ってヨーロッパ、特にフランスにアイディアを求めるケースが多かった。サルトル、カミュ、メルロー＝ポンティが広く読まれた。ベレー帽と長髪は「考える人」の共通愛用アイテムになった（現在でもそんなスタイルは、特定の年代のインテリ男性の間に見受けられる）。フランス人アクション・ペインターのジョルジュ・マチューは、一九五七年に日本を訪れて、着物姿でその芸術を実演した。バウハウスもまたインスピレーションの源だった。

しかし最も重要な点は、直接に「関わる（s'engager）」ことであった。奇妙なことに日本における実践芸術の有力な支援者は、その少し前、戦時プロパガンダの最も熱心なプロモーターだった保守系の読売新聞社だった。読売新聞は都合の悪い過去を払拭するかのように必死で芸術革命の促進を誓い、日本社会は芸術を通じて「民主化」されるだろうという急進的なマニフェストの下に、前衛的なショーやイベントを開催したのだった。

実際の芸術の多くは派生的だった。戦争中にまだ子供だった若い世代にとって、それは過激でも、目新しくも、オリジナルでもなかった。そして一九五〇年代半ばからは、政治思想を芸術で表現することに飽き飽きしていた新しいタイプの芸術家グループが出現した。彼らは卑屈なほど西洋化された芸術、反対に日本の高度な伝統芸術のどちらにも嫌悪感を覚えていた。それらは仰々しい美術館文化や戦時中の狂信的な愛国主義に汚染されていると考えたのだ。

新しい芸術はより本能的で、肉体的で、外向きで、非合理的であれとした。つまりそれは日本のネオダダイズム、アンチ・アートだった。詩人で美術評論家の瀧口修造は一九五四年に、日本人はおそらく西洋の芸術運動や原則を完全には消化していないのかもしれない、と述べ日本の現代アートは日本人の中にその内臓や骨の中にこそ存在しなければならない、と主張した。[56]

そんな芸術の一例に、一九五五年の白髪一雄によるパフォーマンス・アート「泥に挑む」があった。白髪はその前年、兵庫県芦屋市で結成された「具体美術協会」という前衛芸術グループのメンバーだった。具体美術の東京での第一回展で、白髪はボクサーショーツ以外の何も纏わない姿で泥の山に飛び込み、負傷するまでに激しく動き回った。

ＭｏＭＡの展示でその際に完成した作品の写真を見ることができる。作品で残るのは、それだけだ。だが、もちろんこの芸術の意義は作品そのものではなかった。最初から保存用には作られていなかったのだ。その目的は「世界中、東も西も問わずに、革命的な」新しいタイプの芸術的表現への道を、既存の観念を爆破しながら作り上げていくことにあった。

日本のネオダダ運動のもう一人の主要人物は、篠原有司男だ。彼は公開パフォーマンスでボクサーまたは剣闘士のようにキャンバスと対峙し、時にはペイントボールを投げつけたりした。篠原の「ボクシング・ペインティング」に比べれば、アメリカのアクション・ペインターはむしろ大人しいものだった（そして通常、篠原より優れた画家だった）。しかし、完成品が問題なのではなかった。ここでもパフォーマンスがすべてだった。それはあたかも何世紀にもわたってでき上がった中国、日本、西洋の芸術的影響の厚い殻を破り、日本の芸術家たちが裸で、内側からこみ上げるもので真摯に芸術と向き合おうとしているかのようだった。

これらの芸術実験の重要な特徴は、様々な分野のアーティストが互いに協力したことだった。篠原が絵の具を塗ったボクシンググローブでキャンバスを殴りつけたりするパフォーマンスをしたのは、磯崎新が設計した建物の中だった。磯崎は「メタボリズム」と呼ばれるユニークな日本の前衛建築に携わっていた。偉大な建築家丹下健三の下で若手建築家が始めたメタボリズム運動には、モダン都市を非・記念碑的なかたちで再構築しようという

56　滝口修造『点』みすず書房、一九八三年、二一二頁

意図があった。そこにはネオダダアーティストの一過性のパフォーマンスのように、建築や都市景観も最終形として存在するのではなく、生き物のように変化していくという前提があったのだ。

音楽も重要な役割を果たした。武満徹はネオダダイストの一人だった。メタボリスト建築やアクションアートと同様に、作曲も偶然性にさらされ、公演中に予期せぬ事態が発生する可能性があるのだった。アジアの神秘主義、特に易経の影響を受けたアメリカの作曲家ジョン・ケージは、日本で非常に尊敬されていた。ケージの一九六二年の長期滞在は、日本人が「ケージ・ショック」と呼ぶほどの影響をクリエーターたちに与えた。

舞踏も忘れてはならない。磯崎はエッセイで、一九六二年に自宅で開いたパーティー中、土方巽と篠原有司男が屋根に上り、裸で即興舞踊を披露した時のことを述懐している。それは警察が呼ばれる騒ぎになった。磯崎はパーティーの主催者として、彼らが「公然わいせつ」ではなく「芸術」に従事していたことを証明するよう求められたという。

「闇のダンス」を意味する土方の暗黒舞踏は、サド侯爵や球体関節人形で知られるハンス・ベルメールの作品、また郷里である東北の農村で行われる神道の儀式などに見られるエロスと死の精神を表現している。土方が行った最初の公演は、三島による同性愛が主題の小説『禁色』をベースにした作品だった。土方はやがて日本のアバンギャルドを牽引する存在となった。

後に「ハプニング」と呼ばれるようになる路上の即興パフォーマンスは、日本特有のものではなかった。それは売買不可能な自然発生的芸術という世界的なトレンドの一部を形成していた。しかし、それが発生する場所によって「ハプニング」に独自の文化的要素が加わったことも事実だ。

日本にはカーニバルに通じる祭りや踊りの長い歴史がある。ワイルドで、セクシーで、病的で、時にはグロテスクな要素を含む神道の豊穣祈禱などは、舞踏に多くのインスピレーションを与えた。小さな前隠しの紐パンツだけで踊る土方のスローモーションの踊りは、腐敗や再生を表現していた。

一九二〇年代の日本の芸術的かつ政治的発酵を表現した「エロ、グロ、ナンセンス」精神を継承する者もいた。白石かずこによるジャズ風の詩の朗読パフォーマンスはそのような伝統に則り「ハプニング」として公演された。名古屋の街頭を裸で行進したり、針で自分を突き刺したりするパフォーマンスを展開したグループ「ゼロ次元」による儀式もしかり。すべては自己満足に浸るブルジョワの人々を驚かせ、目を覚まさせる意図を持っていた。

日本の歴史において、祭りはしばしば反体制の意思表示の一環として機能した。他の方法が阻止された場合に、反乱の意を表現する物理的な手段だった。性的自由の祝祭が、時には政治的な反抗に取って代わった。たとえばそれは一八六〇年代、明治維新が従来の政治秩序を終結させ、西洋のモデルに沿って日本を近代化する直前に起こった。「ええじゃないか」は「誰が気にするのか」という意味で、まさに「服を脱いで、誰が気にするのか」「セックスして誰が気にするのか」といった千年至福説だった。

「ええじゃないか」の熱狂的な流行は、関西の古都、京都の界隈から始まったと思われる。普通の市民が女装または男装をしたり、まったく衣服を纏わずに路上に繰り出して取り憑かれたように踊った。狂乱はすぐに日本各地に広がり、やがて暴動化していった。それに似たことが、一九二〇年代の「エロ、グロ、ナンセンス」、そしてより狭い範囲でだが、一九六〇年代初めの日本の芸術シーンでも起こっていた。

その多くは政治への幻滅から生まれたものだった。一九六〇年の日米安全保障条約の調印に抗議し、数十万の人々がデモに参加した。彼らはジグザグ行進しながらシュプレヒコールを繰り返したり、機動隊と衝突したりした。この条約は一九四五年にA級戦犯被疑者として逮捕された前歴を持つ岸信介首相によって、強行採決された。

学芸員のアレクサンドラ・モンローは一九九五年、サンフランシスコ近代美術館で開かれた前衛美術の展覧会に寄せたエッセイで、ネオダダのメンバーが条約調印の前夜、どのようなアクションをとったかを書いている。アーティストの吉村益信のスタジオに仲間が集まっていた。

「皆、裸になって激しく踊った。その中には袋を頭に被せている者もいた。吉村は腰にしわくちゃにした紙で作った巨大な勃起したペニスを紐でくくりつけて、腹には赤いダイヤモンド形の腸をペイントした。まるで切腹したかのように。そして体の残りの部分には白い矢印をつけた」

3

吉村益信の彫刻は、ニューヨークＭｏＭＡの展覧会でも展示された。他のネオダダ芸術家の作品もある。しかし、一九五〇年代後半から一九六〇年代初頭にかけての「アクション」から生まれた絵画や彫刻は、その興味深い時期に生まれた芸術の中でも、おそらく最もつまらない作品群だろう。

一九三〇年代にパリで学び、シュールレアリストの知己を多く得ていた岡本太郎は、その文章も含めて日本の美術界に大きな影響を与えた。だが、彼の絵画や彫刻は独特ではあるものの、私には第一級とは思えない。ＭｏＭＡに展示される他の作品には白髪一雄、靉嘔《あいおう》、石井茂雄、福島秀子、北代省三による油彩画があるが、それらも出来は良くても特に優れているとは言い難い。

赤瀬川原平による千円札で梱包した様々な物は、日本美術史を考える上では興味深い。赤瀬川は通貨及証券模造取締法当局により紙幣偽造の疑惑で数年間にわたり訴えられることになったからだ。美術史の観点からもう一つ面白いのは、工藤哲巳による壁からだらりと吊り下げられたペニスのインスタレーションだ。一九六〇年の政治デモの失敗を受けて、インポテンツの感覚を表現している。

しかし、そもそも西洋の伝統美術から生まれた絵画や彫刻、それと同じ伝統から派生した現代美術に影響を受けた芸術は、現代日本文化においてさして興味深いものではなかった。既存の物に対抗した一九五〇年代と六〇年代の芸術の多くは、意図的に一過性の性質を持っていた。だから、そこに永続的な価値を求めたり、記念碑的な意味を期待したりすることは間違っているのだろう。美術館の展示で、過ぎ去った日々のパフォーマンスやハプニングの興奮を再現することが不可能なのは当然である。

残るのはビデオスクリーンにチラチラと映る映像や、いくつかの青写真や写真だ。MoMAの展覧会カタログは魅力的とは言い難く、想像力を掻き立てるのにまったく役に立たない。誰が次のような散文を苦労して読み解く気になるのだろうか。「ある社会史的文脈における芸術の談話的ネットワーク内では、様々な芸術的慣習のための、重要な蝶番を提供する概念に遭遇することは珍しいことではない」云々。

幸いなことに、MoMAで前衛芸術の展覧会にあわせて上映された自主映画特集では、同時代の日本の芸術のより多くの側面を垣間見ることができる。土方のダンスパフォーマンス、三島の『憂国』、寺山修司の優れた短編映画、さらには米批評家のドナルド・リチーが監督した奇妙な小品『シベール（*Cybele*）』も上映された（『シベール』にはゼロ次元のメンバーが出演している。そしてその内容は、彼らが女帝に懲罰されるといったものだ）。

歴史的に最も興味深い映画の一つは、大島渚監督、横尾忠則主演の『新宿泥棒日記』だろう。それは性的反乱、ストリートシアター、政治的反乱の記録だ。横尾のポスターアートは一九六〇年代において土方の暗黒舞踏、武満の音楽、磯崎の建築に匹敵する重要性があった。

私にとって当時の日本で何よりも魅力的だったのは、放置されていたカーニバルのような日本文化の側面を再発見できることだった。そこには日本の伝統の下層土とも言える土壌に培われた神道のエロティシズム、田舎の地母崇拝、都市社会における底辺の生活、かつては歌舞伎を生み出したセックスや暴力の俗的な表現など様々な要素が混在していた。「伝統的」か「現代的」かは別として、高尚な芸術や文化の正反対にある何かがあった。そんな土壌から日本人が「泥臭い」と呼ぶ原始の祭典が生まれたのだ。

岡本太郎や建築家の丹下健三といった人々は、縄文時代（紀元前一四〇〇〇～三〇〇年）にインスピレーションを求めた。それは渡来の仏教、儒教、貴族層によって文化が飼い慣らされ、洗練させられる以前の時代だった。沖縄は東北の農村のように、前近代日本の原始的エネルギーを持ち続けていると考えられていた。一九六一年、岡本は『忘れられた日本――沖縄文化論』と題する本を著した。

米彫刻家イサム・ノグチは日本滞在中、古代文化の見直しを奨励した。彼は日本最古の芸術や工芸品がより面白く、より前衛的であると指摘し、それは近代的で国際的なモダンアートの模倣品などの比ではないと日本人に説いた。そのような意見は必ずしも快く受け入れられなかった。日本の芸術家や評論家の中には、縄文のインスピレーションを受けた彫刻や紙製の灯籠などを作るノグチを、新しいタイプの日本趣味に取り憑かれた上から目線の外人だと切り捨てる人もいた。おそらく「泥のノスタルジア」は、それが現地の土壌から湧き上がった時にこそ、より説得力をもつのだろう。

映画監督の今村昌平などは、東北や沖縄の田舎、または東京や大阪のスラム街などで、農民、少年ギャング、娼婦の中に映画を撮り始めた。寺山修司の「天井桟敷」や唐十郎の「状況劇場」などのアバンギャルド劇団は、ストリップショーや田舎の祭りの粗野な活力を、アントナン・アルトーやモーリス・メルロー＝ポンティのアイディアと混ぜ合わせて表現しようとした。川岸や神社の境内にテントを張り演劇を繰り広げる彼らは、初期の歌舞伎一座の精神的継承者を自認していた。それは演劇自体が穢多《えた》非人や娼婦との繋がりから悪評高かった時代の精神をその本質に立ち返って受け継ぐことを意味していた。

森山大道、東松照明などの写真家は、米軍基地周辺の赤線地帯や新宿のバラエティー劇場、バーなどの「泥臭い」情景をフィルムに捉えた。今となっては世界的に有名な荒木経惟の、セクシュアルな東京のアングラ世界を捉えた写真の多くは、一九七〇年以降に撮影されたものだが、同じ傾向を持っている。

グラフィック・アーティストもまた、高飛車なモダニズムに反抗した。その中で最もよく知られる一人は粟津潔だろう。彼は自分のデザイナーとしての役割を「漂泊者」と位置付けた。その使命は田舎を街に広げ、民俗を前景化し、過去を想い起こさせ、時代遅れのものを召還し、最も出遅れた後衛部隊を都市と対峙させることにあるという。それは江戸時代の商人文化が浮世絵、芝居、花魁《おいらん》、娼婦などと絡み合って、荒々しくはあるが豊かで魅力的な芸術を開花させた時代に立ち返ることをも意味していた。江戸の文化そのものを復活させるというのではなく、その精神を、ということだ。

一九六〇年代のアバンギャルドは、江戸の文化同様「コラボ」の産物だった。武満の音楽の最高傑作の中には、大島渚をはじめとする監督たちのために作曲した映画音楽がある。

詩人の白石かずこは篠田正浩と結婚したが、篠田の映画では寺山修司が脚本を手がけ、横尾忠則がポスターをデザインした。写真家の細江英公は三島や土方と協力し、優れた写真集を作った。写真集で土方は一種の農村の悪魔として、出身地である東北地方の田んぼの中で撮影されている。細江の写真や横尾のポスターの一部は、MoMAの展示で観ることができた。しかし、十分ではないように感じる。そんな不満が明確にすることは、一九二〇年代から一九三〇年代にかけての日本の現代美術の展覧会が常々示すことと同じだ。

それは日本人がグラフィックアート、写真、建築、演劇、映画、舞踊などに秀でているという点だ。芸術を臆面もなくポップアートやエンターテイメントに使い、そしてそれを商業芸術の域まで発達させる技は、おそらく洗練された大衆文化の古い伝統があるために、日本のアーティストが非常に長けてきた分野なのだろう。それらに比べれば、より「芸術的」であるかと思しき絵画は、精彩を欠いて見える。

横尾忠則はアングラ劇場やギャング映画、スキャンダラスな舞踏のためのポスターアーティストとして収めた大成功に、おそらく退屈したのだろう、油彩画家としての再スタートを切った。これは一九八一年に横尾がMoMAでピカソ展を観た後の決断だったが、それによってかつての横尾作品に見られた活力の多くは失われた。

三島由紀夫は横尾のグラフィックアートを高く評価していた。それは日本人の中に隠れている、人が見たがらない暗い部分を見せているからだった。そんな暗部の暴露こそが活発な前衛文化に繫がり、おそらく三島の死にも繫がったのだった。

JANUARY 10, 2013, *The New York Review of Books*

III 政治と旅

On Politics and Travels

ル・カレのもう一つの冷戦

Le Carré's Other Cold War

1

私はジョン・ル・カレの一九九三年の作品、『ナイト・マネジャー（*The Night Manager*）』を読みながら、実際この小説に登場する悪役に会ったことがあるという奇妙な感覚に襲われた。リチャード・オンスロウ・ローパーは、ル・カレ作品によく出てくる典型的なイギリス上流階級出身の曲者だ。物腰が柔らかで、ハンサムで、強力なコネを持ち、かつ徹底的に不道徳なキャラクター、それがローパーである。彼は貧困にあえぐ非西欧諸国の独裁軍人たちとの違法な武器取引で莫大な財産を築く。そしてその犯罪まみれのビジネスは、英政府内の道徳観念の欠如したあらゆるお調子者たちによって、助長されている。

もちろんローパーに、架空のキャラクターにすぎない。しかし、その人物描写が私に実在の誰を想起させるのか、ひらめくのにさほど時間はかからなかった。右翼政治家のアラン・クラークだ。悪名高き女好きで、クラシックカーの熱狂的ファン、かつ晩年にはスキャンダラスな日記を三巻に分けて発表したことでも知られている。

そのクラークは、マーガレット・サッチャー政権の閣僚だった。サダム・フセインのイラクやスハルトのインドネシアなどと、うさんくさい武器取引をすることを精力的に奨励した人物だ。イラクでは、英企業が武器禁輸制裁措置を回避するのを助けた。インドネシアでは、イギリスから輸入された武器が東ティモールの民間人虐殺に使われた。クラークはジャーナリストに「良心の呵責を覚えないのか」と尋ねられると「いいやちっとも。考えたこともない」と応じてみせた。

一九九〇年代、私はクラークのロンドンにあるエレガントなマンションで彼をインタビューしたことがある。その際彼は、この上なくチャーミングに振る舞った。と同時にインタビュー中、ヒトラーの第三帝国が、様々な面でいかに称賛に値するかを臆面もなく語ったのが印象的だった。ナチス親衛隊（ＳＳ）が「馬鹿騒ぎ」さえしなければ帝国は完璧だったのに、と言いのけたのだ。

果たしてル・カレ――または彼の本名であるデイヴィッド・コーンウェル――が、クラークを念頭に『ナイト・マネジャー』を書いたのか、本当のところはわからない。しかし、最近出版されたアダム・シスマンによるル・カレ評伝によると、ル・カレとクラークは旧知の間柄だったという。それを知って私は非常に興味をそそられた。

一九六〇年代に東ドイツの小さなホテルで、二人は偶然出会ったそうだ。ル・カレが新進気鋭の作家としてのキャリアをスタートさせた頃だ。一方のクラークは著名な美術史家ケネス・クラークの息子で、金持ちのプレイボーイという以外、当時は大してその名を知られていなかった。

ル・カレとクラークは、後者の愛車メルセデス600でヨーロッパを駆け抜けた。当時二人の間で交わされた手紙では、お互いを「色男」とか「人気者」とか呼び合っていて、その親密度がうかがわれる。若い妻のいたクラークはル・カレのロンドンの家を自分の浮気のために使った。ル・カレはクラークの極論や、評判の芳しくない友人たちにぞっとさせられることもあったという。だが同時に、その人となりに大いに魅了されたのも事実だった。

この友人関係が最終的に崩壊したのは、ある日のクラークの密会後だった。ル・カレの家政婦が壁についた血を発見したのだ。伝えられるところによれば、この一件には非常に若い女性が関与していたという。これを機に、自分にはクラークが「あまりにも血気盛んだ」とル・カレは悟ったのだった。

シスマンは二人の奇妙な友情について賢明な分析をする。ル・カレはクラークの中に「邪悪という分野において発揮される異常な能力を察知した。クラークは魅惑的、かつ忌まわしい側面を持ちあわせたメフィストフェレスだったのだ」。シスマンの分析に垣間見られるル・カレの英国エリート層に向けられた憎愛は、ル・カレの人生を通じて確認できる。と同時にこのように相反する感情がル・カレの作品に息吹を吹き込む。

ル・カレ作品の悪役の多くは、クラークと似ていなくもない魅力的かつ相当な曲者だ。彼等は概して上流階級出身、または上昇志向の強い輩だ。ル・カレの第二作に当たる『高貴なる殺人（*A Murder of Quality*）』には、すでにその手のキャラクターが登場している。それはイギリスのパブリックスクール（つまり排他的な私立校）を舞台にした話だ。同性愛者の校長はル・カレの手によってそつがない審美家、スノッブ、そして殺人者として描かれている。『高貴なる殺人』の舞台は、イギリス随一のパブリックスクールであるイートン校をモデルにしている。イートン校は一九五〇年代の二年間、ル・カレ自身がドイツ語の教鞭を執った場所でもある。そこで目にした、徹底的に生徒に叩き込まれる鼻持ちならない上流意識や特権意識を、ル・カレは「支配民族の教義」と呼び、毛嫌いするようになった。だがその反面、将来のイギリス超エリートとして生徒たちの中に細部まで染み込んでいく洗練されたマナーや揺らぐことのない自信に、魅了されもした。

イートン校だけではない。ル・カレがベストセラー作家として不動の地位を手に入れる以前に属した他の組織も、彼に相反する感情を抱かせた。一九六〇年代初頭、彼を若手外交官としてドイツに送った英外務省、そしてもちろんＭＩ５とＭＩ６という諜報機関である。ル・カレはオックスフォードの学生時代からこれらの機関に属しており、表面的には外交官として活動をしていたオーストリアやドイツでも、スパイ活動に携わっていた。

ル・カレの小説家としての強みの一つは、そのような特殊組織や特権階級の属性を示唆する服装、言葉遣い、振る舞いなどの微妙なニュアンスを、レーザー光線のようにシャープな目線で見抜いているところだ。永遠のアウトサイダーでありながら、周りの人々をそつなく模倣することで、ちゃっかりとインサイダーになりすますことのできる稀有《けう》の才能を有しているのだ。もちろんその才能は優秀なスパイの前提資質であり、ル・カレ自身がしばしば指摘してきたように大成する小説家としての条件でもある。

シスマンによると執筆中、ル・カレは自分の創作したキャラクターを徹底的に「生きる」のだという。それは否応なしに放り込まれた寄宿学校や組織の中で、不法侵入者のような居心地の悪さを感じながらも、周りを鋭く、興味深く観察する行為に似ているかもしれない。

2

どっちつかずの感情は、常に大いなる憤りや怒りとともにル・カレの中に混在している。そんな怒りの根源は、父であるロナルド・コーンウェルとの難しい関係にあり、それは本人も認めているところだ。シスマンのル・カレ評伝で最も説得力のあるキャラクターは、問題のこの父親「ロニー」だ。彼はそこここに登場しては、ベストセラー作家である息子のお株をも奪ってしまう。

二〇一六年に出版されたル・カレの自伝的逸話集『地下道の鳩（*The Pigeon Tunnel*）』でも、父親に関する章が一番の読みどころとなっている。ロニーにまつわる苦い思い出は、ガードの堅いル・カレには珍しい、作家自身による「自己啓示」とも言えるだろう。

ル・カレの父親ロニーは、非常に魅力的なプロのペテン師だった。友人、家族、そして赤の他人を欺くことで金持ちぶった生活を送りながら、刑務所行きや倒産を避けるのに多大なエネルギーを注ぐ人生を送った（何度か、そのような試みは失敗に終わったが）。

注目すべきは、肝心の被害者たちが彼の詐欺に遭いすべてを失った後であっても、ロニーの魅力に抵抗し難かったという点だ。上流階級の集うアスコットかどこかの競馬場で撮られた写真がある。ロニーは灰色のシルクハットとモーニングを、あたかもエドワード朝時代の洒落者さながらに着こなしている。ゆがんだ笑みは、いかにも、からくりの不可解なマジックを観衆に見せつける得意気なボードビル芸人のようだ。彼はとても女性にもてたという。

ロニーの餌食の一人は他でもない、アラン・クラークの弟、コリン・クラークだった。実際、初めてドイツでアラン・クラークがル・カレに会った時、このように自己紹介したという。

「苗字はクラーク。君の親父さんは俺の弟をすっかり食い物にしたんだぜ」

アラン・クラークもまた多くの人々と同様、ロニーの類稀なる才能に一目置いていたのだった。被害にあった張本人の弟コリン・クラークの言葉が、シスマンの本に引用されている。

「ロニーという人物について理解し難いのは、彼にまつわるすべてのことが偽物だったということだ。彼の所有物だというオフィス、車、運転手、アスコット競馬場の「定席」だという升席。それらのすべてが一回ポッキリで雇われたり、代金が決して支払われることのないレンタル品だった。妻でさえ本物の妻ではなく、会計士と呼ばれる人物はただの共犯者だったのだ」

ロニーは三度結婚した。最初の妻オリーブはル・カレと兄トニーの母親だ。オリーブはロニーによるひどい扱いに嫌気が差し、ル・カレがまだ五歳の時に友人と駆け落ちした。ル・カレはこう書いている。

「いま振り返ると、子供時代には、しばらく私の唯一の親代わりだった兄への愛を除いて、いかなる愛情も抱いた記憶がない」[51]

ロニーはその頃、息子たちの生活圏から出たり入ったりを繰り返していた。いつも完璧な出で立ちで現れ、葉巻の匂いを漂わせていた。それには大勢いた愛人の誰かがつけたであろう香水の残り香も混じっていた。

ル・カレの少年時代、ロニーはモンテカルロでカジノの上客になるほどの羽振りの良さだった。その一方で、どこへともなく姿をくらますこともあった。彼の行き先には有名なスポーツ選手や芸能人、政治家、そして闇世界の大物たちが集う豪勢なパーティーもあった。ル・カレはまた、ロニーがどこかの刑務所に入っていたことも記憶している。ただそれが自分の想像の産物なのか、実際に起こったことなのか、判然としないという。

数え切れないほどの嘘と共に生きなければいけなかったことは、非常に早い時期よりル・カレを他の子供たちから引き離した。詐欺師の父親の下で育つということは、この世に確実なものなど何もないことを意味していた。ロニーという人物の大部分が幻想で、大きな富を約束する危険な計画はいつも不安定な土台の上に立てられていた。そしてロニー自身が金持ちを気取り続けても、彼に関わった人たちは確実に破産に追いやられた。

しばしば父親の行動に嫌悪感を覚えたものの、ル・カレ自身、その危険な魅力に免疫がなかった。ロニーはル・カレのフィクション作品に登場する、ローパーをはじめとする魅惑的な悪者の元祖モデルと言えよう。シスマンはこう書いている。

「ローパーの完成形は実際の父親とはまったく違う。しかし、キャラクターの初期のスケッチはロニーを想起させる。「労働階級出身だが上院議員風で、愛想が良いのに威嚇的」という描写だ。（ル・カレは）父親が第三次中東戦争時に武器貿易で一儲けしようとしていたのでは、と疑っていた。それも（ローパーのキャラクターと）何らかの関係があるのだろう」

ロニーは繰り返し訪れる悪夢のように、息子の人生に出没するのだった。ル・カレが旅先の高級ホテルにチェックインしていると、支配人がやって来て父親の未払いの宿賃について問い合わせを受けることも多々あった。

小説『寒い国から帰ってきたスパイ（*The Spy Who Came in from the Cold*）』が映画化されることになると、ロニーはベルリンで息子の「プロフェッショナル・アドバイザー」になりすまし、撮影所に出入りし女優の卵たちに手を出した。またチューリヒでは宿泊詐欺で拘留されていた父親のために、保釈金を払わねばならなかった。シンガポールでも賭博詐欺をやらかし、ウィーンやインドネシアでも……と、ロニーの巻き起こすトラブルは枚挙にいとまがなかった。

ロニーはまた、自分の息子を脅迫することさえ辞さなかった。もし一〇〇〇ポンドくれなければル・カレの不貞をばらすと脅した。しかし、このグロテスクな父子関係で一番驚かされるエピソードはロニーの死後、明らかになるのだった。

ル・カレはある日、ブリュッセルにいる女性から「電車であった情事」について思わせぶ

51　ジョン・ル・カレ、加賀山卓朗訳『地下道の鳩――ジョン・ル・カレ回想録』早川書房、二〇一七年、二九七頁

りな連絡を受ける。ル・カレは直ちに何が起こったのかを理解した。確かに女性の示唆する情事があったのだろう。ただ、それはル・カレとその女性の間にあったのではなく、有名な息子のふりをしたロニーと、その女性の間に起きた出来事だったのだ。

ル・カレがロニーについて語る際、その語調はいまだに多少の怒気を孕んでいるし容赦はないが、無慈悲ではない。ある意味、プロの物語創作者としての自分自身の姿を、歪んだ父親のイメージの中に見出し、理解している感もある。ロニーはどうしても他に生きようがなかったのだ、とル・カレは説明する。

「ロニーはほかの生き方はできなかったのだろう。したくもなかったのだと思う。危険や演技の中毒者、恥知らずの演説家であり、注目を浴びずにはいられない。妄想を操る魔術師で、説得の達人、みずからを神のゴールデンボーイだと信じていて、多くの他人の人生を破滅させた。グレアム・グリーン曰《いわ》く、子供時代は作家にとっての預金残高である。その伝でいけば、少なくとも私は億万長者の家に生まれた」52

詐欺師を父親に持って育つことは「ごっこ」の英才教育を受けるのに等しかった。子供時代、自分で父親の秘密のいくつかを探り当てられたのも、ル・カレにスパイとしての素質やそれを芽生えさせる環境があればこそだった。そんな少年の学校生活も、半ば必然的に嘘で固められていた。ロニーが闇取引に手を染めている頃、ル・カレは学校で、父親は諜報員だと偽っていた。こう書いている。

「みずからのアイデンティティを急いでつくりあげなければならなかったことも。そのために、まわりの仲間や大人たちから態度やライフスタイルを少しずつ盗み、本物の両親とポニーがいる落ち着いた家庭生活を送っているふりまでした[53]」

3

人はル・カレをスパイ小説家として見る。それはある程度正しい。『ティンカー・ティラー・ソルジャー・スパイ（*Tinker Tailor Soldier Spy*）』（一九七四年）、『スマイリーと仲間たち（*Smiley's People*）』（一九七九年）、自伝的な『パーフェクトスパイ（*A Perfect Spy*）』（一九八六年）などの傑作群は、すべて冷戦の背景に暗躍する諜報員が主人公の物語だ。

しかしル・カレの小説は、スパイ小説のカテゴリーを超越している。イギリスに傑出した作家の多い「風俗喜劇」というジャンルにおいても、彼の作品は語ることができるのだ。「風俗喜劇」は、長い年月をかけて変わりつつも決して消えることのなかったイギリスの階級制度や、それにまつわる複雑な儀式と密接に関連している。

ル・カレのコーンウェル家は、決して上流の出ではなかった。小売店の店員などを輩出する、田舎のいわゆる中の下くらいの階層の出身だった。父ロニーの詐欺師的な自己実現計画

52　同上、二九六頁
53　同上、二九八—二九九頁

には、そのようにパッとしない階級出身の自分の息子たちを、究極のイギリス紳士に仕立て上げることが含まれていた。息子たちを上流子弟が通うパブリックスクールに送り込んだのも、彼の成り上がりプロジェクトの一環だった。

ル・カレ自身がインタビューで語ったところによると、そうやって「私たちはスパイがやることをやってのけた。それらしい服を纏い、立ち居振る舞いを習得し、発声法も身につけた……。ターゲットに侵入するためのコードを体得したのだ」。

少年の日のル・カレは進学先のセント・アンドリュース校で、下層階級のアクセントを級友たちと嘲笑うのだった。自分の親戚が同じように話すのを負い目に感じながら。シスマンは当時のル・カレについてこう述べる。「より安定した境遇の子供が気づかないような微妙な社会的ニュアンスに、彼は特に敏感になった」

敏感さはル・カレの喜劇小説家としての視覚や聴覚を研ぎ澄ました。そして彼の中に、イギリスではまったくもって珍しくない「馴染めない」ことへの恨みを育んだ。それは、ル・カレが抱くセント・アンドリュース校からMＩ６に至るまでのエスタブリッシュメントに対する相反する感情を解き明かしてくれる。

ル・カレの祖国に向けた感情も相反していた。なぜル・カレは一六歳でイギリスを離れ、スイスに向かったのか。そしてなぜ最終的には、「想像力」という孤独の中に住むことを選んだのか。その理由は彼の敏感さを育んだ特殊な生い立ちに根ざしているのだった。ル・カレのイギリス社会に向ける嫌悪感には、父親に対する怒りも混じっているのだろう。実際、ティーンエージャーでスイスに行った時のことを、『地下道の鳩』の中でこう説明している。「（父親にはスイス行きの理由を）学校やイギリスが原因であるかのように話したはずだ。本当の動機は、なんとしても父の支配下から逃れることだった[54]」

いずれにしろ、この逃避行がル・カレをスパイの世界に引き入れることになった。一九四八年のスイスで、ル・カレ青年はツイードのスーツに身をまとった英国領事館勤務の女性からアプローチを受ける。シェリー酒のグラスを傾けながら、この女性はル・カレの愛国心をテストした。合格点をもらい引き受けた最初の任務は、左翼学生の会合を偵察し、イギリス国籍を持つ参加者について報告することだった。

三年後、ル・カレはオーストリアの英国陸軍諜報部隊に勤務し、鉄のカーテンを通り抜けた人々を尋問していた。さらには一九五二年、ル・カレはオックスフォードの学生になっていた。彼はそこでも奇妙な二重生活を送っていた。パブリックスクール出身の排他的な仲間と一緒に国王とイギリスを讃えて乾杯する一方で、左翼団体に潜伏して破壊分子に目を光らせるスパイ活動を続けた。

自分のことを「仲間」だと信じる人々をスパイするのは、何とも不愉快な行為だ。そして当時の「友人」の中には、後々判明したル・カレのスパイ活動を決して許すことができない人もいた。なぜル・カレはスパイでい続けたのだろう。結局のところ、その活動は愛国心に根ざ

54　同上、一二一頁

すのだ、とル・カレ自身は分析している。戦時下に育ち、さらに少年時代にジョン・バカン、ドーンフォード・イェイツ、G・A・ヘンティなどによる大英帝国最盛期のヒーローが登場する文芸作品に親しんだことで、ル・カレは「西半球最大の愛国者」を自負するまでになった。

冷戦とソヴィエト連邦の脅威もあった。自由世界を守るためには、諜報活動とて誰かがやらなければならない仕事だったのだ。だからル・カレは「道徳上、嫌悪感を覚えることもあったが、当時はそれを必要悪だと信じていた。その考えは今でも変わらない」と結論する。諜報活動をするほかに、いったいどのような任務についていたのか。その詳細をル・カレが語ることはない。彼のスパイとしての経歴にはいまだ不明な点が多い。

ただ、ル・カレの愛国心や冷戦に関する見解について、不誠実であると考える理由は、どこにも見当たらない。同時代のイギリス人のほとんどが、おそらく同じような危機感や愛国心を共有していたに違いないのだ。しかし、そのような人々の大部分がスパイにならなかったことも特記しなければならないだろう。

4

ル・カレがオックスフォード大学に入学したのは、一九五二年のことだった。それは英諜報機関が難題と直面していた時期だった。前年には「ケンブリッジ・ファイヴ」として知られるイギリス上流階級出身のソヴィエト・スパイのうち、ガイ・バージェスとドナルド・マクリーンの二名がモスクワに亡命していた（五人の中でも裏切り行為によって一番多くの人々に死をもたらしたキム・フィルビーは、一九六三年になって亡命する）。

ル・カレはフィルビーに格段の憎しみを抱いていた。それはもしかしたら自分自身をフィルビーの中に認めたからかもしれない。ル・カレとフィルビーには、とんでもない父親のもとに生まれたという大きな共通項があった。フィルビーの父親シンジョン・フィルビーは、まったくもって邪悪かつ、奇妙な人物だった。反ユダヤ主義者でイスラム教に改宗し、一九四〇年にはナチスのシンパ容疑で逮捕されたりもした。シスマンの伝記の中で、ル・カレのフィルビー観が引用されている。

「父親と、父親の与えた教育を通して、フィルビーは被害者であると同時に実践家として、イギリスの支配階級による裏切りの術や慇懃な自己保身の能力を身につけた。いとも簡単に、支配層に馴染んだ役回りを演じることができたのだ」

必要とされる役回りを完璧に演じられる能力は、フィルビーとル・カレを優秀なスパイに仕立て上げた。それは稀に見る資質だった。そして両者ともに「ケンブリッジ・ファイヴ」をリクルートしたKGBのエージェントが言うところの「階級システムに対する生来の憤慨、秘密主義への嗜好や、属性への憧れ」といった傾向を持っていた。

ル・カレはかつて諜報機関を「フリーメーソン」に擬えた。秘密結社に属することで、悩める孤独な魂は安息の家を見つけ、道徳的な核を得る。とはいえ、階級制度に憤怒するイギリス人が秘密結社、特にMI6に加わるというのは奇妙な選択に思える。MI6のような組織こそ、ル・カレのようなどっちつかずの人間が憎む類の人々によって支配されているのだから。『寒い国から帰ってきたスパイ』の出版時、MＩ6のトップだったディック・ホワイト卿がこう述べたのも不思議ではない。ル・カレは「英諜報機関に現存する名門校出身者のコネ世界に復讐を誓った」のだと。

ル・カレとその作品には、常に矛盾する何かがつきまとう。イギリスという国への忠誠心において、その矛盾は顕著だ。もちろんル・カレが、フィルビーを筆頭とするケンブリッジ・スパイのように国を裏切るようなことはなかった。だが、なぜル・カレはそこまでイギリスに憤るのだろう。一九九〇年にスイスの居住権を取得した後、究極のイギリス人ル・カレはこう述べた。

「もう一日とてイギリス人であること、ましてやイギリスに暮らすことに我慢できなかった」

階級社会への憤りはその理由の一つかもしれない。しかし、おそらく別の要因もあったのだと思う。私はかつて作家のブルース・チャトウィンに「なぜ世界大戦の戦間期のイギリス人作家は自国について非常に批判的だったのか」と訊いたことがある。チャトウィンの答えは簡潔かつ説得力があった。「それは実際のところ、国のことが心から気がかりだったからだよ」

ル・カレ世代の作家たちは大英帝国の黄昏に育ち、その急速な没落を目撃した。その一方で、彼らは少年時代にバカンやヘンティを愛読し、イギリスの優越的立場を信じていた。イギリスの帝国主義に反対する左翼勢力の中にでさえも、祖国の根本的な優越性を疑問視する者はあまりいなかった時代のことだ。根強いイギリス優越主義の傾向はパブリックスクールの教育を受けた人々に、特に目立った。ガイ・バージェスはモスクワに亡命した後も、誇らしげにイートン校のスクール・タイを着用していたという。ル・カレ作品に感じられる陰鬱な雰囲気は、自国の組織の道徳的な優越性を信じて疑わなかった愛国者の幻滅によって、もたらされたとも言えるだろう。

かつて彼が忠誠を誓った国や組織は、それらが仰々しく掲げる崇高な理想をついに実現することができなかった。その気づきが作品に暗い影を落とすのだ。一九六三年の小説『寒い国から帰ってきたスパイ』の主人公は、タイトルにある諜報員だけではない。それは昔、束の間の間、ＭＩ６に安息の居場所を見つけたと信じたル・カレその人だったのである。

5

初期のル・カレ作品に見られる道徳的な暗さは、しばしばシニシズムの現れだとされる。しかし、それはあらゆる意味で曲解だ。確かにル・カレの小説に出てくるイギリスのスパイたちは、大抵が皮肉屋で世俗的だ。粗野で、傲慢で、ナイーブに描かれるアメリカのスパイとは対照的だ。後に保守党党首として首相になったハロルド・マクミランはこう述べた。「アメリカ人は新しいローマ帝国の担い手だ。そして我々イギリス人には、古代ギリシア人がそうしたように、どうやってそれを動かすか教える役目がある」

ル・カレはこの発言の前提に必ずしも賛成しないであろうが、感情的には同感であるかもしれない。ル・カレの主人公ジョージ・スマイリーやその仲間たちが憂いを帯びているのは、文化的、または生来のイギリス人独特のシニシズムの結果というよりは、大国を自認しつつもその役回りを完遂できなかった自国に対する失望のせいなのだろう。

がさつで権力に酔うアメリカ人。また洗練されてはいるが、そんなアメリカ人にへこへこするイギリス人。いったいル・カレはどちらをより軽蔑しているのか。それを彼の小説の中に見極めるのは困難だ。凸凹カップルのような英米同盟の危機は、ジョージ・W・ブッシュの政権がトニー・ブレアのへつらいと黙認を背景にイラク戦争を始めたことで頂点に達した。ル・カレは自分を特に反米的だとは考えていない。ただ単に、過去「八年間にわたってブッシュやチェイニー、ラムズフェルドがもたらした災害にうんざりしているのだ」。

その怒りはもっともだ。「我々は、せっかく冷戦で手にした平和を台無しにしてしまったのだ」とル・カレは指摘する。冷戦中、西欧諸国がとった行動にどのような意見があったとしても、この見方は至極当然のものだろう。しかし、アメリカによる他国干渉について、ル・カレはしばしば比較されるグレアム・グリーンと同じように、より深く問題を追及しており、それはブッシュやチェイニーが表舞台に出る前からやっていたことだった。

シスマンはル・カレのメモから、CIAのエージェントについて記した一節を引用している。「本当にアメリカ人が嫌いだ。自分のことよりも嫌いだ。二日酔いよりも嫌いだ。やつら全員をひっくるめて、倫理的に憎んでいる。やつらのモルモン教徒風のヘアスタイルとか、開けっぴろげの親しみやすさを見るだけで十分だ。やつらがヨーロッパのことを「ユーロップ」と発音するのを耳にすると、それだけで関節から汗が流れ出てくる」

CIAのエージェント、そして彼等の国に向けられたル・カレの「倫理的」な嫌悪感は政治を超越するものだ。それは文化に根ざす嫌悪感だ。そして、それはもう一つのことも明らかにしている。実はル・カレの対米嫌悪は、祖国イギリスに対する嫌悪に相通じているという点だ。ル・カレの怒りと不満は、我こそはより高い道徳観を有すると主張してはばからないアメリカの公的姿勢に向けられている。今も昔もアメリカの外交政策の多くは、それが明らかな侵略行為である場合も、自由と民主主義の名の下に行使されてきた。ル・カレにとってその偽善的側面は、公然たる刑事違反行為よりもさらに嫌悪感を誘うものなのだ。『スマイリーと仲間たち』に描かれたようなイギリスの諜報員、そして大西洋を挟んだアメリカの「いとこ」の間に横たわる大きな違いは、まさにそこにある。イギリス人は、自分たちが他人よりも道徳的に優れているといった主張をほとんどしなくなったのだが、アメリカ人はまだそのつもりでいる。宣教師の狂信と自己顕示欲に突き動かされるブレアは、現代の自信なきイギリス人の中ではかなりの例外的存在だった。案の定、ル・カレはそんなブレアを憎むようになった。

6

多少、突飛な見方かもしれない。だが、ル・カレの怒れる道徳主義は、世慣れたシニシズムと対極の場所に位置し、それが彼の作品に情熱や趣きを与えているのではないかと私は考える。たとえば二〇〇一年の作品『ナイロビの蜂（*The Constant Gardener*）』は、アフリカで活動する欧米製薬企業の腐敗がテーマだ。「怒りすぎている」と批評する向きもあったが、それは不当だと私は考える。その怒りこそがこの小説の原動力となっているからだ。

ル・カレはかつて妻のジェーンに「あなたの対米観は厳しすぎるのではないか」と言われたことがあるという。おそらくその指摘は正しく、「実際、私はアメリカについての見方において、かなり深刻にバランス感覚を欠いてきている」とル・カレ自身も述べている。しかし同時に「それが至極当然なのではないかと、思わなくもない」とも。

ル・カレの自認するバランス感覚の欠如は、理想に幻滅した故の結果だと言えるだろう。同じことが、ル・カレの対米観にだけでなく、イギリスの階級制度観についても言える。彼はイギリスにしろアメリカにしろ、もっとうまくやれたはずだと信じているのだ。少年時代に吸収した大英帝国主義のロマンチシズムや優越感以上に、そんな幻滅が彼の愛国心の中核を形成している。ル・カレが身を引き裂かれるほどの怒りを覚えるまでに祖国を愛するからこそ、その作品は帝国内部にいたアウトサイダーによる悲痛な叫びとして、心に響くのだ。

October 5, 2016, *The Nation*

イスラエルとパレスチナ——夢を奪われて

Israel and Palestine: Robbed of Dreams

1

そのニュースを目にしたのは、日本語のウェブサイト上だった。ラマラに最初の寿司屋がオープンするという。私の頭にはすぐに、パレスチナ自治政府の首相サラーム・ファイヤードと、彼のヨルダン川西岸政策が思い浮かんだ。平和協議が難航する中、いつか本物の国家になることができるように、それらしい装飾物から整備するという方針だ。新しい道路、銀行、「五つ星」ホテル、高層オフィスビル、マンション。ファイヤードはこれを「占領下にあって、占領を終わらせる」政策だとしている。

ラマラへの訪問者はすぐに、建設現場に密集するクレーンや、足場の多さに圧倒されるだろう。それと相まって、パレスチナ警察が赤や緑のベレー帽を被り、路上をパトロールする光景も目を引く。彼らは主にアメリカの資金援助によって訓練され、武装されている。指揮したのは米陸軍キース・デイトン中将、そして昨年、二〇一〇年一〇月からはマイケル・モラー中将だ。

これがイスラエルやアメリカと協力関係を持つ、新しいパレスチナの姿だ。ヨルダン川西岸を整備し、ハマースを抑制しようという意図だが、ファイヤード首相は決して選挙で選ばれたわけでない。ハマースが二〇〇六年の選挙の勝者だった。マフムード・アッバース大統領とファイヤード首相は、繁栄と安全を武器に、イスラム主義色の強いガザ地区に対抗しようというのだ。「ソーホー・スシ・シーフード・レストラン」はまさにこの構想と関係あるに違いない、そう思ったのだ。

シーザー・ホテルは、ラマラ郊外の小洒落た一角にあるモダンな建物だ。レストランはホテルの一階にある。我々がランチの時間にレストランに到着すると、中はガラガラだった。PLO（パレスチナ解放機構）の議長だったヤーセル・アラファートの霊廟は、彼の晩年、イスラエル軍によって完全破壊された議長府の廃墟の上に、エルサレム・ストーンで建てられたが、レストランにもそれを彷彿とさせる真新しさ、輝き、未使用感が溢れていた。フィル・コリンズの曲が、BGMとして静かに流れていた。

ウェーブした長い黒髪の、人なつこいウェイトレスが注文を取りに来たので、巻物を注文した。名前をアミラといった。彼女はキリスト生誕の地、ベツレヘム出身の、クリスチャンのパレスチナ人だった。アミラによれば、ホテルに雇われた七人のパレスチナ人シェフが、テルアビブ在住の日本人女性から二ヶ月間にわたって寿司づくりの手ほどきを受けたという。特訓の成果のほどは、まずまずといったところだろうか。ビジネスは上向きだというが、そこにも少々難点があった。シーザー・ホテルの土地をパレスチナ人オーナーに売却したヨルダン人は、敷地内でアルコールを提供しないという条件をつけたのだ。

アミラは一度もアメリカに行ったことがないものの、アメリカ合衆国パスポートとパレスチナの身分証明書を持っている。かつてアメリカで生活していた父親はベツレヘムでアラブ文学を教えるためにパレスチナに戻った。「ここが私の住む場所です」と、完璧な英語でアミラは言った。レストラン経営に関しては、スペインのバスク地方で学んだとも教えてくれた。スペイン人は概して彼女のことを不思議に思ったという。それはアラブ人女性はすべてベールを着用すると思い込んでいたからだ。パーティーに行けば、いつも同じことになった。「スペイン人男性が、私の出身地を聞いてくるんです。パレスチナだと言うと男性は、イスラエル人がどれほど恐ろしいかについて、長い説教をします。それが終わると、くるっと背を向けて、私を一人ぼっちにして、いなくなってしまうんです。つまり、パレスチナ人と言えば皆テロリストだと思っているのでしょう。悲しいことです」

「悲しいこと」。アミラはこの文句を繰り返した。たとえば、イスラエルのチェックポイントの状況いかんで、ラマラからベツレヘムに移動するのに三、四時間、さらには五時間かかることもある。それは「悲しいこと」、というように。それは通常、エルサレム経由で行けば三〇分の道のりだ。

しかしラマラは現在、イスラエルの居住地に囲まれている。そしてこれらの居住地は、イスラエル人だけが使用することが許されている道路網で結ばれている。ラマラはまた、パレスチナをイスラエルから隔てる高いコンクリートの壁によって隔離されている。イスラエル人が、ラマラやベツレヘムを訪問することはできない。一部のパレスチナ人は、エルサレムに行くことが許されている。一部には、エルサレム在住の者もいる。ただ彼らがパレスチナ地区からエルサレムに行くには、車で一五分の距離でも、五時間近くかかることがあるのだ。

アミラはまた、ラマラの建設ラッシュにもかかわらず、パレスチナの若者が西岸で職に就くのがどれほど難しいかについて語り、嘆いた。仕事が見つかったとしても、給与は十分でなく、生活も苦しいという。パレスチナ、アメリカ、EU（欧州連合）、湾岸諸国、その他アラブ諸国から、病院、道路、ホテル建設のために、多額の資金が注がれている。だが、壁で隔離された領土の相対的経済状況は、決して良いとは言えない。イスラエル人が訪れて、お金を落としていけば助けになるだろうが、それはイスラエル政府によって禁止されている。

エルサレムに戻るために、私は数百人のパレスチナ人とともにチェックポイントを通過した。行列して、鉄条網でできた狭いトンネルをゆっくりと移動しなければならなかった。その場の空気には諦めが漂っていた。人々はあまり話さない。話しても会話は消え入るような音量だった。母親は、子供たちを静かにさせようと気を配っていた。若者は携帯電話を緊張気味に操作する。幾人かは不安から発せられる笑えない冗談に笑った。檻の中に皆が押し込まれている状況で、決して興奮してはならないことを人々はわかっていた。

奇妙なことに、イスラエル兵の姿はどこにもなかった。ジープ、監視塔、パトロールなど、何もない。一〇分、一五分、時には二〇分おきに、緑色のライトが短時間点滅し、大きなゲートが開く。一度につき数人が、次のゲートに進むことができる。私は運が良かった。今回、チェックポイント通過に一時間半しかかからなかった。

背後で最後の門が閉ざされると、私はやっと二名のイスラエル兵を目にした。空気の淀む小部屋の小さな窓越しに見えたのは、二〇歳前後と思しき若い女性兵がケラケラと笑っている姿だった。気軽に、時間など気にしないといった様子で。退屈な仕事ではあるだろう。そんなイスラエル兵たちは、パレスチナ人を一瞥することもなく、ゆっくりと書類を精査し、最終的に外に出ることを許可するのだった。

2

毎週金曜日、午後になると数百人、またはそれ以上(多くなっても、少なくなることはない)の人々が、東エルサレムの埃立つ一角に集まってくる。有名なアメリカンコロニーホテルから、徒歩数分の場所だ。それらの人々は、パレスチナ人の家族が自分たちの住居から追放されることに抗議している。パレスチナ人が追いやられた後の家々は、黒いスーツと黒い帽子を纏った超正統派ユダヤ教徒のイスラエル人が占拠する。これは主にアラブ系の多く住むシェイク・ジャラ地区で起こっていることだ。

一九四八年のイスラエル建国に絡む第一次中東戦争後に、アラブ人(やがてパレスチナ人と総称されることになる)が当時まだヨルダン領だったその地区に定住した。彼らは一九六七年にイスラエルが東エルサレムを奪取した後も、そこでの居住を続けることを許されたのだ。

この状況に変化が訪れたのは、数年前のことだった。ユダヤ系の宗教的あるいは世俗的なグループが、それらの家は一九四八年以前にユダヤ人が所有していたものだと主張し始めた。住宅の起源や所有権の証明はそれほど簡単なことではなく、時にはオスマン帝国時代の眉唾物の文書が引っ張り出されてくることもあった。必ずしもシェイク・ジャラではないが、いくつかの地区ではパレスチナ人がユダヤ人に不動産を売却した後（これ自体がパレスチナでは重罪だ）、追放を装うというケースもあった。

いずれにせよパレスチナ人は、東エルサレムでイスラエル人が行っているように、西エルサレムにおいて彼らが失った財産を取り戻すという、同等の権利を与えられていない。つまりこれはイスラエルの大きな国策の一環で、徐々に周辺の村々を手中に収め、しばしば強制的にパレスチナ人の追い出しにかかり、やがてはエルサレム全体を摑み取るという大義の下に行われている。ベンヤミン・ネタニヤフ首相は以前、「エルサレムは居住地ではなく、イスラエルの首都だ」と豪語した。

そんな強引な手段に反対するイスラエル内の抗議は、国立ヘブライ大学の学生によって始められた。学生のグループは毎週金曜日に、デイヴィッド・グロスマン、ジーブ・ステーネル、アヴィシャイ・マルガリート、デイヴィッド・シュルマンといった名だたる文化人や、マイケル・ベン・ヤールという、その地区出身の元法務長官をも動員してデモを行う。一部の人々はスローガンを叫び、歌を歌う。「占領をやめよう！」とか「民族浄化をやめろ！」と書かれたプラカードを持っている人もいる。だがほとんどの人は、毎週、連帯の表明として、ただそこに集まるのだった。

デモのグループに搾りたてのオレンジジュースを売りに来るアラブ系の少年たち以外、現場にはパレスチナ人の姿は見えない。これはエルサレム内のデモだからこそだろう。ここでユダヤ系イスラエル人に起こり得る最悪のシナリオと言えば、暴行され、連行され、拘置所で一日過ごす程度のことだ。だが、パレスチナ人が捕らえられれば、彼はエルサレムに住むことを許されなくなり、それによって家族や職業、生活の糧を失う可能性が高い。

抗議は合法だ。それでも当初、デモ参加者たちは、警察に手荒く扱われた。警察が、超正統派ユダヤ教徒が次々に入居する住居への道を塞ぎ、デモをブロックした。何人かが棍棒で叩かれ、催眠ガスが撒かれ、高齢のデモ参加者が地面に叩きつけられて蹴られた。テレビのニュースで放送されたそのような場面は物議を醸し、警察は自制するように命じられた。

結局のところ、これはまだエルサレムなのだ。占領地域では自制など必要ない。エルサレムだからこそ、デモはまだ毎週続けられる。その間、さらに多くのアラブ人が家を追い出され、ユダヤ人の「入植者」が移ってくる。シェイク・ジャラでなくとも、シルバン、ラス・アル・アムド、アブ・トール、ジャベル・ムカベルなど様々な区域で、アラブ人は追い出されていく。抗議者は実際、このような状況を変えることができない。

しかし象徴的なジェスチャーは、ほとんどのイスラエル人が国内に住む少数民族の屈辱や虐待に何も感じなくなっている状況下で、非常に意味のあることだ。この抗議行動は、日常的な残虐行為によって粗暴化した国家にも、まだ道義が息づいていることを明らかにしている。ある意味シェイク・ジャラの連帯表明は、イスラエル愛国心の、最も高貴な表現なのだ。

エルサレム滞在中、私は毎週金曜日になると、アミラという旧友と抗議運動に参加した。ラマラの寿司レストランのパレスチナ人ウェイトレスと同名だが、私の友人はユダヤ人で、イスラエル人だ。パレスチナ人の住居追放や、傲慢なイスラエル人の移住者の態度といった、一連のイスラエル人の行動は彼女を怒らせ、その怒りは毎週の抗議運動だけでは抑えきれないレベルに達している。

彼女の忿怒《ふんど》は生活の中で常にそこにあり、くすぶり、しばしば自国への嫌悪というかたちで表現される。アラブ人が屈辱的扱いを受け続けているというのに、何事もないかのようにバーやレストランやカフェで楽しい時間を過ごすイスラエル人を見ると、彼女はうんざりする。これを神経症とか自己憎悪の一種と解釈する人もいるだろう。だが、私はそうは思わない。「ちょっと考えてもみてごらんよ」とアミラのイギリス人の夫が、ある金曜日の午後、私に言った。

「アミラは本当に愛国的なんだ。彼女はシオニスト（ユダヤ建国運動家）の理想主義の真っ只中で成長した。イスラエルが、より人道的で、新しい社会を築くための大きな実験だと教えられて、それを信じて育ったんだ。幻滅は高校の終わり頃に始まったようだ。アミラとかさらに年上の世代は、信じてきた理想が目の前で崩壊するのを目撃して怒っているのさ。自分たちの国が見たことのない姿に変わってしまったからだ。まるで、夢を奪われたみたいにね」

3

その日、シェイク・ジャラには雨が降っていたが、イスラエルの抗議者たちは相変わらず集まっていた。パレスチナ人の少年たちも、防水シートで作った即興テントの下でオレンジを絞っていた。シートに溜まった雨水が、定期的に洪水のように落ちてきた。そしていつものように、エズラ・ナウィの姿も見られた。彼はイスラエルの活動家の中でも、最も注目すべき人物だ。生まれながらの政治家然とした、活力溢れる愛想の良さが印象深い。

眉毛が濃く、よく日焼けしたブロンズの肌色をしたエズラは、実際は政治家ではなく、イラクのユダヤ人家庭に生まれた配管工だ。同性愛者である彼は、パレスチナ人の恋人を通して、イスラエルにおけるアラブ人の窮状を知ることになった。そして一九八〇年代に、アラブ・ユダヤ人権団体の活動家になった。

エズラの行動力は、政治的というよりは、明らかに現実的な事柄に根ざしている。パレスチナ人が困っていれば、助けに駆けつける。イスラエル軍によって住んでいる土地から追い出されたり、武装したイスラエルの入植者たちによって、攻撃されたりしている場所へすぐに赴く。エズラの主な活動拠点は、ベドウィン族が砂漠やスラムで生き残りをかけて生活をしている、南へブロンだ。彼らがその土地から出ていくことを拒否すれば、家畜が毒殺され、井戸はふさがれ、土地は破壊されるか、または単に没収されるという憂き目に遭う。イスラエル入植地は、アラブの羊飼いが伝統的な生活様式を続けることを阻まれた不毛の町を、威嚇し、包囲するように建設されている。

そこは無法地帯だ。黒い帽子をかぶり武装をした若い男性が、自分たちだけに通じるルールを作っている。「原住民」の抑圧により多くの武力を必要とする時、彼らはイスラエル軍を呼びつける。この無法地帯には、男性も女性も、アメリカ、ヨーロッパ、南アフリカ、ロシア、そしてイスラエルと、世界中の国々からやってくる。

ある土曜日、私はエズラとアイオワ州生まれのイスラエル人でインド学者のデイヴィッド・シュルマンを含む何人かの活動家とともに、南へブロンへ出発した。大規模なイスラエルの入植地からそれほど離れていない場所に、小さな茶色の畑があった。私たちはその端に立って、パレスチナ人の農夫が投げ釣りをするかのように、手首を叩きつける仕草で種を蒔《ま》く様子を見守った。別の男性は古いトラクターを操縦し、地面を均《なら》していた。畑の反対側には、イスラエル兵のグループが立っていた。銃を肩に担いでいた。

デイヴィッドが説明する。パレスチナ人の種蒔きを妨害する者がいないよう、我々がそこに立って監視する必要があるのだ、と。イスラエル兵は入植者の要請を受けて、活動家を追い払ったり逮捕したりすることも多々あるという。それは「合法」行為ではない。しかし前述のように、この古代の土地で通常の法律が通用することは、あまりないのだ。

今回、イスラエル兵たちは距離を保ち、種は無事蒔かれた。その間、エズラは我々より一足先に、もう一つのトラブルスポットに向かっていた。何代にもわたってパレスチナ人が所有していた土地の周りに、入植者たちがフェンスを巡らせ、やがて力ずくで奪取したのだった。それは一〇年前のことだった。没収の理由は様々だが、ここの場合、イスラエル軍が軍事訓練のために必要であると主張したという。もちろんそれは名目上の理由で、イスラエルの入植者がその土地に入るためだった。

デイヴィッドは、ネゲフ砂漠まで続く壮大な岩の風景を眺めながら、この荒れ地は人を狂わせ惹き寄せる何かがある、と語った。これはまさに、かつて聖書の時代、預言者や聖者たちが徘徊した土地だった。するとデイヴィッドの話を遮るように、騒々しい声が聞こえてきた。

誰かがドイツ語で何かを叫んでいる。新しく建てられたフェンスの向こう側に、黒いカウボーイハットとブラックジーンズを纏った、筋張った男が立っていた。その声は狂信的な怒りに満ちていた。男の名前は、ヨハナンだという。彼は中年のパレスチナ人男性に向かって、「黙れ！」とドイツ語で叫んでいた。

パレスチナ男性はアラビア語で、この土地は何代にもわたって自分の家族が所有していたと説明した。ヨハナンはその主張に対して、そんな証拠はないとがなり立てた。カトリックの元司祭の息子として生まれ、ユダヤ教に改宗した彼は、もったいぶってこの土地を「ユデア」とか「サマリア」とか呼ぶわりに、旧約聖書を引用して土地の所有権を主張するというようなことはしない。

どちらかというとヨハナンの主張は、戦前のドイツの自然崇拝者を彷彿とさせた。自分にはその土地との特別な関係があるし、そこで育った植物を深く理解している云々、熱心に語り出す。ドイツでは土地の所有者がきちんと世話をしていない土地は、それを耕す人の手に渡るのだとも主張した。そして自分こそが、その地を耕している、だから土地は自分の所有物だ、と言い張るのだった。

ヨハナンは、他のイスラエル人入植者からも嫌われる、奇妙な男だ。急造したキャラバンのような彼の家は、近くの丘に孤立して建っている。イスラエル人による暴力、報復、そして確執についてもよく知っている。南へブロンのような場所で繰り広げられるそれらのドラマが、聖書の時代を彷彿とさせるのは無理もない。土着の諍いが、宗教的あるいは人種的な憎しみから派生したと考えるのは、いかにも「それらしい」からだ。

だが実際には、ベドウィン族は狂信的でもなく、自分たちの財産に宗教的な主張を重ね合わせるタイプの人たちではない。その一方で、ユダヤ系イスラエル人入植者のすべてが、宗教的な熱意によって突き動かされているわけでもない。これらの乾いたフロンティアには、旧世界ではなく新世界の物語が展開しているのだ。登場人物は「入植者と原住民」「カウボーイとインディアン」「偏見だらけのガンマンと無法者」などなどだ。それはアメリカ西部の開拓物語を想起させる。

4

私の滞在中、イスラエルの新聞はセックススキャンダルで持ちきりだった。特に二つのケースが注目を集めていた。一つはイスラエルの元大統領モシェ・カツァブによる強姦、セクハラ、その他わいせつ行為に関する報道。もう一つは、ウリ・バーレフ警察長官がソーシャルワーカー「O」とされる女性に「力を行使し、親密な関係を持つことを試みた」という告発だ。

バーレフ長官の悽絶な好色譚《たん》における登場人物は、「O」の他に「M」という美容師がいる。「O」も「M」も、イタリアのベルルスコーニの取り巻きや愛人のようないわゆる玄人ではなく、一般人だ。長官は会合で「O」に出会った。「O」は「M」とすでに旧知の仲だった。告発によると、三人でのセックスプレイを要求したバーレフに「M」を紹介したのは、また別の三人目の女性「S」だという。カツァブ元大統領も、彼を告発した人々をよく知っていた。そのうちの一人には、愛しているとまで言ったという。告発者の一人は観光相時代、カツァブのオフィスに勤務していた女性で、その他の二人は大統領官邸勤務だった。

驚くべきことに、アヴィゲイル・ムーア博士の最近の学術調査によると、イスラエル男性の一〇人中六人、また女性の一〇人中四人が「知り合いから強制されたセックス」を強姦と見做さない、と認識していることが明らかになった。バーレフ長官のケースは、どうやらオフィス内の政治と関係があるようだ。彼は次期警視総監の候補だった。だが、誰もがその就任を願っていたわけではなかった。カツァブの告発は、より容赦ない種類のオフィス内政治に端を発しているようだ。

この件に関してイスラエルの新聞では、厳しく糾弾しながらもしとめた獲物を見せびらかすようなトーンの報道が目立ち、まるでイギリスのタブロイド紙のようだった。ハアレツ紙のコラムニストは、一連のメディアの態度はまさに「ポルノと独善の、よくある組み合わせ」だと形容した。

しかし公的スキャンダルは、セックス関連の話題だけに留まらなかった。「イスラエルの娘を救う」ことを掲げた組織に所属する、三〇名のラビ（ユダヤ教指導者）の妻からの公開書簡もニュースになった。それはユダヤ人女性に対して、「アラブ人男性と付き合わないように」と警告する内容だった。「彼らはあなた方と親しくなろうとしている」「あなたに好意を持ってもらおうと努力し、これ以上はないというほどの注意を払う」。そして、「あなたは罠に引っかかってしまう」。

シュメル・エリアフという名のラビは、彼の地元サフェドに住む人々に、アラブ人にアパートを賃貸したり、売却したりするようなことがないように指示したことで悪名高い。エリアフもまた、この「妻たち」の書簡と同様の見解を表明した。エリアフは、アラブ人に丁寧に接することはまったく構わないのだと言う。だが、「自分たちの娘にアラブ人が挨拶することは望まない」のだ。

エリアフは、イスラエルのリベラルなマスコミの嫌われ者ではある。国全体で見ても、彼の意見が幅広い支持を得ているとは言えない。しかし、彼の言説を完全に異端児的として見ることは、間違いだろう。イスラエル人とパレスチナ人が共同で行った調査によると、イスラエルのユダヤ人の四四%が、サフェドのアラブ人居住者への賃貸禁止の呼びかけを支持しているという。これが住宅賃貸でなく、ユダヤ人とアラブ人の性行為禁止を許容するかどうかの質問だったら、その数字はどうなるのか。推測だが、おそらくかなり高い比率で、禁止が支持されるだろう。

5

アルクーツ大学は、エルサレム旧市街から一マイルほど離れたところにある。そこでは一万人を超える学部生と大学院生が学んでいる。エルサレム地区にある、唯一のアラブ系の大学だ。旧市街から徒歩で二〇分圏内にもかかわらず、その最短距離を行くことは許されない。ここでもパレスチナ人からイスラエル人を隔てる壁が、大学を街から切り離しているからだ。

二〇〇三年に発表された当初のイスラエル政府による壁建設計画では、二つの競技場、駐車場、庭園などを破壊して、キャンパス内を突切る壁が建てられるはずだった。だがこの計画には、さすがに米政府の支援を受けた教職員や学生から抗議の声があがり破壊は防がれた。

しかし、それでも大学は強い孤立感を否めない。エルサレムからそこに行くには、壁を通過するいくつかのチェックポイントを通過しなければならない。歩いて二〇分の場所が、車で四〇分ほどかかる状況だ。それも適切な許可証を持っていて、チェックポイントを管理するイスラエル兵が通過を許してくれれば、の話だ。イスラエル人は、そもそも最初からそこに行くことを許されない。

パレスチナの偉大なリベラル思想家の一人であるサリー・ヌセイベが学長を務めるアルクーツ大学は、活発な組織のように見受けられる。頭を覆ったイスラム教徒の女学生が、世俗的な学生やキリスト教徒の学生と、普通に交流している。ユダヤ人の教授も、教員スタッフに名を連ねている。教鞭を執るパレスチナ人のほとんどは、欧米の大学の学位取得者だ。

エルサレム滞在の最終日、私はアルクーツを訪問した。その理由は、パレスチナのキャンパスがどんなものなのか見てみたいという好奇心を別にして、大学が、私がアメリカで教えているバード大学と提携関係を持っているからだった。

都市開発研究のクラスに招待された。学生たちは、ラマラのすぐ北に建設される、「ラワビ」という新パレスチナ都市の計画についてレポートを発表していた。イスラエル政府はラワビまでのアクセス道路の建設を許可していないにもかかわらず、建設作業はすでに開始されている。アクセスを確保できなければ、ラワビはテルアビブを見渡す岩山の山頂で隔離されることになる。

頭にスカーフを纏った若い女子学生の一人が、ラワビの将来像を説明した。それはオフィスビル、アメリカ風の郊外の家、そして電気、水道、インターネット、グリーンエネルギーの供給源など、現在のパレスチナに欠如している快適さのすべてを装備する近代都市だ。映画館、病院、カフェ、会議場、地下駐車場、大きな公園もある。要するに、ラワビはサラーム・ファイヤード首相の夢であり、スマートで新しいパレスチナだ。この場合、資金は主にカタール政府から調達した。またイスラエルのネタニヤフ首相も、イスラエルの譲歩を必要としないこの種の「正常化」に反対ではないと言われている。

だがそれは、パレスチナ人の疑念を呼び起こすのに十分だ。「ラワビのようなプロジェクトは、イスラエル政府との惨めな合作なのではないだろうか」。「このプロジェクトに賛同することで、パレスチナの窮状という現状を、黙認することになるのではないか」。アルクーツ大学の学生たちも、このような複雑な疑問に明確な答えを出すことができなかった。近代的なパレスチナの都市計画に興奮すると同時に、大きく相反する感情を振り払うことができないようだった。

ネタニヤフの他にも問題がある。ファイヤード首相はパレスチナ人の間で人気がない。だからといって、ハマースがヨルダン川西岸で歓迎されているわけではない。だが、ファイヤード首相がイスラエル軍と協力して、パレスチナ人同胞抑圧に協力しているというアルジャジーラのオンライン報道があったため、さらに首相の不人気に拍車がかかった。

アルジャジーラによって明らかにされたもう一つの事実は、パレスチナ自治政府が東エルサレムの一部をイスラエルに譲渡するつもりである、というものだった。政治的基盤の弱さを自覚したファイヤード首相は、エジプトで群衆による革命が勃発した直後に内閣を解散し、九月に選挙を行うことを公約した。

アルクーツ大学の学生は、それら一連の政治問題に執着するそぶりを見せなかった。だが、そんな彼らでも、ラワビの建設にイスラエル企業が関わっている点を指摘した。さらにパレスチナ人の観点から憂慮すべきは、開発業者のバシャール・マスリが、ユダヤ民族基金から、三〇〇〇本の樹木の苗木を「緑の寄付」として受け取ったところにあった。あるブロガーは、それらの苗木を「卑劣なシオニストの木」として非難した。

状況はさらに錯綜している。ラワビ建設のプロジェクトに疑念を持つのはパレスチナ人だけでなく、イスラエル人入植者とて同じなのだ。彼らは反対デモを行い、建設の妨害を試みる。ラワビは「安全保障上の脅威」だと主張するのだ。ラワビはパレスチナ国家建設の第一歩であり、それは公害、交通渋滞などを引き起こすとも強調する。入植者がまったく納得できないのは、ラワビが位置的に、自分たちの頭上にそびえ立つことになる点だ。ラワビ以前には、国際法に違反するイスラエルの入植地が、常にパレスチナ人を見下ろしてきた。

学生たちは、白熱した議論を交わしていた。男性よりも、女性による力強い発言が目立った。だが結局のところ、絶対的に正しい答えや問題の解決法には辿り着けない。そのことをはっきりと認識しつつ、それでも諦めずに議論を続けるパレスチナ人学生たちの様子に、私は、「絶対」を主張する人々によって引き裂かれていく人々の憂鬱の中にも一縷《いちる》の望みを見た気がした。

APRIL 7, 2011, *The New York Review of Books*

日本の悲劇

A Japanese Tragedy

1

一六八九年、東北を旅する松尾芭蕉は、松島の美しさに圧倒され、有名な句を詠んだとされる（実際には芭蕉は松島で句を残していない）。

松島や　ああ松島や　松島や

一七世紀より「日本三景」の一つとして知られる松島は、見事な松が生える、二五〇以上の小さな島々だ。太平洋の湾に、瀟洒《しょうしゃ》な小さな岩の庭園が浮かんでいるように見える。この諸島は、二〇一一年三月一一日に、東北沖を襲った恐ろしい津波の障壁として機能した。そのため、景勝地はほとんどダメージを受けなかった。しかし、そこから海岸を両方向にわずか数マイル行った先では、ほとんどの住民が、町や村ごと海にさらわれ、流された。まだ二八〇〇人が行方不明だ。

この夏、私は松島へ足を延ばすことにした。というのも、一九七五年に一度訪ねたことがあったものの、いまだにその「景観」を拝んだことがなかったからだ。その折も、港から船で湾へ出た。周りはすべて日本人の観光客だった。我々がゆっくりと湾へ繰り出すと、チャーミングなガイドが、お決まりの解説を始めた。島々の独特な形、名称、歴史などについてだ。

だが問題は、どんなに一生懸命、示される方角に首を伸ばしても、何も見えないことだった。船は、濃霧の真っ只中にいたのだ。それでもガイドは、本来ならば見えるはずの美しい景色の解説を止めず、我々も、その度に乳白色の空白を覗き込む動作を止めないのだった。それは、いかにも困惑する経験だった。当時の私の日本との距離は、まだ近いとは言えなかった。このジェスチャーゲームをどうやって解釈すれば良いのか、わからなかった。

なぜ我々は見えないものを見ている「ふり」をするのだろう。ガイドはいったい何を考えているのだろう。これこそが、ガイドブックが説明するところの、典型的日本文化の二分法である「本音」と「建前」、「公」と「私」なのか。またはそれは、一度スタートしてしまったら、引き返すことが難しい、組織的な融通の効かなさなのか。はたまた観光客が、律儀に仕事をこなすガイドに対し敬意を表し、見えている「ふり」をしているのか。

本当のところ、私は正しい答えをいまだに知らない。しかし、最初の松島訪問以降も、日本人が「公の秩序」を守るため、あるいは「面子」を保つため、明らかに間違っている意見にも従順に従う様子を目にしてきた。日本には「裸の王様」に苦言を呈する人は滅多にいない。

三・一一の地震、津波、原子力発電所災害によって復活した現象の一つに「抗議の文化」が挙げられる。それは一九六〇年代の反ベトナム戦争運動や公害抗議のデモ以来、日本で瀕死の状態に陥っていた文化だった。ジョン・ダワーは、そのエッセイ集『忘却のしかた、記憶のしかた（*Ways of Forgetting, Ways of Remembering*）』の中で、一九六〇年代の抗議運動の性質を「折衷主義的で、民衆的で、人道的であると同時にラディカルで、非暴力的」[57]と評した。近年の日本で、それはあまり見られなかった。

しかし、福島第一原発の炉心溶融以来、毎週金曜日、野田佳彦首相のいる官邸の前には何千人もの抗議者が集まり、原子力発電の停止を要求している。東京の真ん中にある代々木公園では、さらに大勢の最大二〇万人もの人々が集い、「さようなら原発一千万人アクション」と銘打った抗議運動を繰り広げている。二〇一二年時点で八〇〇万人が署名した。

この運動には少なくとも表面上の効果があった。まず政府は二〇四〇年までに、原子力発電が段階的に廃止されることを発表した。それ以降、この公約は軟化され、「廃止の計画が

57　ジョン・W・ダワー、外岡秀俊訳『忘却のしかた、記憶のしかた――日本・アメリカ・戦争』岩波書店、二〇一三年、二四七頁

検討される」との言い回しに変わってきている。

デモは二〇一一年、アメリカのウォール街であったものに似ていなくもない。情熱的で、平和的で、お祭りのような雰囲気の中で、それが行われている。一九六〇年代の闘争者たちが、そこここにいて、少々ノスタルジックな光景でもある。この運動のリーダー格の一人は、七七歳のノーベル賞受賞作家、大江健三郎だ。

大江が三・一一を、石油化学産業や鉱業が公害を出していた一九六〇年代に擬えて語ることはない。むしろ一九四五年、日本人が初めて原爆の犠牲になった経験と現代の状況を照らし合わせている。大江は、日本の近代史とその核災害を、広島と長崎のプリズムを通して、見ているのだ。そのため原子力発電所の建設をもってして人間の命を軽んじるという間違いを繰り返すことは、広島の犠牲者の記憶を裏切ることになる、と訴える。

原発災害で、大江とは異なる「あの戦争」の残響を耳にした日本人もいた。たとえば九四歳の作家、伊藤桂一は、自己犠牲の精神のもとに、しばしばかなりのリスクを承知で原発被害を抑えようとした消防士、自衛隊員、原子力発電所の作業員を讃えた。伊藤が思い出したのは、戦争中に自己犠牲を徹底して行った兵士や民間人だったのだ。

伊藤の称賛は、たとえば日本軍の宣国主義を間近で目にした多くの中国人には、容易に分かつことのできない感情だろう。だがこのような見方が、日本では依然として一定の共感を得ている。短いが非常に役立つデイヴィッド・マクニールとルーシー・バーミンガムの共著『雨ニモマケズ（*Strong in the Rain*）』[58]は、日本のテレビで度々コメンテーターが福島の英雄を神風特攻隊のパイロットと比較して語っていたと報告している。

神風特攻隊の犠牲によって美化される軍国主義を思い出して、大江の目が感激の涙に濡れるのを私はどうにも想像できない。だが、彼の広島への執着には、ある意味、伊藤の感情と共通するものがある。ジョン・ダワーが指摘するところの、日本人の被害者意識だ。それが何を意味するのかと言うと、日本が戦時中、他国に課した苦しみは二の次で、日本人自身の苦しみや犠牲にばかり目がいく傾向だ。

ダワーによれば、ほとんどの日本人が、戦争を広島と関連づけることはしても、南京大虐殺、バターン死の行進、または残忍なマニラ大虐殺を連想することはないという。それは概ね正しい見方だろう。しかし、大江をはじめとする反原発デモの参加者たちの気持ちを「被害者意識」にまで引き下げることは、不当にも思える。国民的自己憐憫が、反対運動の核にあるわけではないだろう。

彼らが訴えようとするのは、広島と福島の両方があくまでも人為的な災害だったことにあるのでないか。そして彼らの怒りは、政府の長年にわたる欺瞞の歴史や、一貫して特に原子力の安全性について嘘をつかれてきたことによって広がっている。それまでの公式見解が明らかに虚偽だったことが判明し、自分たちがそれに、ただただ従わされてきたことに対し、

---

58 ルーシー・バーミンガム、デイヴィッド・マクニール、PARC自主読書会翻訳グループ訳『雨ニモマケズ――外国人記者が伝えた東日本大震災』えにし書房、二〇一六年

怒っているのだ。

もちろんプロパガンダのための事実の改竄《かいざん》は、日本だけで行われていることではない。日本への原爆投下後の悲惨な被害の詳細は、占領下の日本で、故意に進駐軍の検閲によって公にされなかった。まさにそれは米軍が、「言論の自由」の尊さを、敗戦国に伝授しようとしている時に行われたことだった。死傷者数の統計は伏せられ、日本のカメラマンが広島と長崎で撮影した原爆投下後のフィルムは没収された。

ジョン・ハーシーが『ニューヨーカー』誌で発表したエッセイ「ヒロシマ」は、アメリカで大きな反響を呼んだ。しかし、日本では発禁処分にあった。ダワーはこう述べる。

「地元においては、大惨事による未曾有の被害や、政府による大規模な救援がなかったというばかりでなく、その精神的外傷をもたらす体験をともにわかちあうことを許されなかったという事実によって、苦痛はいっそう、ひどいものになった」[59]

しかしダワーは、戦争による破壊が日本にもたらした、もう一つの遺産も指摘する。科学に対する、宗教的とも言える信念だ。それは科学力によって日本が復興できるという希望、また戦争が終わる直前には、日本が最後の反撃に出られるのではないか、という希望さえ生んだ。敗戦直前には、日本が独自の壊滅的威力を持つ爆弾を開発できるのでは、という誤った憶測もあったのだ。

広島の生存者によって書かれた最も有名な文章の一つに、進駐軍の占領終了後、一九五〇年代にやっと出版された蜂谷道彦博士による『ヒロシマ日記』がある。蜂谷は原爆投下の数日後の病院の情景を描写する。筆舌尽くせぬ状態の患者が、理解し難い病気で死んでいく。そんな中、日本が広島を襲ったのと同じ種類の爆弾で、カリフォルニアを攻撃したという噂が広まる。病棟に歓声があがる。

戦後、日本における原子力賛美の風潮にストップをかけたのは一九五四年、ビキニ環礁でアメリカが行った水爆実験だった。何とも皮肉なことに、この太平洋での爆発の犠牲者は日本の漁師たちだった。この事件は、核がもたらすかもしれない、この世の終わりへの日本人の広範な不安を掻き立てた。『ゴジラ』も、この事件を受けて作られたものだ。またこれを機に反核運動が始まった。ダワーが指摘するように、原水爆禁止日本協議会は、初期の段階では日本の左翼だけでなく、保守政党によっても支持されたのだった。

しかし、同じく一九五〇年代は、日本の一部のタカ派政治家が原子力発電を推進し始めた時期でもあった。大江は特に、国粋主義者で後に総理大臣となった中曽根康弘や、保守系新聞社のオーナー、正力松太郎を批判する。正力は戦後の日本のプロ野球隆盛の立役者であり、「原子力の父」としても知られている。

彼は人好きのするタイプの人間ではなかった。戦後はA級戦犯指名を受け逮捕され、遡って警視庁勤務をしていた一九二〇年代には、関東大震災直後に起こった朝鮮人虐殺事件での責任を問われたこともあった。冷戦が始まると非常にアメリカ寄りになり、ＣＩＡとの関係

59　『忘却のしかた、記憶のしかた――日本・アメリカ・戦争』一六五頁

もあったと考えられている。そして、アメリカから原子力技術を日本に輸入したのも正力である。

最初の原子炉は米GE社製で、一九六〇年代に建設された。二〇一一年の震災の時点で、日本の電力の約三割が原子力発電によって賄われていた。これは原子力発電供給率が七〇パーセントに近いフランスに比べて、大したことがない数字のようにも思える。だが、大江や他の左派的考えの人々にとって、原子力政策への抗議は環境問題以上の意味を持っている。正力や中曽根のような人物の政治的出自やアメリカとの関係を考えれば、ダワーが指摘するように、「反帝国主義批評」が、平和運動や民主主義運動の言説の原動力になっていることがよくわかる。大江によれば、現代の日本の構造は一九五〇年代半ばに作られて以来、ずっと続いてきたものだ。そしてそれが、二〇一一年三月の福島の大きな悲劇に繋がったのだ。

大江の指摘は、多くの真実を含んでいる。しかし、日本の原子力発電所が特に数ヶ所で致命的な活断層の近くに建設されたことが、何人かの怪しい過去を持つ右翼の共謀者だけの責任だとは言い切れない。原発建設当時、激しい抗議が行われたにもかかわらず、ほとんどの日本人は、原子力を支持する方向に変わっていった。その理由は部分的にはおそらく、科学に対する信念があったからだろう。

それでも、日本の構造そのものに問題があることに疑いはない。中央官僚、国や地方の政治家そして大企業と癒着して、居心地の良い関係を築いた東京電力は、日本の広域で原子力供給の専売権を手に入れた。それは、災害が発生した東北地方も含んでいた。このことは、原子力に関する「真実」の専売をも許した。原子力発電は「良いもの」で、原子炉は「安全」で、何も「心配ない」といった類の「真実」だ。

それは一九七〇年代と八〇年代に何度か、そして二〇〇七年の地震後にも起こったように、パイプが放射能漏れを起こしたり、安全規制が無視されたり、火災が発生したりしても、公に提示され続けた「真実」だった。

何も東京電力の独占が、強引に行われていたということではない。もっと微妙な力学が作用していたのだ。地域社会の黙認は、企業の恩恵によってもたらされた学校、スポーツ施設などを通して買われた。トップクラスの大学の研究費の多くは、東京電力の助成で賄われた。膨大な広告費が全国のメディアに費やされた。ジャーナリストや学者はコンサルタントとして雇われ、おそらく報酬も受け取っていた。しかしそのような悪徳だけが、日本のエスタブリッシュメントの核政策支援を作り上げたわけではない。さらに重要な問題が、そこにある。

一番の問題は、メディアの習性だろう。主流の大手新聞社は、他社との政治的な信条の違いにもかかわらず、一種の国家的同意をニュースとして繰り返し報道する。それは、政府や企業の利益同盟によって確立されたコンセンサスに基づいている。これは新聞だけでなく、公共放送のＮＨＫにも当てはまる。ＮＨＫはしばしばＢＢＣと比較されるが、それは誤った見方で、ＮＨＫにはＢＢＣのニュース報道にある血気盛んな独立性が、まるでない。

全国紙の専門畑に振り分けられた記者たちが、特定の政治家や政府機関に独占的にアクセスできるのが、いわゆる「記者クラブ」システムだ。このシステムは、ある暗黙の了解の上に成り立っている。それは強力な情報源が、スクープ、無許可の報道、特別調査などによって不都合な立場に追いやられないように記者は配慮する、という了解だ。より社会的制約の少ない民主主義でも、そのような例は存在する（九・一一同時多発テロ直後の、アメリカにおける画一的な報道を思い出してみればよい）。

だが日本では、そんな相互依存が組織化されている。つまり大手の報道機関は、実際にニュースを手に入れるために競い合うのではない。その代わり、公式版のニュースをそのまま忠実に伝えるのだ。このようなシステムが成り立つ理由の一つには、伝統が考えられる。中国や朝鮮半島もしかり、日本では、学者、官僚、作家、教師などのインテリ層は、権力の批判者ではなく、しばしばその奉仕者として機能してきた歴史がある。

もちろん日本のメディアのすべてが主流派ではない。そして日本にも異端者、反論者、告発者がいることはいる。中国とは違い、そのような人々が、政治犯として強制収容所の暗闇に飲み込まれていくことはない。だが、彼らは他の方法で疎外される。マクニールとバーミンガムはその著書で、疎外の様々な仕組みを例を挙げて述べている。

震災直後、日本中が福島第一原発の行方を見守っている最中、ＮＨＫは連日の放送に原子力発電に批判的な発言をするコメンテーターの出演を徹底して避けた。民放のフジテレビでさえ、ある専門家が炉心溶融の危険性があることについてきわめて正確に発言したところ、その人物を呼ばなくなった。

藤田祐幸というこの専門家は、「公式見解を否定する」という、お上社会における基本的な罪を犯したのだった。その公式見解とは、事実はさておき国民は「すべてがうまくいく」と安心させられるべきである、というものだった。

だが、すでに二〇一一年の震災以前から、原子力の公式コンセンサスに批判的な学者は降格させられたり、そうでなければキャリアを阻まれたりと、長い間厳しい状況に置かれてきていた。また二〇〇二年から二〇〇六年の間、福島原発では社員を含む数名の人々によって、深刻な安全リスクやデータ改ざんが報告されていた。

マクニールとバーミンガムの解説によると、これらの告発者たちは「解雇される恐れがあるため、東京電力と主要規制機関である原子力安全・保安院を避けて、経済産業省などに内部告発した。情報は無視された」という。報告を受けた佐藤栄佐久元福島県知事は、情報提供者たちがあたかも「国家の敵」のように扱われたと述べている。

このようなこともまた、他の国で起こり得ないと言っているのではない。ただ誰もが自分の立場を知っているべきだとされる、狭量な、秩序ありきの社会では、それが起こりやすいということだ。身動きが取れない分、従順であることの見返りとして、快適さや特典もある。よって、ますます「公式の真実」という表構えを打ち破ることが、難しくなるのだ。

3

ジョン・ダワーはその研究の中で、日本の戦時プロパガンダの巧妙さを強調する。もっともなことだ。人気漫画家から着物デザイナー、最高の映画制作者から最も尊敬される大学教授まで、誰もが国家総力戦に動員された。ハリウッドで対日プロパガンダ映画を手掛けたフランク・キャプラは、リサーチの段階で一九三〇年代の日中戦争中に作られた日本映画を観たが、その時にこう言った。

「こんな映画には、勝てないよ。……我々が一〇年に一度作れるかどうかといった代物だ」

日本の戦争の背後にあった「公式の真実」は、ナチスドイツのように、あからさまな人種差別とか、ファシスト的な暴力に対する愛着に根ざしていたわけではなかった。それは、日本が戦うのは「西洋帝国主義と資本主義からのアジアの解放」のため、という大義だった。日本は正義と平等の念に基づく新しいタイプの、現代的なアジアのリーダーを自認していた。左翼の知識人でさえも、そのような崇高な理念ならば、容易に受け入れることができた。

しかし当時でも、反体制派は存在していた。その多くは、戦争を刑務所内で過ごした共産主義者だった。そして評判の確立している作家の中には「内なる移行」と称し、精神世界に引きこもる者もいた。それでも全体的に見れば、作家、ジャーナリスト、学者、芸術家は、公の力に従順だった。それは時には強制された結果だった。特高警察は常に国内の批判を封じ込める準備ができていた。しかし戦時中の日本の抑圧が、ドイツほど強かったり、暴力的だったりということはなかった。その必要がなかったからだ。

ドイツとは異なり、他国への「亡命」という手段は、ほとんどの日本人にとって現実的な選択肢ではなかった。海を越え、外国に逃げて新しい生活を始めるほどの伝手や語学力を持つ人はほぼいなかったのだ。村八分の脅威、または社会の周辺に追いやられることへの不安は、大部分の日本人を国家の言いなりにさせた。

記者クラブ、専門委員会、国家主導の芸術や学術機関、相互に助け合う官僚、軍人、実業家、政治家などが織りなす複雑なネットワークは、社会的制約の溢れる入り組んだ蜘蛛の巣を作り上げた。その網状の巣は、それなりの柔軟性や恩恵も提供したため、たとえ戦争に懐疑的ではあっても、結局はその上で生きていくことになる場合がほとんどだったのだ。

典型的な例は、戦時中、毎日新聞で論説委員を務めた森正蔵だ（毎日新聞社は現在も三大新聞の一つで、他の二紙は、リベラルの朝日新聞と保守派の読売新聞だ）。森は反体制派ではなく、日本の敗戦に打ちのめされた愛国者だった。戦争中は、「公式の真実」に従順だった。「日本はアジアを解放する」「軍事の敗北は実際は勝利だ」といった具合に、自分を納得させていた。その森が戦争直後につけていた日記がある。その中で特に注目すべきくだりは、それまで抑えられていた自立的思考が、突然、火花が散るように姿を現す様子だ。

森は進駐軍が課した言論検閲の偽善について、戦争中、軍国主義者や官僚の束縛に苦しめられた彼のような新聞屋が、これからは米軍の下に、再び苦労させられるだろうと予想している。しかし問題はマッカーサー元帥の「民間情報教育局」(これは、その実態からすると、かなりの誤称だった)によって課せられた規制止まりではなかった。

森は一九四五年秋、毎日新聞の上級編集委員たちが、「記者クラブ」システムについて検討する会議の様子を記している。今まで通り大手新聞が、カルテル合意をしたように、似通ったニュースを居心地良く報道し続けるのか。またはニュースや思想も自由市場で試され、新聞も他社と競い合うのが良いのか。森は後者の選択肢を好んだ。だが、それは少数派で、結局古いシステムが続くことになった。

その延長線上に、二〇一一年春の日本のメディアのあり方があった。三・一一は一九二三年の関東大震災以来、日本を襲った最悪の自然災害であり、また大江健三郎のように別の見方をすれば、広島と長崎を襲った以来の最悪の人災だった。だが報道陣は、政府関係者や東京電力が発表した「公式の真実」を、横並びに、おうむ返しに発表報道するだけだった。

つまりそれは、福島第一原子力発電所には「メルトダウンの危険がない」という「公式の真実」だった。それだけでなく大手新聞や放送局の記者たちは、三月一二日、原発で最初の水蒸気爆発が起きると、危険地帯から統制された軍隊のように一斉退去した。公式の理由は、会社が記者たちを危険に晒すことを拒んだからということだった。

マクニールは記者としてそこに留まったのだが、この「撤退」について、他の説明を提供する日本人を紹介している。神戸女学院大学の内田樹名誉教授は朝日新聞上で、報道陣一挙撤退について分析した。主要な新聞は、いずれも他社との熾烈なスクープ合戦を戦う気概などなく、自分たちで危険地帯を取材しようとしなかった。この姿勢は、日本の悲惨な軍事作戦について、一貫して都合のよいニュースだけを公にした戦時の大本営発表を一部の読者に思い出させるだろう、と内田は語った。

福島の英雄の一人に、第一原発から一五マイル離れた南相馬市の市長、桜井勝延がいる。情報や食糧、医療品が不足する状況で、市長は自分の町が「捨て去られた」と感じたという。そんな絶望感が、以前の危機では不可能だった手段で支援を求める方向に市長を駆り立てた。三月二四日、桜井は「政府と東京電力から十分な情報が開示されていない」という不安を英語の字幕付きでYouTubeにアップロードし、ジャーナリストやボランティアに自分の町にも来てほしい、人々は飢えている、と訴えたのだ。

ビデオは瞬く間に拡散し、桜井は国際的な有名人になった。援助が世界中から届いた。外国人やフリーランスの日本人記者たちもやってきた。後に市長は、「海外のメディアやフリーのジャーナリストたちが、報道するために一斉にやってきた。その時、あなたたちはどこにいたのですか」と、日本の記者たちに不満を漏らしたという。

マクニールとバーミンガムは、日本ビデオニュース株式会社を設立した神保哲生という日本のフリーランスジャーナリストに言及している。神保の撮影した被災地の映像はYouTubeで、ほぼ一〇〇万人の人々が視聴した。一方、ＮＨＫはいまだ大規模な放射能災害は「起こらないだろう」という公式見解を東京大学の原子力の専門家、関村直人教授のコメントとともに流していた。原子炉の一つで水素爆発が深刻な放射能漏れを起こす直前まで、それが続いた。

関村教授はまた、日本政府の総合資源エネルギー調査会のコンサルタントでもあった。その後、あまりにも遅すぎる感があったが、神保の被災地映像の一部は、NHKや他の民放局も買うことになった。神保はマクニールとバーミンガムにこう語っている。

「フリーのジャーナリストが、大企業を倒すことは難しくない。なぜなら、彼らの限界がどこにあるのか、すぐに察知できるからだ。……私はジャーナリストとして、現地で何が起きているのかを知る必要があった。ジャーナリストの端くれだったら、そうしたいと思うのが普通だろう」

中国やイランに引けを取らないくらい、インターネットは、日本の反体制勢力のための重要なプラットホームになっている。また日本には批判的な視点を提供する、より古いメディアがもう一つある。それは混沌とした週刊誌の世界だ。雑誌の中には真面目な話題を扱うものもあれば、センセーショナルなエンターテイメント性を追求するものもある。

もともと週刊誌は第二次世界大戦後、大手メディアに替わるものとして認められるようになった。だが、実際のところ週刊誌のいくつかは大手新聞社から発行されている。週刊誌は「言葉を濁す」ことがない。『週刊新潮』は、東京電力の役員を「戦争犯罪人」と呼んだ。

しかし雑誌でさえ、すぐに独立報道の壁に突き当たる。朝日新聞が発行する週刊誌『AERA』は、二〇一一年三月一九日号で「東京に放射能がくる」という見出しのもとに、防塵マスクをつけた原発作業員と見られる人物を表紙にした。マクニールとバーミンガムが指摘するように、記事は真実から遠くない内容であったのにもかかわらず、この時は雑誌が「行きすぎた」と見なされた。謝罪文が発表され、コラムニストが一名解雇された。

このように、日本の「公式の真実」には現実とのギャップがある。三・一一の震災の意図しない結果の一つに、このギャップの拡大があった。「公式の真実」を鵜呑みにする人は、少なくなっていく。お雇い専門家の話す言葉に向けられる猜疑心はますます高まり、冷笑と共に受け止められるのだ。

これを問題視する向きもある。三月には有力な総合誌『文藝春秋』が、震災一周年号を発行した。一〇〇人の著名な作家が、三・一一についてコメントするように求められた。そのうちの一人は六〇歳の、クールでいささか不良っぽいイメージの小説家、村上龍だ。彼は震災が政府やエネルギー業界に対する人々の不信を生んだと嘆いた。日本人の信頼を取り戻すには何年もかかるだろう、とも述べた。

戦後日本の最も優れた小説家の一人、野坂昭如は一九三〇年生まれで、第二次世界大戦の空襲を生き残った。「頑張ろう日本」や「一つになろう」といった公式のスローガンに懐疑的だ。野坂は語る。

「言葉がないよりマシかもしれない。だが、スローガンをもとに、それぞれがそれぞれの言葉を持ち集めるべきところ、単純な言葉で完結してしまう。上滑りする言葉に絡め取られ、編集された被災地の映像を拾い眺め、わかった気になって、やがて安易な感情論に走る。これだけメディアが発達した世の中で、本当の姿は見えてこない。そんな状態のまま、復興とやらを進める。見えないものは闇に置き去りにされるのだ」

野坂は若い世代に助言する。

「立ち止って考える力を持ってもらいたい。調子のいい言葉に巻き込まれちゃいけない。あらゆるものをまず否定して、生き延びてほしい[60]」

さて松島だが、二度目の挑戦で私はやっと、その景観を目にすることができた。空は澄んでいた。素晴らしい景色を眺めながら、ガイドの言葉に耳を傾けた。だが周りの観光客は、彼女が言うことにさほど注意を払っていない。はてまあ、日本人も変わったものだと思ったのだが……。その後すぐに、彼らが日本語を解さない中国人観光客だとわかり、合点がいった。

NOVEMBER 8, 2012, 'Expect to Be Lied to in Japan,' *The New York Review of Books*

60　野坂昭如「あらゆるものを否定せよ」『文藝春秋』二〇一二年三月臨時増刊号

ヨーロッパの首都で

In the Capital of Europe

1

ブリュッセルという街はしばしば悪く書かれてきた。すでに一八六〇年代、フランスの検閲から逃れようとベルギーの首都にやってきたボードレールは、この街のことをこう扱き下ろしている。「ゴーストタウン、ミイラの街。ここには死や、中世、墓の匂いが漂っている」

現在のブリュッセルは多くのヨーロッパの一般市民にとって、いわゆるEU（欧州連合）官僚の鼻持ちならないエリート主義を象徴する街と化している。ドナルド・トランプはブリュッセルを「地獄の穴」と呼んだ。モーレンベークのことをイメージしていたのかもしれない。

主に北アフリカからの移民が密集するこの地区は、ヨーロッパのイスラム戦士の温床として象徴的な場所だ。二〇一五年一一月のパリ同時多発テロ事件は、明らかにモーレンベークで計画されたものだった。またかなりの数（およそ一〇〇名）の男女が、モーレンベークからISISに参加するためシリアやイラクへと旅立っている。

しかし、ブリュッセルの悪評には不当で大げさなものも数多い。ブリュッセルは危険な街ではない。失業率三〇パーセントで汚らしく、愁いを帯び、社会から遮断されている印象のあるモーレンベークでさえ、特に治安が悪いというわけではない。非イスラム教徒のヒップでお洒落な人々も、あえてそこに住んでいる。

そしてブリュッセルには素晴らしく美しい場所もある。アール・ヌーヴォーやアール・デコ様式の建築物は見逃せない。また街の中心部にあるグラン＝プラスには、一六、七世紀に建てられた金細工を施した壮観な建物が連なっている。

とはいうものの、確かにブリュッセルはかなり混沌とした街ではある。一九の異なる行政地区は個別の自治体の管轄下にあり、それがカオスを招いている。自治体間では公的資金を勝ち取るための競争が常にある。バラバラな警察は、それぞれの地区であらゆる失敗を繰り返す。またそれぞれの自治体は、主に自分たちと使用言語が同じ政党と強い繋がりを持つ傾向があり、それは多かれ少なかれ腐敗したパトロンとしての役割を果たしている。

そのような自治体の集合体であるブリュッセルはまた独自の政府を持ち、その主な公用語はフランス語だ。しかし同時にブリュッセルは、オランダ語が主体のフランデレン地域共同体政府の首都でもあり、EUの首都でもあるのだ。EU関係の機関が密集する「ヨーロピアン・クォーター」は、「都市の中のまったく異なる都市」のようにさえ感じられる。

政治の分裂や、その結果としての強力な中央権力の不在が、現在のブリュッセルを反体制派、社会に順応できない人々、ボヘミアン、そして何らかの危機から逃れる難民の避難所とならしめた。カール・マルクスは一八四五年にフランスから追放されると、『共産党宣言』

をブリュッセルで執筆した。ボードレールもいくら文句を並べ立てようが、パリにはなかった表現の自由をブリュッセルで手に入れた。この街はいまだヨーロッパで最も自由で、民族の混合の進んだ都市の一つだ。

歴史を通じて、ブリュッセルは巨大帝国の権力下に置かれている時期が長かった。一六、七世紀にはスペイン・ハプスブルク帝国支配下にあった。一六九五年、フランス王ルイ一四世がブリュッセルを破壊し捨て去ると、一八世紀にはオーストリア・ハプスブルク帝国の権力圏に組み込まれた。一七九五年から一八一五年にかけてはフランスの支配下に置かれ、またその後にはオランダの一部となった。

ベルギーがドイツ系のザクセン＝コーブルク＝ゴータ家出身のレオポルド国王の下でやっと独立できたのは、一八三〇年のことだった。それはプロテスタントのオランダ王に対し、フランス語圏の社会主義者とフランデレン系のカトリック教徒が連帯して反乱を起こし勝ち取った独立だった。オランダ人支配に対する憎しみの他には、この二つのグループにほとんど共通点はなく、それは現在でも同じことだ。

二〇一〇年から一一年にかけて、ベルギーは選出された政府なしで一年以上（正確には五八九日間）を過ごした唯一の民主主義国家であるという、変わった世界記録を樹立した。フランス語系の政党とフランデレン系の政党が、連立の合意に達することができなかった。これは今さら驚くべきことでもなく、「いかにも」という展開ではあった。ベルギー国家のアイデンティティーは、常に不安定な代物なのだ。

人々はそれぞれの言語コミュニティー、宗教、教会、または政治的保護者に忠誠心を持ってきた。社会主義政党は、産業地区や現在ではさびれゆくポスト工業地帯のワローニアで勢力を保ち、リベラル、キリスト教民主、またはフランデレン・ナショナリストは北部で強い、というようにである。帝国主義的な征服さえ、ベルギーの場合、厳密には国家レベルのプロジェクトではなかった。一九世紀、コンゴはベルギーの植民地ではなくレオポルド二世の私物だったのだ。

ブリュッセルで目にするルネッサンス様式のギルドハウス（同業者組合の建物）や一九世紀の宮殿は、コンゴの富を基盤にして建てられた歴史的建造物だ。だが、フランス人がパリのことを、またイギリス人がロンドンのことを誇りに思うように、ベルギー人がブリュッセルを誇りに思っているのかというと、そうでもないようだ。

フランデレン系の政治家やビジネスマンは概してアントワープやゲントに住むことを好む。多くのベルギー人にとってブリュッセルは移民、難民、外国人の錯綜する、壮大かつ奇妙な街だ。それはまたいまだ国家を探し求め続ける首都でもある。さらにEUもひっくるめて考えれば、帝国や連邦国家などどのようなかたちにしろ、何らかの未来像を探し求め続けるヨーロッパの首都でもある。

この独特の、答えの見つからない宙ぶらりんの状況というのは、何とも心許ない。そして地方自治体、国家、および欧州レベルでの調整や統制の欠如は落ち着かなさ、不可解さ、混沌とした気持ちを引き起こす。モーレンベークにくすぶる不満や過激主義は、おそらくそこに起因している。またそれは金融危機や国境を越えて流入する移民問題に直面して、ヨーロッパが麻痺状態に陥っていることとも関係があるだろう。だが、ブリュッセルが機能不全の組織の象徴であるならば、その明確なアイデンティティーの欠如、分裂、柔軟性などは、かえって自由や可能性も提供するのではないか。EUと、おそらくベルギー自体もまだ実験的な段階にあり、それが両者の最大の強みなのかもしれない。

2

昨年、私はステーヴィン・ストラートまたはフランス語でルー・ステヴァン（ブリュッセル語の通りには、このようにすべてオランダ語名とフランス語名がある）に、ひと月滞在した。アパートから徒歩一〇分圏内に、方角によって大きく異なる様々なブリュッセル、ベルギー、そしてEUの側面を見ることができた。街の建築にはそのような違いが浮き彫りにされていた。

ヨーロッパ地区の南には、EU執行機関でありEU法が制定される欧州委員会の本部がある。巨大な「ベルレモン」だ。一九六〇年代に建てられたが、九〇年代には石綿除去のために大規模な修復をしなければならなかった。鉄鋼とガラスのその建築物は、大きな権力を象徴するものの、これといった特徴がない。文化的、歴史的、視覚的な魅力に欠けているのだ。気づくことと言えば時折、中国人観光客がこの建物に見とれたり、ヨーロッパ創設の父の一人であるロベール・シューマンの小さな記念碑の前でセルフィーを撮っていたりするのを目にするくらいだ。

さらに醜いのは一九九五年、ヨーロッパの建築家とエンジニアが共同で完成させた「ユストゥス・リプシウス」という建物だ。この野蛮なモダニスト建築に欧州連合理事会がある。EU加盟二八カ国の政府閣僚が、法律や予算について討論し投票する場だ。半年毎のローテーションで議長国が変わる仕組みになっている。

それとは異なる、おそらくEU内で最も強力な機関は、欧州連合内の政府指導者からなる欧州評議会だ。評議会もまたユストゥス・リプシウスで定期的に会合を開く。二〇一五年七月、ギリシャの負債に関してギリシャ首相アレクシス・ツィプラスとしばしば激しいやりとりが行われたのは、その場だった。

二〇一六年、欧州評議会はブロックAと呼ばれるガラスの箱に囲まれた巨大な卵型の会場に移動することになった。これもまた魅力的というよりは、威圧的な印象を与える建築物だ。そしてもう一つ巨大なビル群がある。欧州議会の設置される「エスパース・レオポルド」。その中にはピーテル・ブリューゲルが描いた有名なバベルの塔に似た建物もある（ブリューゲルはブリュッセルで亡くなっている）。

欧州議会はフランスの機嫌を取るために、ブリュッセルとストラスブールの間をひと月に一度の頻度で、膨大な費用をかけて行き来する。議会は欧州委員会によって提出された法案を決定する役割を持つ。そして現在では委員長は、欧州議会の第一政党の支持がなければなれないとされている。記念碑的でありながら抽象的なこれらの建物は、見る者に偉大な帝国の凄みを印象づける意図をもって設計されているようだ。

ＥＵは実際、大きな力を持っている。全体で見れば、中国や米国を凌ぐ経済を持っているのだ。しかし、過去の偉大な帝国とは違い、ブリュッセルのＥＵ機関には政治的な権限がほとんどなく、そのため「ヨーロッパ合衆国」に値するものは存在しない。

確かに一九ヶ国間には共通通貨ユーロが存在する。フランクフルトにある欧州中央銀行は金融政策を決定する権限があり、ある程度まではユーロ圏内の国が債務不履行になった場合、救済することができる。しかし、ヨーロッパだけの集団防衛軍や共通外交政策といったものは存在しない。ＥＵ関連の建築物の壮大さには、おそらく実際よりも統一ヨーロッパを強く見せようとする印象操作の狙いがあるのではと考えてしまう。

ベルギー国王が国賓を迎える王宮についても、同じことが言えるかもしれない。それはＥＵ地区であるヨーロピアン・クォーターからほど近い、旧宮殿の跡地に建てられた。古典主義様式の馬鹿げたほど豪華な建物で、バッキンガム宮殿よりも壮大だ。大理石と銅製の壁を備えた「鏡の間」は、植民地コンゴの雰囲気を醸し出すように設計された。天井は一四〇万本のタイ産タマムシの翅鞘で飾られている。

巨大なシャンデリアの吊り下がる晩餐室のインスピレーションとなったのは、ヴェルサイユ宮殿だ。そんな絢爛ぶりの背後にはレオポルド二世がいた。彼はベルギーの強大な隣人、特にフランスに対して胸を張りたいと思っていたようだ。

しかし、ブリュッセルの誇張表現の中でも最も特異な例は、ベルレモンから徒歩五分の場所にあるサンカントネール公園だ。一八八〇年にベルギーの独立五〇周年を記念し、帝国の威信を賭けて産業エキスポと同時に開園された。そしてこれもまたレオポルド二世のイニシアティブで建てられた。公園の背景には、一九〇五年に完成した巨大な凱旋門が見える。明らかにベルリンのブランデンブルク門の影響を受けている。ただブリュッセル版の方が断然大きい。

凱旋門の近くには、一九二一年に建てられたコンゴのベルギー人開拓者へ捧げる記念碑がある。彫刻のレリーフや浮き彫り細工は、アフリカ大陸におけるベルギー支配を讃えている。裸のアフリカ人が髭面の主人（おそらくレオポルド二世自身）の足元にひざまずいて感謝する様子が描かれている。そして次のような言葉も刻まれている。

「私はコンゴに於ける偉大な事業に着手した。文明をさらに広めるために。そしてベルギーの福祉をさらに進めるために。一九〇六年三月三日、レオポルド二世」

レオポルドの「事業」はコンゴでおそらく一〇〇〇万人以上の命を奪った。

このような様々な建物やモニュメントを見物しながら歩き回っていると、ブリュッセルとEUがいかにお似合いのカップルかと感心してしまう。よく肥えて見栄っ張りで、少なからず威圧感がある。しかし、ステーヴィン通りから今度は北へ一〇分歩くと、ブリュッセルの別の顔が見えてくる。ベルギーの富裕層やEU官僚が好んで住むマリー・ルイーズ広場周辺には、アール・ヌーヴォー様式の素晴らしいタウンハウスが並んでいるが、そこを通り過ぎると、うらぶれた一九世紀情緒の残るスカールベーク地区になる。

ブリュッセルを代表する移民密集地域の一つだ。ハラール認証された肉屋やトルコ料理屋、髭面の男たちが水パイプを吸う喫茶店、ヒジャブ姿の主婦たちが生活している。モーレンベークもそうだが、この地区の人口の半分以上がベルギー外で生まれた人々だ。特にここにはトルコ人が多く、その一角は「小アナトリア」と呼ばれている。

モーレンベークにおける若いイスラム教徒の急進化の理由の一つには、移民コミュニティーがベルギー社会の主流から隔離されていることが挙げられる。アフリカ系、モロッコ系はモロッコ系、トルコ系はトルコ系といった具合に、それぞれの仲間内で生活をしている。そんなコミュニティーに国が干渉したり介入しない分、そのことが余計に移民の疎外感を際立たせていると言われている。

しかし、パリと違ってブリュッセルのほとんどの移民は、都市中心部近くに他のコミュニティーに隣り合わせの環境で生活している。最高級ブティックが立ち並ぶダンサール通りは、モーレンベーク地区に直結している。スカールベークをひょっこりと訪れた通りすがりの者の目にも、ブリュッセルの民族間関係が実はかなり複雑で、密接に入り組んでいることがすぐにわかるだろう。

スカールベークに隣接しているのは、サン＝ジョス＝タン＝ノードという別の自治体だ。ここには地元のトレンディな人々と移民が共生している。ある日私は、サン＝ジョス＝タン＝ノードの魅力的なネオバロック様式の教会にふらっと立ち寄った。ヨーロッパのほとんどの地域同様、ベルギーで定期的に教会に通う人の数は減少の一途を辿っている。

しかし、そこではある程度の数の信者が木製の跪き台で祈っていた。そのほとんどが高齢者で、しかも異なる民族の出身のようだった。何人かは白人だった。司祭は緑と白の司祭服をまとった背の高い黒人男性で、強いアフリカ系のアクセントで説教をしていた。

3

二〇一五年の秋、私がブリュッセルに到着した際、巷の危機感が感じ取れた。これはパリの同時多発テロを受けて装甲車が街に繰り出し、無益な力の顕示をする以前のことだった。それほど昔ではない過去、EU関係者やそれを後押しするマスメディアの人間は「ヨーロッパ」がいかに世界平和、自由、民主主義のモデルであるかを勝ち誇って語る傾向にあった。そのような主張の信憑性は、明らかに揺らぎつつあった。

ある晩、ディナーパーティーに招かれた。ウィンストン・チャーチル大通りにあるエレガントなマンションで、周りの招待客たちはすべてEU関係者だった。そのうちの一人はユーロが暴落する可能性について公然と語った。もう一人は欧州委員会のイメージが、ますます悪くなっていることについて話した。いかにも非民主主義的、半権威主義的な組織だという批判があるからだ。この人物は委員会の一部が、おそらく解体されるべきだとも示唆した。

また別の日、私はベルギー帝国主義の遺産である壮大な宮殿で行われたEU関連の会議に出席した。オランダ人のフランス・ティーマーマンス欧州委員会第一副委員長が、ヨーロッパが難民問題を早急に解決しなければEUは容易に崩壊するだろうと警告したことが印象的だった。

これまた別のEU関連会議の閉会後、豪華な晩餐会が同じ金ピカの宮殿で開催された。そこではエティエンヌ・ダヴィニオンのスピーチを聴いた。もし誰かが「ヨーロッパ・プロジェクト」を体現しているとすれば、それはダヴィニオンを措いて他にいないだろう。このベルギー貴族はビジネスマン、銀行家、外交官、元欧州委員など様々な肩書きを持っているが、現在「フレンズ・オブ・ヨーロッパ」というシンクタンクの代表を務めている。彼はまさにベルギーのエリートと、EUのエリートの交差点に立っている。それは大きな富の山の頂点に、崇高な理想が重なり合う場所でもある。

ダヴィニオンはある意味、ブリュッセルの非公式の王だ。彼は過去には統一ヨーロッパの栄光について語ることで知られていた。現在の彼は、より守りの姿勢をとっている。ヨーロッパの憂鬱にもう飽き飽きした、疲れたと述べた。「私たちは、自分たちが成し遂げたことに誇りを失ってしまった」と。

私にはブリュッセルの自信満々の勝ち誇った態度が、嘆きに変わったように感じられた。ある意味、これには爽快感があった。ジョージ・ソロスをはじめとする多くの人が、ヨーロッパが直面する危険をこの『ニューヨーク・レビュー』誌上で指摘してきた。

EUについて最も説得力のある発言をする思想家の一人は、オランダとフランスで教育され、現在ブリュッセルに拠点を置いている歴史学者ルック・ファン・ミデラールだ。彼の論説は頻繁にフランスや、母国であるオランダのメディアでも取り上げられている。彼は欧州理事会の初代議長のベルギー人、ヘルマン・ファン・ロンパウの閣僚メンバーも務めたため、

EUを非常によく内側から理解している。そのファン・ミデラールは、ヨーロッパの問題を、主に政治危機として見ている。

当初、統一ヨーロッパの構想は六ヶ国間の石炭鉄鋼共同体として始まった。それに続く欧州経済共同体も、故意に非政治的体質を維持していた。これはファン・ミデラールが言うところの「欧州政治の非ドラマ化」だった。

テクノクラートのロベール・シューマンやジャン・モネのような欧州建設の父たちは、確かに遠い目標として「ヨーロッパ合衆国」を夢見ていたかもしれない。だが、壊滅的な戦争から復興したばかりのヨーロッパ諸国間に平和的関係を築くには、まずは石炭や鉄鋼などの経済資源をプールすることから、地道に始めていく必要があったのだ。

欧州組織は、国家政治を超越するためにデザインされ、平和と繁栄は経済協力と交渉から湧き出てくるという信念によって構築された。これは前提として、信頼できる指導者たちが、公衆の視野から離れた場所であらゆる合意形成をすることも意味していた。

しかし、統一ヨーロッパ創設の父たちは、単なる官僚ではなかった。彼らの戦後統一ヨーロッパ思想には、道徳的で準宗教的な、神聖ローマ帝国を彷彿とさせるような側面もあった。コンラッド・アデナウアー、シューマン、アルチーデ・デ・ガスペリ、ポール＝アンリ・シャルル・スパークなど、ヨーロッパ運動の主要人物の多くは、カトリック信者だった。

フランスのインテリ、ジュリアン・バンダはカトリックではなかった。だが彼もまた、あるヨーロッパ観を持っていた。一九三三年に出版された汎ヨーロッパに関する秀逸なエッセイに、こう書いている。

「ヨーロッパとは、単純な経済的、または政治的変革の結果ではない。それは道徳的、審美的な価値観、特定の考え方や感情の高揚を包括するシステムなしには、存在し得ない」

しかしバンダはまた、ヨーロッパとは国家や民族感情の入る隙間を封鎖する、合理的で抽象的な観念でなければならないと信じていた。そしてそのためには最も合理的なヨーロッパ言語であるフランス語が、汎ヨーロッパのコミュニケーションのための共通手段でなければならないと主張した。

合理的で、抽象的で、意図的に根無し草とされているヨーロッパは、まさにブリュッセルの主要なEU関係の建築物によって表現されている。そしてそんな無機的なクオリティーこそが、実際に二八の異なる国家の市民の忠誠心を求める段になって、障害になり得る。

ファン・ミデラールの主張では、統一ヨーロッパ創設の父たちの構想の欠陥は、イギリスが一九七三年に加盟した後に明らかになった。また一九九〇年代初めの冷戦終結後には、なおさらその欠陥が認められるようになった。気候温暖化、安全保障、移民、共通通貨に関連する諸問題は、どうしても政治的な解決策を必要とする。官僚改革、財務計画、制度構築などでは、もはやそのような問題に対応し切れなくなった。その経済力に見合う役割を果たすためには、統一ヨーロッパが民主的に正当な共通政策を持つ必要が出てきたのだ。

EU問題の核心がまさにそこにある。加盟国の個性を損なうことなく、EUという強い政治的アイデンティティーを作れるのか。ジョージ・ソロス、ポール・クルーグマン、ユルゲン・ハーバーマスをはじめとする多くの人々が、ギリシャを筆頭とする負債を背負う加盟国にEUが緊縮政策を課したことを批判している。なぜならその政策はギリシャの有権者ならびに民主的に選出されたギリシャ政府の希望に反するものだったからだ。しかし、ヨーロッパという超国家を持たずに共通の民主主義的制度を作ることなど果たして可能なのだろうか。

ハーバーマスはこの件に関して、頑なに自分の意見を主張し続けている。ナチス支配下で育ったドイツの左派言論人として、ドイツの支配権力を鋭く批判する。彼によれば、結局のところアンゲラ・メルケルの政府がギリシャの緊縮財政を推し進めたのだ。そしてハーバーマスはEUの「民主主義の赤字」に対する唯一の合理的な解決策は、「より統合的なヨーロッパ民主主義の中核」を作ることだと考えている。少なくともユーロ圏はこのままにして、一九五七年のローマ条約の言葉を借りれば「これまでよりもいっそう密接な連合」を形成することが肝心なのだと。しかし問題は、「どのようにして」ということだ。

フランスの経済学者トマ・ピケティは『ニューヨーク・レビュー』誌上で、独立したユーロ圏議会を、各加盟国の国会議員が参加するかたちで新たに設置すべきだと提案している。その人数は各国の人口数に比例して決められるべきで、また各国の国会がユーロ圏の共通法人税を決定する票を持つべきであるとも言っている。これにはとりわけ、ドイツの影響力を他国からの票によって抑制できるというメリットがある。しかし、それを実現するとなると、ドイツを皮切りに関係国をどう説得するかの問題が出てくる。

ハーバーマスは、ヨーロッパの連帯は知識層から始まらなければならないと考えている。

国境を越え、ヨーロッパ共通の問題について取り組む国際的なヨーロッパ市民を、メディアを通して形成していかなければならないと。より多くの人々が汎ヨーロッパ系の政党に投票すべきで、欧州議会は欧州の将来を決定する権限をやがて持つようにする必要があるとしている。欧州憲法は汎ヨーロッパ的な愛国主義の源泉にならなければならない。これは銀行家や企業利益、またはドイツ政府が支配するヨーロッパを回避するために不可欠な条件なのだと。

ハーバーマスの主張の論理的な立ち位置は完璧だ。しかし人間社会は、必ずしも論理的ではない。彼の思考には、ジュリアン・バンダのエッセイにも見られるのと同じ抽象論が目立つ。コスモポリタン主義が称賛に値するものであるとしても、それはほとんどのヨーロッパの有権者が向いている方向ではない。憲法に根ざす愛国主義も、人気はない。

ファン・ミデラールはより多元的なヨーロッパ政治観を持っている。民主選挙による直接政治参加は、彼が「ギリシャ・モデル」と呼ぶものだが、それでは十分でないという。人々は国家が物質的な利益の源泉となる「ローマ・モデル」も必要としていると言う。さらにまた歴史と文化の共有に重きを置いた架空の共同体である「ドイツ・モデル」も必要なのだと。

これらのモデルが一体となって、ヨーロッパの政体を作り出す道は長く険しいだろうが、不可能ではないとファン・ミデラールは考えている。明確な青写真がなくとも、三つのモデルをすべて考慮しながら混乱の中、解決していく方法が、統一ヨーロッパという実験にとって最良の選択肢だというのだ。

敵を共有することが、政治的な結束を固めることもある。つまり独立前のベルギー人が共通の敵オランダに立ち向かうことで、本物のベルギー人になったように。おそらく危機の共有も同じ役割を果たすだろう。ヨーロッパの指導者たちはギリシャの金融危機、押し寄せる難民、あるいはイギリスのブレグジット（イギリスの欧州連合、ＥＵ離脱）などの諸問題に対して、激しく意見を対立させた。これらの葛藤はヨーロッパが内側から壊れる前兆であると見る向きもある。

内破は二〇一六年二月一九日、ブリュッセルで開かれた長時間にわたるサミットの最中に起こり得た。キャメロン英首相はイギリスのために、ある程度の譲歩を勝ち取った。英国内のＥＵ移民のための雇用関連給付の削減、ユーロ圏外の国の国益の保証などだ。だが、イギリスの有権者が来るべき国民投票でＥＵから離脱する道を選択した場合、他の国々がそれに続き、欧州の連合はゆっくりと崩壊していく可能性がある。

しかし、より楽観的な見方をする余地もある。ヨーロッパのジャーナリスト、評論家、ビジネスマン、政治家は、少なくとも問題意識を共有している。大規模なシリアからの難民の流入、さらにはアフリカからの集団移住の可能性に、どのように対処するかを非常に気にかけている。ヨーロッパの国境をどのように防御するかについての合意はない。

しかし少なくともヨーロッパ市民は、国境が存在することを忘れられない状況にいる。政治勢力間のオープンな衝突は、最終的にＥＵを引き裂くかもしれないが、その反対もあり得る。衝突は会話と同じで、民主主義的政治共同体に必要不可欠な要素なのだ。今から何が起こるとしても、とりあえず今までのようにガラスや鉄鋼でできたＥＵ宮殿の奥で、官僚のみによって合意が不透明に形成される時代には、終止符が打たれたといえよう。

4

二〇一四年一〇月七日以降、ベルギーは新しい連邦政府を有している。新フラームス同盟（N-VA）が率いる中道右派の連立政府だ。フランス語勢力は保守の改革運動党（MR）に代表されている。これまでのところ連立政府は引き続き権力を維持している。しかし、その基盤は決して頑丈ではない。フランス語圏とオランダ語圏の間の溝は深まる一方だ。お互いが相手の新聞を読むことも、同じテレビ番組を見ることもない。

近年、高い教育を受けたフランデレン系のベルギー人はフランス語を話せない、否、話そうとしない。フラームス同盟のナショナリストは、フランデレン独立の理想を掲げている。リエージュ周辺の小さなドイツ語圏やブリュッセルなどの各地域には独自の政府があり、それら政府間の協力体制は、しばしばずさんである。

ベルギー人の共通項と言えば、君主制とサッカー代表チームのレッド・デビルズぐらいだろうか。EUと同様、ベルギーは絶え間なく崩壊の危機に直面している。それでもまだ続いている。その理由の一つがブリュッセルだ。ブリュッセルはフランス語圏の人々はもちろんのこと、フランデレンのナショナリストでさえも手放したくない街なのだ。

首都が大好きだというわけではないかもしれないが、ブリュッセルは依然として「分離していく部分よりも、より大きい何か」を表現する場所だ。ブリュッセルはすべてのベルギー人をより大きく、より都会的で、より自信を持って広い世界に接することができるように感じさせてくれる、そんな街なのだ。そのようなブリュッセル観は、多くのヨーロッパ人も共有している。イギリスをEUに引き留めようとする多数のイギリス人もだ。「ブリュッセルの象徴するEUが好き」というのではなく、「なければやっていけない」というのが正直な気持ちだろう。EUの存続は、これから直面する危機にどう対応するかにかかっている。過去に何らかの兆候があったとすれば、ヨーロッパは再びこの実験をゆっくりと、苦労しながら、それでも地道に続けていくのではないだろうか。

そうかもしれない。だが、それを当てにするのは愚かだろう。ブリュッセルはその歴史の中で、いくつもの帝国の興亡を目の当たりにしてきた。そのためだろうか、公式のベルギーおよびEUのブリュッセルの尊大ぶりは、健全な反乱と懐疑主義によって、中和されている。

この街の最も有名なシンボルは、ベルレモンでもなければ王宮でもない。それは小さな一七世紀のブロンズ像「小便小僧」だ。この裸の少年にはいくつかの伝説がある。おそらく彼は、当時二歳のルーヴェン君主ゴドフロア三世で、一一四二年の戦闘中に、敵に向けて放尿したのだという説。または一四世紀、外国軍隊が街を奪おうと爆弾を仕掛けた際、それを小便で消した少年だという説。しかし、彼のモデルが実際に誰であれ、暴力に訴えて侵入してくる不届き者に小便をかけてやろうという考えは、悪くないではないか。

April 7, 2016, *The New York Review of Books*

アジア・ワールド

Asia World

1

たとえばあなたがソウルや広州のような、東アジアの大都市のど真ん中に来たとしよう。きっと奇妙な文化的混乱を感じるに違いない。ビルボードに書いてある文字の他は、あなたが目にするもののほとんどに伝統的なアジアの物はないだろう。確かに似非伝統的な外見は目にする。日本風の竹でできた衝立や、中国風の龍、韓国の農家の壁が、飲食店を飾る。だが、その程度のものだったら、ロンドンやニューヨークでもよく目にする。

建築は、大まかに言ってポストモダン、または後期モダニストのスタイルが多い。カーテンガラスの壁の高層ビル、コンクリートのオフィス街、ショッピングモール、花崗岩または大理石のホテル、などなどだ。シンシナティでもそんな風景があり得るだろう。だが、それはシンシナティではない。その都市風景の中には何かしら、西洋以外の物、否、東アジア特有の何かが潜んでいる。

それはいったい何なのだろう。独特な雰囲気を醸し出すのは、広告や、騒々しい繁華街、または大木の周りに密集して生えるキノコのように高層ビル周辺を埋める小規模店の数々かもしれない。東京では、古い街並みが多かれ少なかれ保存されている。それが一種の幻想的な歴史の継続性を感じさせるが、北京や武漢には、その感覚は当てはまらない。

おそらく目に見える歴史の欠如こそが、その特徴と言えるのではないか。アメリカの多くの都市も同様かもしれないが、それでも釜山、名古屋、重慶などの都市の間には、それらとクリーブランド、またはニューヨークとの間よりも、類似点が多く見られる。現代アジアの都市は、絶え間なく変化し続ける社会を記念するモニュメントだ。だがいったい何が、そんなアジアン・スタイルを特徴づけているのだろうか。

二〇年前、深圳は香港と広州に挟まれる単なる村にすぎなかった。それが現在では三〇〇万人以上が住む広大な大都市だ。このことは、毛沢東主義以降の中国社会の本質について何を示しているのだろうか。一つの手がかりとして、東アジアにおけるテーマパークの異常なほどの普及があると私は考える。共産主義国家における民俗舞踊の祭典と同等の重みが、東アジア資本主義社会のテーマパークに潜んでいるのではないだろうか。

現在、日本と中国はアメリカを凌駕するテーマパークの本場となっている。新しい物が現れたかと思うとすぐに壊されることもあるし、時には完成する前に放棄されるものまである。北京から万里の長城に続く高速道路からは、資金不足で未完成になったまま放ってあるバビロン遺跡のようなテーマパークが見える。

二〇〇三年初めにそこを通り過ぎた際、アジアで一番高い建築物となるはずだった平壌の超高層ビルを思い出した。金正日の「バベルの塔」はいまだに完成しておらず、骨組みばかりの空っぽの殻だ。おそらくそれもまた未完成の廃墟となる運命にある。資金が足りなかっただけでなく、劣悪な資材で慌てて建設されたために非常に危険だ。

とにもかくにも、いろいろなテーマパークがある。長崎近郊の海辺にある小さなオランダの町、北海道にあるオーストリアの村、東北にある偽物のストラトフォード＝アポン＝エイヴォン、北京の真ん中にある有名なアジア寺院の模型、広州近くの小さな町にあるホワイトハウスのレプリカ。その他にもチベット寺院、イタリアの宮殿、エジプトのピラミッド、フランスのシャトー、東京郊外のディズニーランド、香港のディズニーランドなどなど。

私が面白いと感じるのは、これらの「夢」のような場所への飽くなき欲求に対してだけではない。様々なテーマパークが既存の都市景観にほとんど継ぎ目なく馴染み、一体化しているという点が興味深いのだ。深圳には「世界への窓」と題されたテーマパークがある。それを見下ろすように新しく建築された居住区は「ヨーロッパの街」だ。エッフェル塔、コロシアム、そしてポタラ宮の景色までついてくる。

ゴルフコースはテーマパークの変形とも言える。それは人工制御された風景だ。東アジアにはテーマパークと同じくらい沢山のゴルフ場がある。マカオの向かいにある珠海は、市全体が一種のゴルフリゾートとして設計された。それは香港や深圳のような生き馬の目を抜く熾烈な労働環境とバランスをとるかのように、純粋に観光を楽しめるレジャー都市としての役割を果たしている。ゴルフ場は東アジア資本主義の成功者に許されるニルヴァーナ（涅槃）だ。

シカゴとニューヨークが一九二〇年代の上海のモデルであったとすれば、中国と日本の戦後の都市風景は、ロサンゼルスの馬鹿げた部分に似通っている。目にするものの多くが、何かしらの模倣だ。フランスのシャトーの外観を真似たホテル、コンクリートの塔の一五階にある優雅な中国の茶房、地下鉄の駅で見る、ドイツの居酒屋やヴェルサイユ宮殿の一室を真似たような飲食店など。

多くのアジアの都市、特に東京は、舞台のセットのように見える。歴史、外国の土地、または未来のファンタジーでいっぱいの、巨大な舞台装置のようだ。すべての偉大な都市は、幻想と夢の中に息づいているのだろうが、それでも東アジアほどバーチャルリアリティが普及し、それが洗練の境地に達している場所はないだろう。

中国の都市には、まだいくらか古い建築が見られる。だが、その多くは現代の資材で再建されたものだ。もともとそこになかった「古い」建物も見られる。それは他の寺院の模倣を模倣したり、中国のあらゆる地域の異なる寺院の要素から巧みに再製された、継ぎ接ぎの骨董品のレプリカのようなものだ。

一方、東京を支切りに日本のほぼすべての都市は、ヨーロッパ、日本、中国、アメリカのスタイルを融合している。日本に精通した批評家のドナルド・リチーはかつて「東京そのものがディズニーランドにそっくりなのに、どうして東京ディズニーランドが必要なのか」と言ったことがある。

特に中国の場合、近代建築でさえしばしば他の場所からの写しだ。中国で建築家が踏む標準的な手続きは、顧客にアメリカ、香港、日本、またはシンガポールにある建物のカタログ写真を見せて、その中から選ばせることだという。オランダ人建築家のレム・コールハースは次のように述べている。

「アジアは消え去りつつあり、アジアは巨大なテーマパークとなっていると言えるだろう。アジア人自身がアジアの観光客になっている」

伝統的な中国と日本の美学を用いて、このような現象を説明することが可能かもしれない。一八世紀の中国の庭園は、精巧で巧みなミニチュア風景を再現し、現実や想像上の有名な景観を彷彿とさせる。それらは偽ゴシック様式遺跡や、中国趣味の橋や塔などで装飾されるイギリス庭園のインスピレーションにもなった。

実際、清朝の皇帝は北京近郊に円明園と呼ばれるテーマパークのような宮殿を建てている。そこには中国人の想像の産物や、イエズス会所属の宣教師ジュゼッペ・カスティリオーネが設計したものも含む、ヨーロッパ風の庭園や建物があった。この珍しい複合型の宮殿は一八六〇年にイギリス軍によって大きな損害を被ったが、それを率いたのは第八代エルギン伯爵ジェイムズ・ブルースだった(伯爵の父トマス・ブルースもまた、パルテノン神殿から大理石の彫刻群を持ち帰り、それらは「エルギン・マーブル」として歴史に名を残している)。

荒らされた宮殿はさらなる略奪に遭い、中国人やヨーロッパ人の手によって、何年もかけて破壊されていった。現在、円明園復元の話が持ち上がっているという。そうなれば、テーマパークをさらにテーマパークとしてコピーすることになる。

前にも述べたように、ロサンゼルスはすべての近代都市のモデルかもしれないが、中国とアメリカには違いがある。アメリカでは都市文化の歴史が非常に浅いため、仮想の歴史の世界が作られた（古い独自のネイティブ・アメリカン文化はほとんど無視されるか、観光客相手の文化としてデフォルメされている）。

一方、中国やアジアの他の国々は、長い歴史を誇っている。それなのになぜ中国政府当局は、実存する歴史的遺産を破壊し、それをコピーで置き換えることに熱心なのだろうか。なぜ彼らは本物よりもバーチャルな歴史を好むのだろうか。そして西洋のテーマパークを歓迎し、地元で偽物の海外を作ろうとする一般的な嗜好の背後には、いったい何があるのだろうか。アメリカ人が歴史の欠落を補うためのテーマパークを建設するのだとすれば、中国人は歴史の故意的な破壊を補うためにそれを建てるようだ。

ここでもまた「伝統」が、その理由の一つなのかもしれない。中国人は長きにわたって古い建造物を建て直す作業を繰り返してきた。「古い」とされるのは、建物そのものよりは場所なのだ。だから中国のガイドは前年再築されたばかりのコンクリートの塔を指差して、その起源が古代に遡ることを称賛する。だが、さらに奥深い理由があるだろう。私が考えるに、テーマパーク嗜好には、より政治的な要因がある。

一九世紀後半に始まった東アジアの近代化は、ヨーロッパのそれよりもはるかに分裂作用のある、破壊的なプロセスだった。「近代化」は「欧米化」と同等とされ、中国や日本の近代化はしばしば自国の文化や伝統を拒絶することに繋がった。一八六〇年代、明治維新後の日本人が最初にしたことの一つは、城や仏教寺院を破壊することだった。これはすぐに中止されたものの、日本の伝統を西洋の伝統、衣服、芸術表現、公共建築に置き換えるという試みは絶え間なく続いた。

もちろんそれを妨げようとする反対勢力も存在した。そして日本の古典文化の多くは、いくらか化石化された状態であるにせよ、まだ残っている。それにもかかわらず、現代の日本人がタイムマシンで一〇〇年前に運ばれたとしたら、自分の故郷に見覚えがないだろうし、新聞を読むのにも苦労するだろう。それが中国の都市だったらなおさらだ。戦争や自然がもたらしたダメージももちろんだが、歴史遺産の崩壊は、両国において、自らの手で成されたものも多かった。

2

日本と同様、中国でもインテリ層が、しばしば反動主義と徹底した西洋化との間を行ったり来たりしてきた。一九一九年のいわゆる「五四運動」には、革命的な社会主義からアメリカの実用主義まで、様々な、異なる思想を持つ人々が参加していたが、そんな知識人たちも「過去からの解放」を共通のゴールとして掲げていた。伝統は中国人の心を塞ぎ、進歩を妨げる障害物だとされた。

特にその儒教的な側面が問題だった。前進するためにはそんな過去の束縛を払拭して、ジョン・デューイ、またはカール・マルクスの思想を吸収する必要があると考えられた。これほどまでの熱意をもって一世代の芸術家や知識人たちが、自国の伝統文化を根絶させようとしたことはなかっただろう。伝統が破壊された跡には、多くの奇妙なものが芽を出した。

毛沢東は文化的な偶像破壊を極限まで突き詰めた。古い寺院、古い芸術、古い書物、古い言葉、古い思考のすべてを破壊するために、一大キャンペーンを展開した。文化大革命の真っ最中には、明朝の花瓶を所有することは反体制派と目され、暴行を受け、殺されるのに十分な理由だった。毛沢東は歴史に執着しつつも、中国を白紙状態にして、それをしばしばソ連風の独自の理想に沿って作り直すことを夢見ていた。毛のヒーローは、紀元前三世紀に万里の長城の建築を開始し儒教弾圧を行った独裁者、始皇帝だった。始皇帝は歴史上初めて大規模な焚書を命じたとされる指導者でもあった。

毛沢東は人民の完全な統制を望んでいた。それは都市や農村の環境、そして人々の心をコントロールすることを意味した。すべての中国人民が、毛沢東のユートピア観や中国史観を信奉することを余儀なくされたのだった。ある意味、毛沢東は中国全体をグロテスクなテーマパークに変えたのだ。そこで見たり、話したり、聞くことのすべてが、毛主席の幻想に当てはまるものでなければならなかった。

この比較は奇妙に聞こえるかもしれない。結局のところ、テーマパークは無害なエンターテイメントであり、普通、大量殺人や抑圧とは無関係の存在だ。しかし、私はテーマパーク、特にそれを作る側に、本質的に権威主義的な何かを感じる。

すべてのテーマパークは完全にコントロールされたユートピアであり、すべてが完璧に見えるように作られたミニチュアの世界だ。長崎近郊に清潔なオランダの町並みを再現した日本のビジネスマンは、都市生活の乱雑さ、混乱、予測不可能な側面などを否定し排除するためにこそ、それを建てた。そのミニチュアの町で、彼が最も得意としていたものは、下水を飲料水に変える機械だった。概してテーマパークについて言えることは、そこに「成り行き任せ」が何もない点だろう。

中国の共産主義に強烈な資本主義の注射を打った指導者、鄧小平主席は、毛沢東の極限ビジョンを彼自身のものに置き換えた。その先富論に裏付けされたスローガンは、「豊かになることは、素晴らしいこと」というものだった。彼自身は伝統的な文化、思想の自由、そして資本主義を嫌う根っからの中国共産党員だった。しかしながら、中国を近代化して昔日の富と権力を取り戻すためには、共産党によって厳しく管理される民間企業が必要であると確信していた。

一九八〇年代、巨大看板が中国の都市に現れ始めた。鄧小平政権下で、もう一つのユートピア構想が広まった。そこには巨大都市国家としての中国があった。高層ビルが立ち並び、大通りが交差し、広場や厳格にデザインされた公園が点在する、そんな風景は、依然としてソヴィエト的なモデルに端を発していたものの、アジアの他の都市、特に香港やシンガポールのような場所から多大なる影響を受けていた。そのようなアジア型の資本主義をモデルとして、巨大都市が鄧政権の一存で、主に沿岸地域に建てられることになった。そうすることで、限定的ではあるが避けられないであろう西洋からの汚染を、中国内部から遮断する意図だったのだ。

深圳やその他の特別経済地区など孤立した区域は、資本主義のテーマパークとして建設されたのであり、その建築や景観は、実際の経済や社会的ニーズから自然発生したものではなかった。まず何よりも、これらの区域を裕福で、ビジネスライクで、偉大な都市のように見せかける必要があった。高層ビルの半分にテナントがつかず空き部屋のままでも、超高速道路の交通が比較的まばらであっても、大都市の体裁を保つことこそがテーマパークの運営には重要なのだった。

大都市、特に港町は、外の世界への窓口となる。それは地元と外国が交差する場所であり、あらゆる信条や人種の人々が商品や情報を交換する場所でもある。かつてある人物が「コスモポリタンな都市」はそこにチャイナタウンがあるかないかでわかる、と言ったことがある。まさにチャイナタウンは、文化の多様性や移民の象徴だった。香港そのものが、ある種の大きなチャイナタウンと言うこともできるだろう。そこは中国本土からの移民で溢れかえっている。いずれにせよ、大きな港湾都市で外国からの影響の流入を制御することは、不可能ではないにしても大変困難な試みだ。もし完全制御することに成功すれば、都市そのものが活力を失ってしまうだろう。

二〇世紀初めの中国の偉大な都市は、主に南海岸に集中していた。広州、香港、そしてもう少し北には、上海がある。これらの都市に外国からの知識が流入した。中国の思想家や芸術家はそこで名声を確立し、外国人は商業取引を行った。さらにはそこから移民が海外に進出し、中国のディアスポラが東南アジア、ヨーロッパ、アメリカ合衆国へと広がっていった。外国の思想との接触は、中国の伝統に取って代わる政治的、および哲学的な選択肢も提供した。やがて革命思想が広東や上海などの都市部で広まった。中国革命の父である孫文は、広東地域の出身だった。清朝の官吏が南部におけるイギリスとの貿易に抵抗したのは、中国商人や仲買人が力を持ち、コントロール不可能になるのを恐れたことも理由の一つだった。

アヘン戦争の敗北は清朝にとって大きな屈辱だったが、その結果は、中国政府の利益に完全に反するものではなかった。条約港が、外界との接触が可能な半植民地的な孤立居留地として設けられ、外からの影響が中国国内に流入するのを防ぎやすくしたからだ。特に上海は日本や西洋への窓口となり、近代的な生活を経験できる実験都市のような役割を持つことになった。歴史的な重要性もなく、白紙状態のその街では、絶えず新しい物が試されたり、破棄されたりしたのだった。

上海やその他の沿岸都市は、中国近代化のための踏み台であり、テーマパークだった。「近代化」とは、とりあえず「西洋化」を意味していた。有名な上海の外灘《ワイタン》(あるいはバンド)は、いまだ一九二〇年代の西洋スタイルを凝縮したテーマパークのように見える。ネオクラシック、ネオロココ、ネオルネッサンスなど、それが「ネオ」である限り、何でもありだ。確かに西洋帝国主義は傲慢で搾取的だったであろう。だが、居留地に住む中国人は外国の法律によって保護されていたために、他の地域よりも自由な空気に触れたり、考えたりすることができた。毛沢東革命を担うことになる狂信的な「清教徒」たちを怒らせたのは、まさにそんな精神的な活力に満ちた知的な空気や、売春なども含む真の資本主義の典型的、世俗的な産物だった。

共産主義者はマルクスやエンゲルスの思想に従って、地方と都市の断絶という問題を解消しようとした。そして共産党の支配が始まると、上海は握り潰された。資源は内陸の農村地帯に再配布され、新しいインフラが建設されることもなかった。かつては活気に満ちていた街は、その存在理由を提供してきた外界から意図的に切り離されたのだ。結果、上海は過去の時空間に凍てつく荒廃した博物館都市と成り果てたのだった。中国随一の首都圏としての生活は、もはやそこになかった。

鄧小平が一九八〇年代に展開した国家資本主義の重要課題には、上海の復興だけでなく、南部沿岸に孤立する都市圏の再建があった。それは中国の経済を再生して近代化を促進させるためのプロジェクトだった。現在の深圳は一九二〇年代の上海と同様の役割を果たしているが、違うのは、今回は外国ではなく中国国内の帝国主義者がその開発を率先している点だろう。

しかし、市場原理が思想の自由を含むすべてを支配していた戦前の上海とは異なり、現代の新しい中国都市圏では、自由が制限されている。昔の香港や上海が民主主義を謳歌していたとは言えないが、それでもそこには、ジョン・スチュアート・ミルが市民の自由のために不可欠な基盤であると考えた、思想や表現の自由が息づいていた。

思想の自由は鄧小平の現代社会像の一部ではなかった。彼の構想した新しい南部の諸都市は、いまだ七・四平方マイル（一二平方キロメートル）という驚異的な年率で拡張し続け、商業的自由は許されている。だが、そこを支配するのは法律ではなく、党の関係者や友人関係からなる腐敗したネットワークだ。知的、芸術的自由はない。

そして「世界への窓」を提供するのは、外国人の存在でもなく、真のコスモポリタン文化のようなものでもない。世界中の有名な場所を、厳密に管理された条件下で見物することのできるテーマパークが、代わりにそれを提供している。また深圳、そして上海や広州では、ありとあらゆるものを手に入れることができる。東京やニューヨークの最新ファッション、世界中の料理、豪華なアパート、高級ホテル、派手なダンスクラブなどだ。だがそのいずれもが、ミルが論じたところの「思想の自由市場」とはかけ離れたところにある。

シンガポールは、中国で展開される独裁的近代化の一モデルを提供している。比較的知られていない類似例は、一九三〇年代初頭から一九四〇年代半ばまで続いた満州における日本の超近代傀儡国家、満州国かもしれない。それはいかにも特異なプロジェクトだった。清朝最後の皇帝愛親覚羅「ヘンリー」溥儀は、実際の支配権を持たない不遇の皇帝で、その政府は主権を持たなかった。日本の関東軍が実権を握っていたのだ。またそれはアジアの多文化主義や人種平等主義を掲げるモデル国家を自認していたものの、現実とは程遠かった。

新しい汎アジア的アイデンティティーを打ち出そうとする計画は、日本の理想主義者の独りよがりに終始しがちだった。満州国は関東軍の軍国権威主義の上に成り立ったユートピアであり、一種のテーマパークのような植民地でもあり、また物質面では間違いなく近代的だった。建物はより高く建てられ、公園の配置はより綿密に設計されていた。近代的なホテルはより優れたサービスや施設を提供し、映画スタジオや放送局は設備が整い、アジアのどこよりも優れた管理が行き届いていた。しかし、そのような「近代」にもまた、コピーすることのできないある要素が欠如していた。それは人間の心の自由だった

シンガポールもまた、物質的な観点からすればこの上なく近代的な国家だ。初代首相のリー・クアンユーが唱えた超合理主義的な路線に乗って支配されている。リーはかつて、まるで政治が数学であるかのようにシンガポール国民を「数字(digits)」と呼んだ。各々の「数字」が繰り広げる経済活動、政治的選択、そして私生活のすべてを統制することがリーの夢だった。

以前シンガポールは「死刑判決のあるディズニーランド」だと揶揄されたが、いかにも、そこには「成り行きまかせ」が存在しない。人々が家庭で話す言語、教育を受けた中国系女性の理想的な結婚相手、公共スペースでの食習慣などすべてが、国家による厳密なガイドラインの対象となる。

ある意味でシンガポールは、中国の政治をミニチュア版で表現した戯画のようだ。リーに仕える官吏は、すべてのシンガポール人が権威主義的な儒教倫理に従うよう目を配る。それはかつて「アジアの価値観」として広く称賛された、質素、勤勉、権力への服従、「公」の

利益のための「私」の犠牲を含む道徳観だ。これらの価値観をより徹底するために、「建設的」な意見を別として、「数字」が中央政権を批判することは許されないものとされている。それが「儒教の価値観」でも「中国の価値観」でもなく、「アジアの価値観」だとされたのは、リーが公式には中国至上主義に反対する姿勢を取っていたためだった。

リー自身は植民地時代のイギリス人としての教育を受けたが、やがて自分の政治思想に見合うアジアの伝統を作り上げ、それをシンガポール人に共通の集団アイデンティティーにまでならしめた。毛沢東ほど殺人的な手段は取らなかったが、それでもシンガポールを西洋の影響や過去の思想から隔離するために、統制を徹底した。

中国同様、シンガポール史に残る物理的な遺産は大半が壊され、わずかに観光地化された昔の路地を残すのみとなった。そんな場所の一つに、荒涼とした女装者の集まる通りがあったが、それも美化されて再建された。現在その通りは「東洋のナイトライフ」を垣間見られるアトラクションとして、まさにテーマパークのように観光客向けに宣伝されている。

シンガポールは近代合理主義のモデルで、東南アジアの特殊文化圏とも言える。ショッピングモールやデパートが密集し、西洋と東洋の名だたるブランド品が売られている。豪華なゴルフコース、滑らかに舗装された高速道路、素晴らしいレストラン、そして完璧なほどに行き届いたレジャーリゾートがあり、マレー、中国、インドなどの古くエキゾチックな伝統を、安全で快適な環境の中で楽しむことができる。そんな統制された物質的楽園で、資本主義ビジネスと権威主義的な政治が、完璧な一致を遂げた。

肉体的なニーズのすべてが満たされた環境では（そしてシンガポールは、世界のどこよりもその状態に近いと言えるだろう）、政治に異議を唱えたり、個人の違いを強調したりするようなことに、意味を見出せなくなる。現状に抵抗すれば、かなりおかしな人だと思われるだろう。だからこそ、外野に留まり体制を批判する少数の勇敢な人々は、すべての「数字」に与えられた快適さや安全を破壊しようとする、危険な狂人として扱われるようになる。

これは鄧小平が毛沢東主義の瓦礫を除去し、先富路線を敷いた際に描いていたビジョンとほぼ同じだ。もしも毛以降の中国に青写真があったとしたら、それはシンガポールのような社会建設を目指していたに違いない。軍事政権に治められていたかつての韓国や、ピノチェト時代のチリにも、思想的な繋がりが見られる。

この新しいアジア社会のモデルは、物品の自由市場が必然的に思想の自由市場を生むという大前提を覆すものだ。資本主義と自由主義、民主主義の切っても切れない関係を信じる人にとっては、何とも受け入れ難いモデルである。チリや韓国、台湾の場合は、資本主義という前提がやはり正しかったことが証明されたが、そこに至るまでのプロセスは、決して不可避でも自動的でもなかった。それらの軍事政権は、中産階級が反抗した時、または少なくとも政権を支援しなくなった時に崩壊した。

今までのところ、中国やシンガポールで同様の民主化が起こるという兆候は、ほとんど見られない。実際、毛沢東以降の中国における権威主義的資本主義の体制は、中産階級を中央の政治的目標に賛同させ、向かわせることに、驚くほど成功している。

もちろんこれも必然的にそうなったわけではない。台湾や香港の例を見れば、中国人が、民主主義政権よりも独裁政権を文化的な理由から好むのではないことが明らかだ。韓国の民衆も、その社会に特に制約の多い系統をもつ儒教の伝統があったのにもかかわらず、民主政治体制を勝ち取ることに成功した。

台湾は実に面白いケースだ。なぜならそれは紛れもなく中国文化圏にあり、またかつてその政治は多くのテーマパーク的要素に溢れていたからだ。中国国民党の指導者である蔣介石、そして後には息子の蔣経国が、共産主義に対する最後の砦として台湾の支配に乗り出した。その際、あたかも国民党が中国全土を支配しているようなふりをした。

一九八〇年代まで、本土から逃れてきた年老いた国民党員たちは、依然として議会制度に組み込まれ、車椅子で居眠りしつつも議会に出席していた。また、中国皇帝のコレクションを擁する故宮博物院などの機関は、国民党こそが中国の文明を継承、代弁していると主張するためのものだった。しかし、台湾独自の民主主義運動は台湾出身者が先導したもので、それは一九八八年、蔣経国の死後に「台湾民主化の父」李登輝が台頭したことで、平和的に達成された。

そもそも台湾出身の政治活動家たちは、中国全土はおろか、ミニチュア版の中国を支配することに興味がなかった。ただ単に、台湾社会に、台湾人のための民主主義を確立したかったのだ。いったん民主化が進むと、大陸支配の欲望や偽のシンボルが台湾の政治から素早く姿を消していった（有り難いことに、故宮博物院の素晴らしいコレクションは消えなかったが）。

3

日本の政治システムは、完全に民主的ではないかもしれないが、それでも他の東アジア諸国よりも比較的、自由な体制をとってきた。それにもかかわらず、戦後の民主的な日本においてでさえ、一党支配体制が発展した。もちろんシンガポールほどの徹底的な社会統制はされていない。だが、与党の自民党は中産階級と同様の暗黙の協定を結んだ。それは「安全で豊かな国に暮らす見返りとして、政権批判は控える」というものだった。

一九六〇年代初めから、日本人は終身雇用や収入の倍増を約束されてきた。政権や現状への同調は、そのような恩恵の代償として要求されたのだ。すべての人とまでは言わないが、システムが機能するのに十分な数の人々が恩恵を受けた。日本はいかにも官僚的な役人、多かれ少なかれ腐敗した自民党の政治家、そして大企業のトップによって支配されてきた。

多くの点で、日本はいまだ儒教を含む様々な伝統が、「長い物には巻かれろ」とか「出る杭は打たれる」などといった事大主義や事なかれ主義を奨励する格言とともに、それとなしに現代社会に溶け込んでいる父権主義国家とも言える。すなわち秩序、安全保障、ご飯茶碗に盛るご飯と引き換えに、それを保証する権力に従順でいることを求められるのだ。

歴史を振り返ると、しばしば政治的異議を唱える発信源であるはずの知識人は、儒教社会において、支配者に忠実な顧問としての立場を享受してきた。理論的には、支配者が正しい道から逸脱した場合に彼らの誤りを指摘するのが、学のある者の義務とされた。だが実際に支配者に意見するのは、相当勇敢な人でなければならなかった。いつの時代にも勇敢な人がいることはいたが、そのような人々はしばしば、重い代償を支払う憂き目に遭った。「知識人は、国家とは独立した立場で自由に考える存在」という考えは、東アジアでは比較的新しく、中国ではいまだ発達していない。このことは、鄧小平や彼の後継者が国内のほとんどの知識人を経済改革の主流に組み込み、懐柔し、利用することを比較的容易にしたのだった。

一九三〇年代の日本の政府が、知識人を満州国に送り込んで社会経済問題に取り組ませることを容易にしたのと同じ構図がそこにあった。満州に赴いた知識人たちは、西洋帝国主義や資本主義からの「アジアの解放」の名の下に、結果として日本帝国主義の片棒を進んで担いだことになった。

中国政府はまた「政治のシステムを批判することは非愛国的である」という考えを蔓延させることに、かなりの成功を収めている。特に、そのようなシステムの下で教育され、社会的、物質的恩恵を受ける都市部出身のエリート層にとって、中央に批判的になることは概して損なのだ。多くの若い中国人起業家は、おそらくやむを得ずに、資本主義が文化的、知的自由の代用品になり得ると、自分で自分を信じ込ませている節がある。

北京のある不動産開発者は、「商業化」こそが自由な現代社会を構築する最良の方法なのだと私に説いた。彼女はポスト毛沢東時代の、野心と愛国的プライドに満ちた中国版ヤッピーの典型だった。イギリスに留学し、ウォール街を経て中国に戻った彼女は、最新のヨーロッパファッションを身に着けていた。商業とアートの境界線を解消しようとしたアンディ・ウォーホールを好んで、何度も引用した。

そんな彼女の最近のプロジェクトは、万里の長城周辺に建築された一種のテーマパークだ。一一人のアジア人建築家がモダン建築の別荘をデザインし、それを富豪や、プラダやルイ・ヴィトンなどプロモーションイベントを催す企業に、巨額の料金で貸し出している。

社会的地位、安定、愛国心、富などは、拡大する中産階級が文句なしに父権主義的、独裁主義的な資本主義を受け入れるのに十分なバーターであることが証明されてきた。中国で抗議運動を組織すれば、それは即座に重い刑罰に繋がるという事実も、政治への服従が蔓延する別の理由だろう。中国の大都市は、まさにそのような現代社会の、ある種の記念碑となっている。つまりテクノロジーが発展し豊かだが、政治的にも知的にも無菌の状態が保たれている。

言うまでもなく、外国のビジネスマンはこのような状況に満足している。腐敗した役人を相手にするのは面倒だろうが、その役目は仲介者に委ねられる。厄介な労働組合、野党、政治的抗議、そしてより入り組んだ民主社会的雑事を考慮しないでビジネスができることは、ある意味、非常に楽なのだ。

このようなシンガポール的なシステムが果たして中国で長続きするのか。あるいはマルクス主義者が呼ぶところの「内的矛盾」のために、そのシステムは崩れるのか。公的腐敗の告発や、より広範な市民の自由のために繰り広げられた一九八九年の反対運動は、「安定」が決して当然のものではないという警告だった。

しかし、中国の権威主義的資本主義は、もうすでに私が予想していたよりも長く続いているし、今のところその終わりは予想できない。中流の反乱がなければ、システムの終焉はやって来ないだろう。だがそれにもかかわらず、システムが見た目よりはるかに壊れやすいと見る根拠はある。

小国のシンガポールは、中流が主流となって都市国家を存続させるのには容易なサイズだ。だが中国では、都市型エリートは依然として少数派だ。ほとんどの中国人は、繁栄とは縁のない内陸部に住んでいる。多くの農民や労働者が破綻した国営企業から大量に解雇され、物質的恩恵を受けていない。

彼らの娘たちは南部の都市に赴き、中国や外国の工場でほぼ奴隷労働として使われるか、繁盛する性風俗産業で売春婦として働く。息子たちは権利や保証なしに、巡回建設労働者として渡り歩く。そんな人々は自らを組織する術もなく、不満の声は掻き消されていく。たとえ鬱憤が溜まって爆発したとしても、それは散発的な暴動としてねじ伏せられてしまう。

しかしそんな社会は、常に経済動向の人質だ。厳しい不景気になった場合、いくつかのことが考えられる。不満を募らせた中産階級が賛同すれば、暴動が全国的な蜂起に発展する可能性もある。だが、暴徒に権力を剝奪される危険性に鑑みて、これは中産階級にとってリスキーであり、あまり考えられないシナリオだろう。

一方で都市型エリートが、腐敗した一党制に対しより組織化された反乱を起こす可能性もある。あるいは一九三〇年代の日本のように、権力基盤の崩壊に恐れをなした指導者たちが、強硬政策によって国内の不満を台湾や西側諸国に向け、国外に反らそうとするかもしれない。変種のファシズム体制が敷かれる可能性は、非常に高い。

中国共産党が最終的に権力を失い、自由民主主義が成立する可能性も否定はできない。しかし、より暴力的で非自由主義的な解決策の可能性の方が、多く残されている。それらのどれ一つを取っても愉快なものはなく、すべてのシナリオには危険が伴う。だがその一方で、単純に物事は変わらず、大陸サイズのシンガポールとしての中国がそのまま存続する可能性もあるだろう。

その場合、中国は権威主義的資本主義の輝かしいモデルとして、非民主的な政府や、大企業の重役や、弱々しく子供じみた「素敵な生活」を享受する人々によって、称賛され続けるのであろう。世界は巨大なテーマパークとなり、そこでは絶え間ない娯楽やゲームが、自由思想など無用の長物にするのだ。

JUNE 12, 2003, *The New York Review of Books*

英米秩序の終焉

The End of the Anglo-American Order

1

ドナルド・トランプの異様な選挙運動の中でも、最も奇妙なエピソードの一つに、二〇一六年八月二四日、ミシシッピー州ジャクソンで行われた集会がある。そこに現れたのは、自己満足を露わにした英政治家のナイジェル・ファラージだった。トランプはファラージを「ブレグジットの背後にいる男」として紹介した。おそらく群衆のほとんどは、イギリス独立党（ＵＫＩＰ）のリーダーであるファラージが実際誰なのか、知らなかっただろう。

それでもファラージは「我々の独立記念日」について、満面の笑みで演説し、「真の国民」「良識のある人々」「普通の人々」が、既存の権力の中心である金融機関やリベラルなメディア、政治機構に勇敢に立ち向かっているのだと叫んだ。トランプは顔面の皮をつっぱらせて、ワニのように口裂けた笑顔で、手を叩きながらこう誓った。

「ブレクジット、そしてさらなる上へ、もっと、もっと、もっと！」

金融、ビジネス、政治など知的エリートからのほぼ普遍的な反対を押し切って、イギリスをEU（欧州連合）から撤退させるブレグジット政策そのものが、この集会の焦点ではなかった。トランプは演説の中で、ファラージが「ひどい罵倒や、あらゆる障害にもかかわらず」素晴らしい勝利を獲得したのだと、興奮気味にがなり立てた。

「ひどい罵倒」がどのようなものを指すのか曖昧だったが、メッセージは、はっきりしていた。トランプの米大統領選勝利は、ブレグジットと同等の重みのもの、いやそれ以上のものになるのだ、ということだった。トランプが自らを「ミスター・ブレグジット」だと評したのも、そのような理由からだ。

イギリスで話し合った友人や専門家の多くは、私がトランプとブレグジットを比較することに、否定的だった。高名な保守派の歴史家ノエル・マルコムは、そのような比較を耳にすると「心が沈む」と言った。ブレグジットには「国民主権の問題が根本にあり、トランプイズムとはまったく話が違う」というのが、マルコムの主張だった。EUに深入りすれば、自分たちが投票しなかった外国人の決めた法によって、イギリス人が支配されるようになる。そうなれば、イギリスの民主主義そのものが損なわれる、というのがその論拠だ。

欧州連合法に対するそのような見方は、マルコムがブレグジットの投票結果を、あくまでも民主主義の原則問題として解釈していることを物語っていた。グローバリゼーションとか、移民問題とか、労働者階級が味わっている、置いてきぼりの焦燥感とは、無関係だというのだ。

マルコムは、イギリスのラストベルト地帯、つまり斜陽重工業が集中する都市部の労働者たちが、彼自身の信じる気高き民主主義原則に突き動かされて、ブレグジットに票を投じた、と考えているようだった。私は、その点、はなはだ疑問に思った。ポーランド、ルーマニア、その他のEU市民がイギリスにやって来て、より安い賃金で、より勤勉に働く、そのことに対する英労働者の憤怒が、大いに投票結果に影響したと考えている。

その一方で、産業停滞の責任を負わされるイギリス支配階級の人々に一泡吹かせようという反エリート感情も、ブレグジット票に繋がったと思われる。さらにはイギリスに、元来外国人を嫌う島国根性があることも、この際、決して過小評価されるべきでないとも思っている。

アメリカでも、ブレグジットをトランプ勝利の前触れと予測する私の危惧に、なかなか同感を得られなかった。リベラルな友人たちは、絶対にトランプが大統領になることはない、と何度も繰り返し、私を説得しようとした。アメリカの有権者は、トランプの嫌悪すべき扇動の罠に陥るには賢明すぎる、というのだ。

そしてトランプの「芸風」は、一九二〇年代の反移民主義や、一九三〇年代に「富の再共有運動」を立ち上げたルイジアナ州のヒューイ・P・ロングのように、アメリカで定期的に爆発するポピュリズムの歴史を汲むもので、トランプは、到底ホワイトハウスに到達するような候補者ではない、と強調した。そのような伝統的なアメリカのポピュリズムは、不特定多数の怒りが、富裕層、銀行家、移民、または大企業に向けられるという共通点はあるものの、イギリスとは比較できないという意見も多かった。なぜならアメリカはEUのような、超国家主義的な組織に加盟していないから、というのだ。

だがトランプとファラージは、互いに自分たちの共通項をいち早く察知していたのに違いない。ブレグジット確定時、トランプはたまたまスコットランドで、リゾートゴルフ場の再オープニングに立ち会っていた。そこで自分の国とブレグジットの類似点を指摘したのだった。スコットランドが、圧倒的にEU脱退反対の票を投じていたのもおかまいなしに、ブレグジットは「素晴らしいことだ」と豪語した。イギリス人は、「自分たちの国を取り戻したのだ」と。「主権」「支配」「偉大さ」といったような単語は、トランプとファラージのキャンペーンで多用され、集まった支援者たちを興奮させた。ただ両者の間で、同じ言葉が、まったく異なる意味を持っていたことも考えられる。

確かにファラージと支持者たちは、イギリスのナショナリストであり、イギリスの国家主権を、欧州連合から奪回することを望んだ。一方トランプは、「誰から」国を取り戻そうというのだろうか。国際エリートの牽引するIMF（国際通貨基金）や、WTO（世界貿易機関）が、アメリカの労働者階級にダメージを与えている有害な組織だと主張してきてはいる。しかし、トランプ支持者たちの大部分が、本心からそのような機関に対して激怒しているとは、到底想像できない。

実際に、IMFやNATOを含むほとんどの国際機関は、アメリカとその同盟国の利益を促進するために、アメリカ合衆国の指揮下、設立されたのである。また欧州統一の動きや、結果として生まれたEUも、トランプ以前のアメリカ大統領たちによって、承認されてきただけでなく、大いに奨励されてきた歴史がある。しかし、トランプの「アメリカ・ファースト」の感情――それはまさに現時点では「感情」以上のものではなく、「政策」とは言い難い――は、それらの機関に対して、敵意をむき出しにしている。そして多かれ少なかれ、ナイジェル・ファラージのようなタイプの輩も、同様の感情を持っている。

結局、ファラージとトランプは同じ言葉で、同じ意味のことを語っていたのだった。だが彼らの共通点は国際機構、または超国家機構に向けられた憎悪だけには留まらない。

ファラージは前述のジャクソンでのスピーチで、銀行、リベラルなマスメディア、政治エスタブリッシュメントに向けて毒を吐いた際、外国のことを考えていたわけではなかった。標的は「我々の中の外国人」、つまりエリート層の、「愛国的」でなく、「普通」でなく、「まとも」でないとファラージが示唆する人々だった。

投票前にはブレグジットに反対していたテリーザ・メイ英首相は、国際感覚に長けたエリートを「どこの国民でもない」と評した。三名の高等裁判事が、ブレグジットの法的措置は、内閣だけでなく、英議会もその決断に加わるべきだと判じると、ブレグジット派のタブロイド紙は、彼らをこぞって「英国民の敵」と非難した。

トランプも同様に、意図的に、「愛国的」でない人々へ向けられる憎悪心を掻き立て、イスラム教徒や移民、難民、メキシコ人などに対し、侮蔑的な言葉を発した。しかし最も鋭い敵意は、愛国的米国市民を軽蔑しマイノリティーを甘やかすとされる、アメリカ国内のエリート主義者たちに向けられたものだった。

トランプの大統領選キャンペーン終盤に出された選挙広告は、かつてヨシフ・スターリンが「根無し草のコスモポリタン」と呼んだ人々を、特に狡猾なかたちで攻撃した。誠実な労働者の富を強奪する「グローバル権力構造」に言及し、ジョージ・ソロス、ジャネット・イエレン、ロイド・ブランクファインの写真が映し出された。必ずしもすべてのトランプ支持者が、この三人全員がユダヤ人であることに気づいたわけではないだろう。しかしそれに気づいた人々が、その意味するところを見逃すことはなかったはずだ。

トランプとファラージはミシシッピー州の壇上で、自分たちがあたかも外国人の利益から偉大な国を「取り戻す」愛国者であるかのような口ぶりで演説した。そして二人ともが、イギリスとアメリカを例外的な国家とみなしていることに間違いはなかった。しかし、彼らの成功は英米例外主義的な一つの考えに真っ向から対抗するもので、その点が憂慮すべき点なのだ。

アメリカやイギリスの伝統的な国粋主義者たちが、自国を「輝ける丘の上の街」とか「邪悪な大陸から見事に孤立した島国」と讃えてきたが、ここではそんな類の例外主義のことを言っているのではない。問題なのは、第二次世界大戦によって形成された、別種の英米例外主義だ。ドイツと日本の敗戦は、アメリカの率いる壮大な同盟グループを、西側諸国とアジアにおいて生み出した。ローマ帝国のもたらす平和を形容した「パックス・ロマーナ」ならぬ「パックス・アメリカーナ」は、統一されたヨーロッパとともに、民主世界を安全に保つために必要不可欠だった。しかし、トランプやファラージの思いのままになれば、戦後構築されたそのような秩序の大部分は、おじゃんになるだろう。

2

ヨーロッパの大部分が、ナチスやファシストの独裁政権によって蹂躙された数年の間に、英米同盟は「自由」「民主主義」「国際主義」の最後の砦として踏ん張った。私は、まさに彼らが形成した世界に生を受け、育った。私の生まれる六年前の一九四五年、非常に勇敢なポーランド軍の助力を受け、母国であるオランダは、英米軍によって解放された。

直接体験としての解放を知らない私たちの世代も、たとえばノルマンディー上陸を扱った『史上最大の作戦（*The Longest Day*）』のような映画を観ることで、その記憶を受け継いでいった。ジョン・ウェイン、ロバート・ミッチャム、ケネス・モアと彼のブルドッグは、私たちに自由をくれた英雄だった。

もちろん幼稚な考えではあった。そんな解放ナラティブの問題の一つは、ソヴィエト軍が果たした役割をまったく無視しているところだった。実際、ソヴィエト兵は、私が生まれる前からの命の恩人だった。ナチス占領時、ユトレヒト大学で法律を学んでいた私の父は、占領軍に忠誠を誓うことを拒否した他の若者とともにベルリンの工場に送られ、何年間も強制労働を強いられた。終戦の混乱時にはドイツ人と間違えられ、銃殺される寸前の憂き目にあった。ぎりぎりで命拾いできたのは、ソヴィエト将校のおかげだった。しかし勝ち誇る英米、特にアメリカが我々の育った戦後の西側世界の大部分を形成したことに間違いはなかった。

一九四一年に、チャーチルとルーズヴェルトによって起草された大西洋憲章の文言は、戦争で破壊されたヨーロッパ全体に、深く共鳴した。貿易の障壁は外され、人々は自由になり、社会福祉は進歩し、国際協調、グローバル協調が後を追う。チャーチルが憲章を「法律ではなく、(行き先へ導いてくれる)星」だと評した所以だ。イギリスが特別なジュニアパートナーとしての役割を果たした「パックス・アメリカーナ」は、ワシントンよりもロンドンで、より強くその特異性が感じられていた。それは自由主義の合意に基づく世界観に根付いていた。

主にソ連の脅威に対抗し、西側の民主主義を守るために設立されたNATO(北大西洋条約機構)だけでなく、ヨーロッパ統一の夢も、一九四五年の瓦礫の中から生まれた構想だった。リベラル、保守派を問わず、多くのヨーロッパ人が、統一ヨーロッパこそが、大陸の再崩壊を防ぐ鍵だと考えていた。大英帝国と英連邦に最大の忠誠を誓っていたウィンストン・チャーチルでさえも、統一ヨーロッパを支持したのだった。

冷戦は勝利した同盟国に、さらに重要な役割を課した。アメリカの保護下で自由を享受する西側諸国は、ソヴィエト・イデオロギーに対抗する包括的なイデオロギーを必要としていた。それにはより広範な社会、経済平等の取り決めが含まれていた。

もちろん人種差別や偏見の長い歴史を持ち、時折、赤狩りを掲げたマッカーシズムのようにヒステリックな政治発作を起こすアメリカや、階級制度から脱却しきれないイギリスが、戦後世界に提示した輝かしい理想に適う社会を持っていたとは言い難い。それにもかかわらず、英米社会が例外的に自由だというイメージは、根強く冷戦期を通して生き残った。それは枢軸国に戦争中に占領された国だけでなく、敗戦国のドイツ（少なくとも西ドイツ）や日本においても同様だった。

アメリカの威信は、ヨーロッパを直接解放した兵士たちによってだけではなく、自分たちの社会をより平等にし、民主主義をより包括的にするために戦った、アメリカ国内の勢力によっても大いに強められた。マーティン・ルーサー・キング・ジュニア牧師や、人種隔離バスに抵抗したフリーダム・ライダー、あるいはオバマ大統領のような人々は、自国の犯した不正行為に戦いを挑み、アメリカの例外的あり方を示し、存続させた。

一九六〇年代の若者文化にも、同様の作用があった。チェコの劇作家で、後に大統領になったヴァーツラフ・ハヴェルが、フランク・ザッパ、ルー・リード、ローリング・ストーンズなどを政治的英雄として称賛したのは、軽薄な気持ちからではなかった。共産主義の抑圧下で、アメリカとイギリスのポップミュージックは、自由を表していた。

第二次世界大戦後ほどなくして生まれた世代のヨーロッパ人は、しばしばアメリカの政治や戦争に対し、反米主義を露わにした。しかし皮肉なことに、その敵意の表現は、ほとんどがアメリカの反体制文化からの借り物だった。

ボブ・ディランは二〇一六年のノーベル文学賞を受賞したが、スウェーデンの選考委員たちがディランの抗議の言葉とともに育ったベビーブーム世代であったことは、授賞理由の一つとして見逃してはならない点だろう。

例外主義に根ざすアングロサクソンの自由の理想は、ボブ・ディランやローリング・ストーンズはもちろんのこと、ヒトラー敗北の余波よりもはるか以前から存在していた。アレクシ・ド・トクヴィルによる、一八三〇年代のアメリカ民主主義の称賛は、よく知られるところだ。だが、同時期に書かれたトクヴィルのイギリス評は、あまり知られていないだろう。

フランス革命の直後に生を受けた彼は、偉大な貴族階級を持つイギリスが、なぜフランスのような激変を免れたのかという疑問に取り憑かれていた。なぜイギリスの民は、エリート層に反乱しなかったのだろう。トクヴィルの答えは、イギリスの社会システムには最小限の「隙間」があるというものだった。エリートに生まれなくとも、人は、勤勉、創意工夫、運を持ってすれば、社会でのし上がることができる、少なくとも、その夢を抱くことができるというのだ。それこそ、イギリス版のアメリカン・ドリームだ。『偉大なるギャツビー』は、アメリカの小説ではあるが、イギリスでも起こり得た話なのだ。

実際の一九世紀イギリスでは、乞食が金持ちになるような話は、あまりなかっただろう。しかしイギリスが、セファルディム系ユダヤ人の息子ベンジャミン・ディズレーリのような人物をも首相に選び、伯爵にする国であったというのも揺るぎない事実だ。そのことが、他のヨーロッパ社会においてもイギリスの特殊性が信じられる理由になった。

ロシアやリトアニア、または私の母方の曾祖父母のように、ドイツ系ユダヤ人がイギリスに移住したのも、いつの日か自分たちが生粋の英国紳士、淑女になることを夢見られたからこそだった。イギリス崇拝は、アメリカン・ドリーム同様、複数の神話に基づいているのかもしれない。そして神話はフィクションでも、力強く、長続きするものでもある。イギリスとアメリカにおいては、十分な努力と才能こそが、逆境を乗り越える鍵になるという考えが、特に重要視されている。

英米資本主義は、いろいろな点で生き馬の目を抜く厳しさがあるが、自由市場は、新しい才能や安価な労働力を受け入れるため、結果として、実利的で比較的開放的な社会を生んだ。そのような社会では、移民がより良い生活を手に入れることができる。それは閉鎖的、共産主義的、または独裁的な政権の反対を行く社会像だ。

ドイツ皇帝ヴィルヘルム二世は、まさにそのような自由社会を嫌悪するタイプの人間だった。一九一八年、自ら率先して戦いを挑んだ第一次世界大戦でドイツが敗北を喫したため、退位を余儀なくされた。ビクトリア女王の孫で、イギリス人の血が半分流れていたカイザーは、イングランドを「商店主の国家」と呼び、邪悪な外国人エリートによって腐敗した「ユダ・イングランド」だと評した。そのような国では、血と土よりも、金銭が大事にされるのだとした。

何十年か後、そのような反ユダヤ主義的表現は、主にアメリカの富を形容する際に、使われるようになった。ナチスは、ユダヤ人資本家がハリウッドだけでなくワシントンD・C、そして当然ニューヨークをも支配していると信じて疑わなかった。

そしてこのような考え方は、ヨーロッパではもうあまり聞かれないにせよ、依然として中東やアジアの一部で一般的に受け入れられるところだ。現代の英米ポピュリストが濫用する「邪悪で、陰謀を企むコスモポリタンエリート」や「どこにも属さない市民」とは、恐ろしく皮肉なことに、英米同盟の敵が、英米に向けて伝統的に使ってきた文句だったのだ。

しかしながら、カイザーの悪意に満ちた言葉はさておき、一九世紀中頃から実践されてきた英米主導の自由経済が、より暗い面を持っていることは否めない。富の再分配はなく、最も脆弱な市民は守られない。

もちろん例外はあった。ルーズヴェルトのニューディールや、労働党のクレメント・アトリー政権の政策が挙げられる。後者はイギリスにおける無料の国営医療事業、国民保健サービス（NHS）、公共住宅や教育の改善など、福祉国家の恩恵を保証した。自国のために兵士として命を賭けて勝利に貢献した労働階級の人々は、もちろんそれ以下の待遇を受け付けなかっただろう。

しかし、一般的にイギリスとアメリカは、多くの西側諸国と比較して、平等主義の理想よりも、個人の経済的自由により重きを置く傾向がある。そして、そのような社会に置いて迅速で根本的な変化をもたらすのは、国家ではなく、自由競争に生きる企業に他ならない。

一九八〇年代、「レーガン・サッチャー革命」は金融サービスの規制緩和を皮切りに、炭鉱や製造工場の閉鎖、ニューディールやイギリスの福祉国家制度の恩恵を削減することに成功した。それは大西洋の両岸で、多くの保守派によって高く評価された。これぞ英米例外主義の勝利だ、自由のための大きなクーデターだと称賛されたのだ。

イギリス以外のヨーロッパ人は、そのような意見に懐疑的だった。彼らは、サッチャリズムやレーガノミックスを無慈悲な経済自由主義と見なし、ある一定のグループの人々をより豊かにしながら、その他大勢を見放すシステムだと考えた。それにもかかわらず、国際競争力を高めるために、やがて多くの政府が同じ経済システムを模倣し始めた。

このような変化が冷戦終結時に起こったことは、決して偶然ではなかった。ソヴィエト共産主義の崩壊は、ヨーロッパの最終的な「解放」として祝われたのだ。第二次世界大戦後、鉄のカーテンの「間違った側」に残された国は、やっと自由になったのだ。ジョージ・H・W・ブッシュ大統領は、唯一のスーパーパワーによって牽引される「新世界秩序」について語った。レーガン・サッチャー革命が勝利したかのような瞬間だった。

しかし共産主義の終焉は、それほど望ましくない結果をも西側世界にもたらした。ソヴィエト帝国への恐怖は、反共主義的であった社会民主主義の理想を含む左派思想を一緒くたに汚す結果となった。「歴史の終わり」が宣言され、英米自由主義、民主主義モデルが永遠に独り勝ちすると予測されたのだ。反面、社会に重きを置く集団的理想主義のすべてが、強制収容所に直結すると考えられた。サッチャーはかつて、社会など存在しない、個人や家族が存在するのみだと言い放った。人々は国家に期待せず、自分自身で生き残る術を身につけなければならなくなったのだ。

急進的経済自由主義は、社会民主主義的な政府よりも、伝統的な社会を破綻させる結果となった。サッチャーの最も執念深い敵は、鉱夫や産業労働者だった。ネオリベラリズムのレトリックは、「繁栄の雫が、上から伝わり落ちてくる」ということに終始していた。しかし現実は、決してそうではなかった。

貧困の蔓延するラストベルト地帯で暮らす労働者とその家族たちは、二〇〇八年の金融危機で、再び打撃を被った。一九四五年、アメリカがより安定した戦後世界を確保するために設立したIMFのような機関は、もうすでにうまく機能しなくなっていた。IMFは危機が迫っていることさえ、予見できなかった。危機から復活できなかった多数の人々が、ブレグジット、そしてトランプに投票することで反撃に出たのだ。

3

ブレグジットもトランプも、そのような不満を持つ有権者たちに大きな利益をもたらすとは考えられない。しかし、少なくとももしばらくの間、自分たちの国が、より豊かで、より純粋で、より健全な過去に戻れることを夢見ることができる。そのような想像上の過去に根ざす回帰願望は、なにもアメリカとイギリスだけを蔽っているわけではない。

同じことが、オランダのように、長い自由民主主義の伝統を誇る他国でも起きている。二〇年前、アムステルダムと言えば、警官が公然とマリファナを吸うような、ワイルドで進歩的な考えを体現する首都と見なされていた（警官については、あくまでも都市伝説ではあるが、それが伝えようとするところは、的を射ているだろう）。

オランダ人は、人種や宗教に対する寛容さから言えば、世界のチャンピオンだと自負していた。ヨーロッパ諸国の中でも、オランダは、英米圏の実利主義に一番しっかりと根ざしていた。しかし最近の世論調査によると、現在最も人気のある政党は、反イスラム、反移民、反EUを掲げる、ヘルト・ウィルダースのワンマン政党、自由党であるという。ウィルダースはトランプの勝利を、「愛国の春」の訪れと評した。

フランスでは、ウィルダースとトランプ熱を共有するマリーヌ・ルペンが、大統領の座を競う立場にいる。ポーランドやハンガリーではすでに、東欧の反体制派が、それらの国がかつて苦労の末手にした自由主義を拒絶する、ポピュリストの独裁者たちによって支配されている。このような潮流は、イギリスとアメリカがもはや例外ではないことを意味するのだろうか。おそらくそうだろう。しかしその反面、私は、英米例外主義という考えそのものが、英米におけるポピュリズムを、より強力にしたことも、また揺るぎない事実だと考えている。

第二次世界大戦の西側の勝者たちが特別で、他国の人々よりも勇敢で、自由であり、アメリカが人類史上最大の国であること。またヒトラーに対して単独で立ち向かったイギリスが、非ヨーロッパ諸国だけではなく、どのヨーロッパ諸国にも優る国だという自負。そうした考えは、いくつかのまずい構想の戦争を引き起こしただけでなく、英米資本主義に組み込まれた不平等を、見て見ぬふりをすることにも繋がった。教育や富の面で、社会の下層にいる人々でも、アメリカ人やイギリス人に生まれついたという幸運を享受し、先天的優位の自覚を持つことができたからだ。

このような考えは、前世紀の最後の数十年間まで、疑われることなく生き残っていた。しかしやがてイギリスの労働階級や中流の下の階級の人々は、ますます豊かになる富裕層に比べ、目に見えて衰え始めた。そしてそれだけではなく、外の世界に疎いタイプのイギリス人でさえも、ドイツ人、スカンジナビア人、オランダ人、またはイギリスの最も古いライバルであるフランス人より、自分たちが低い生活水準に甘んじていることに、気づき始めた。行き場のない怒りを解消する方法の一つは、サッカースタジアムで英爆撃機を模倣し、ドイツのファンを罵倒し、自分たちが戦争に勝ったのだと、敵国をなじることだった。

いわゆるフーリガンになるのは恥ずべき少数派であったが、同じ感情を、他の方法で表現することはより多くの人にもできた。ほとんどの英国民が特に愛着を持っていなかったEUは、実際にはイギリスの多くの地域を繁栄させた。古い工業都市や鉱山の荒廃は、EUの政策がもたらした結果ではなかった。

それでもヨーロッパ懐疑主義者たちは、ブリュッセルでEUを操作しているとされる外国人を非難することで、国内の問題から、不満を反らしたのだ。ヨーロッパ嫌いは、イギリスがヨーロッパに吸収されるために「戦争を戦ったわけではない」と主張したが、そのためにはヒトラーだけでなく、ナポレオンの亡霊が呼び起こされることもあった。

第二次世界大戦で活躍した英戦闘機のスピットファイアや、チャーチルの語るところの「英国の最高の時間」は、ヨーロッパ離脱キャンペーンで、英国独立党の手によって、修辞的復活を果たした。ブレグジット派の政治家の中には、大英帝国の偉大さを称賛する者もいた。しかし、EUを離れることによって「支配力を取り戻す」ことは、ほとんどの英国民をより繁栄させることには繋がらない。逆の現実が待っているはずだ。だが、そう唱えることによって、相対的な失敗の痛みを取り除くことはできる。自分たちは例外で、特権があって、何より「偉大」であるという気持ちを助長するのだ。

似たようなことが、アメリカでも起こった。長い間、最も特権を有さないアメリカ人でさえ、自分たちが神の国に住んでいるのだという自負に励まされてきた。特に白人のアメリカ人は、いくら貧乏で教育がなくても、常に自分たちの下に、さらに権利を持たず偉大さを共有できない、黒い肌のグループの人々が存在するという状況に、なだめられてきた。だがこれは、ハーバード大学卒の、肌の黒い大統領の下で、ますます維持しづらい、時代遅れのフィクションと成り果てたのだ。

トランプとブレグジットを推進した指導者たちは、そのように、取り残されたと感じる人々の感情にアピールする、鋭い直感を有していた。ある意味トランプは、ひねくれ者のギャツビーだ。大きなコミュニティーの傷ついたプライドに付け入り、自分たちが置いてきぼりにされることを恐れる人々の焦りや熱意を掻き立てた。

アメリカでは、これが古い移民排斥主義を、イギリスでは、ブレグジットの背後にある英国ナショナリズムを引き出した。しかしどちらの場合も、「国を取り戻す」ことは、一九四五年以降、英米人自身が描いてきた世界からの退去を意味する。イギリスのナショナリストは、現代版の「栄光ある孤立」を選んだ（逆説的だが、この文句は、ディズレーリ首相下の対外政策を表現するフレーズだった）。トランプは「アメリカ・ファースト」を望んでいる。

4

ブレグジットのイギリスと、トランプのアメリカは、「パックス・アメリカーナ」や統一ヨーロッパの支柱を倒そうとする野望によって繋がっている。屈折してはいるが、これはイギリスとアメリカの「特殊な関係」の復活を、告げているのかもしれない。悲喜劇的な歴史が繰り返されることになる。

トランプは、ロナルド・レーガンとマーガレット・サッチャーが築いたのと同じような関係を持ちたいと、テリーザ・メイに告げたという。しかし、大統領選の勝利を祝福するために、最初にトランプタワーに到着したイギリスの政治家は、メイ首相や外務大臣のボリス・ジョンソンではなく、ナイジェル・ファラージだった。

トランプとファラージは、金メッキのエレベーターの前で、小学生のような笑みをたたえて勝利に酔い、かつて各々の国を例外的に偉大にしたキーワードを繰り返した。「自由」だ。トランプの私邸で、ファラージは、ウィンストン・チャーチルの胸像を大統領執務室に戻したらどうかと提案した。トランプは、素晴らしい考えだと応じた。

トランプ勝利の一ヶ月前、ブレグジットの投票から三ヶ月後、私は偉大なイギリス人軍事史家マイケル・ハワード卿を、彼の田舎の家に訪ねた。ハワードは若い頃、英軍将校として、ドイツ軍と戦った。一九四三年にイタリアに上陸し、サレルノの攻防戦に参加した。その戦いの功績で、戦功十字章を授与されている。ジョン・ウェインやケネス・モアはファンタジーだったが、九五歳になるマイケル卿は、本物の英雄だった。

私の祖父母がロンドンから隠居して住んでいた家から、わずか数マイルの地元のパブで、昼食をともにした。その後、ブレグジット、第二次世界大戦、アメリカ政治、ヨーロッパ、そしてそれぞれの家族について話が弾んだ。そこには、これ以上イギリス的なものはないというほど、圧倒的にイギリス的な情景があった。淡い秋の太陽が、バークシャーの緩やかな起伏の丘に沈んでいく。私の母方の曾祖父母のように、マイケル卿の母方の祖父母もドイツ系ユダヤ人で、イギリスに移住し、成功した。

私の家族もそうだったように、マイケル卿の移民の家族も、「正真正銘」のイギリス人になった。マイケル卿はオックスフォードの欽定教授であるとともに、エール大学の教授でもあり、アメリカをよく知っている。チャーチルが作り上げた「特別な関係」については幻想を持っておらず、それはいつも大げさに宣伝されてきたと、クールな目で評す。

マイケル卿の応接間に座り、周りに積み重ねられた本（その多くが第二次世界大戦関連の物だった）を見回しながら、ブレグジットに関する卿の考えを聞いてみた。怒っているというよりは、沈鬱な口調で答えた。ブレグジットは「西洋の崩壊を加速している」と。自分が戦った大戦後に、慎重に構築された世界を考えて、こうも語った。「おそらく、それは大海の水泡に帰すだろう」。英米の特別な関係についても聞いてみた。「ああ、「特別な関係」か。それはキリスト教のように、必要な神話だったのかな。でも、ここからどこに行くのだろう」

本当にどこに行くのだろう。西側の最後の希望は、ドイツかもしれない。マイケル卿が敵として戦った、子供の頃に嫌いだったドイツだ。勝利の翌日、アンゲラ・メルケル独首相がトランプに送ったメッセージには、防御されるべき西側の価値観が、完璧に表現されていた。首相は、米国との緊密な協力を歓迎すると語ったが、あくまでもそれは「民主主義」「自由と法の尊重」「起源、肌の色、宗教、性別、性的指向、政治的立場とは関係ない、個人の尊厳」を基盤とした協力だと強調した。メルケル首相は大西洋憲章の、真の相続人のように映った。

かつてドイツも、例外的な国であると考えられていた。その考えは、世界的な大惨事をもたらした。ドイツ人はそこから教訓を学んだ。彼らは、もはやいかなるかたちでも、例外的であることを望んでいない。そのためにこそ、統一されたヨーロッパに、ドイツが組み込まれることに、非常に熱心であった。ドイツは、特に軍事的な意味で、他国を率いるようなことを欲さない。その点に関して、ドイツの隣人も同意見だったろう。

「パックス・アメリカーナ」は、ドイツの例外主義の復活よりも、はるかに好ましいと思われていた。そして、私もまだそう思う。しかし、トランプとファラージの写真に今一度目を落とすと、その確信が揺らいでくる。歯をむき出しにして、大喜びで親指を突き出す二人。金ピカのエレベーターのドアの光が、彼らの頭髪を照らす。もしかすると、ドイツは英米がもたらした戦後の教訓を、真摯に学びすぎたのではと、考えてしまうのだ。

The New York Times Sunday Magazine, November 29, 2016

訳者解説

堀田江理

古代ギリシャの時代から、おそらくはそれ以前から、人間は演劇を通じて社会の真実を表現し、疑似体験してきた。それは「ものを語る」という芸術の一形態であり、作家が字数の限られたエッセイに己の洞察を凝縮し、読者の共感を促すプロセスとも似ている。イアン・ブルマの評論集『暴力とエロスの現代史』は、我々の歴史や社会、それを反映する芸術を「劇場」と見立てているが、それと同時に個々のエッセイを、劇演目として解釈することもできる。

本書に掲載されたそれらの演目は、大部分が二〇一五年ペン・エッセイ大賞（The PEN/

Diamonstein-Spielvogel Award for the Art of the Essay）を受賞した*Theater of Cruelty: Art, Film, and the Shadows of War*（『残酷の劇場——芸術、映画、そして戦争の影』）から選ばれている。原著に収められた二八編はすべてが時事文芸評論誌『ニューヨーク・レビュー・オブ・ブックス』（通称『ニューヨーク・レビュー』）に、過去二〇年近くにわたって掲載された作品で、ルポルタージュや講演など例外はあるものの、主としてその時々に旬の新刊書や公開中の映画、美術展などを論評するスタイルをとっている。

本書はその中から著者が特に日本の読者向けに厳選した一五編と、新たに『ザ・ネイション』誌、『ニューヨーク・タイムズ』紙に寄稿したエッセイを加えた全一七編で構成されている。前書きにもあるように、ここに登場するエッセイの多くが「恐怖」「性」「死」「残酷性」といった、著者を魅了してやまない人間社会の普遍的な題材を扱っている。時を経ても決して色褪せず、かえってその力強さや先見性に感心させられる部分も多い。

「芸術表現としての劇場」または「劇場としての社会や歴史」、そんな二重の意味での「劇場」に敬意を払う意図もあり、本書は三幕仕立ての劇作品に擬えた三部構成になっている。それぞれが歴史家として、文芸評論家として、そして時事分析家としてのブルマの特徴を捉え、その圧倒的な守備範囲の広さを明確にしているので、以下の解説もテーマ別の「一幕」ごとに行うことにする。

I　戦争、その歴史と記憶

ここで言う「戦争」とは、概して第二次世界大戦のことである。戦争の落とす影の中に育った戦後世代の著者には「親や祖父母たちが経験したような困難に直面したら、自分はどうするだろう」という疑問が、常に頭のどこかにあったという。

本書で最も初期の一九九九年に出版された「被害者意識、その喜びと危険性」は、まさにそのような疑問をホロコースト史関連の著作に重ねて著者が熟考し、感傷主義に陥ることなく問題点を明快に言語化した力作だ。何が実際に起こったかを検証する「歴史」ではなく、誰がどのように感じたのかという「記憶」がより重要視される傾向は、特に歴史問題が政治利用される場面で、エッセイ執筆当時よりもさらに顕著になっていると言えよう。

それはユダヤの血を引くブルマにも理解できる罠だ。彼がアウシュヴィッツでドイツ人観光客の姿を目にした際、「自分がいかにも道徳的に優位な立場にいる人間であるかのような錯覚」を反射的に感じたという。そんな自分をも戒めつつ、歴史や「アイデンティティー政治」に道徳的相対論を持ち込む危険性に警告を発する。

実際に自分が経験をしなかった苦難の歴史、否、「記憶」を、当事者の子孫が道徳的優位を感じながら振りかざし、アイデンティティーの拠り所とするという構図は何とも穏やかでない。ではどうやったらそのような安易で屈折した「喜び」の誘惑に抵抗し、歴史を歴史として、その様々な色合いやニュアンスとともに理解することができるのか。まずは数字に残る統計や客観的な記録とはまた違う場所で、歴史を生きた人々が何を見て、何を感じたのかを知ることが重要だろう。残された彼らの日記、手紙、追想録などを読み、それらが書かれた環境を具体的に理解することが必要だ。

二編のエッセイ「真珠湾に歓喜して」と「帝国のための自決」では、ドナルド・キーンや大貫恵美子による、文化人から特攻隊員に至るまでの様々な日本人の戦争観を探る作品を批評している。

「占領下のパリ」も、状況の違いこそあれ、戦時フランスに生きる個人が何を感じ考えていたのかを、一般人の日記を通して綿密に論じる。ナチス占領下に暮らすユダヤ人と非ユダヤ人、対独協力者、レジスタンス運動家など、境遇、信念、勇気の度合いは十人十色だった。フランス社会は一丸となってナチスに抵抗したというド・ゴールの戦後見解は、決して鵜呑みにしてはいけないことを、このエッセイが明らかにする。

そんな気づきは、さらに「戦争と倫理」という難題に、著者を向き合わせる。「ドイツの破壊」は戦時の破壊だけでなく、それを受け継ぐ世代がその事実とどう向き合うべきかという倫理考察を深めたエッセイだ。戦争を始めた加害者でありながら、執拗とも言える無差別空襲を受けた「被害者としてのドイツ」を語ることで、ヨルク・フリードリッヒが二〇〇六年に出版した著作『炎』はドイツ国内のタブーを破った。

その書に批判的な目を保ちつつも一定の理解を示すのは、やはりブルマが歴史を終わることのない過去との対話として、また歴史家自身をその時代や社会から切り離せない歴史の一部として見ているからだろう。そんなE・H・カーに通ずる著者の歴史観が、このエッセイでは浮き彫りにされている。

ここでぐるっと回って、解説の冒頭に戻ることになる。「自分だったら戦争中にどうしたか」という問いは、言いかえれば戦争の落とし子である自分やそれを取り巻く環境を理解するために、より良く歴史を知りたいということなのだろう。そしてそんな欲望や情熱が、著者の知的原動力なのではないか。

ブルマの場合、育った環境は恵まれていながらも複雑で、ヨーロッパならではと言える。母はイギリス人だが、三代前まで辿れば祖先は主にドイツ社会に根ざしたユダヤ人だった。イギリス社会に同化しようとした移民「二世」世代のブルマの祖父母は非常に愛国心が強く「普通のイギリス人よりもさらにイギリス人らしく」振る舞い、新天地で最高とされる教育を受け、イギリスのエリート社会に居場所を見つけた。

エッセイ「占領下のパリ」に登場するユダヤ系インテリ大学院生エレーヌ・ベールは、自分をフランス人以外の何者でもないと信じて育った。だが、ナチスの占領以降、フランス人から他所者扱いされることに憤りや悲しみを感じ、それを日記にぶつける。国が違えば、それはブルマのイギリスの祖父母にも起こり得た運命だった。

「何よりもイギリスを愛する」と言ったブルマの祖父は一七歳で陸軍に志願し、一等兵として第一次世界大戦の激戦地で戦ったのを皮切りに、第二次世界大戦でも軍医としてそのほとんどを戦地で過ごした。祖母も同じく、銃後で民間ボランティア活動に努めた。そんなイギリス愛国者の祖父母は世俗的で、「ユダヤ人」としての意識は希薄だったもののの、イギリス社会の無知や傲慢からくる差別と無縁ではなかった。

そしてドイツにおけるユダヤ人迫害が始まれば、その窮状に無関心ではいられなかった。ナチス台頭後、私財を投げ打って十数人のユダヤ系ドイツ人子弟を引き取り、孤児の運命を背負った彼らをイギリスで育てた（現在八〇代、九〇代になった存命の難民児童は世界各地に散らばっているものの、いまだに密に連絡を取り合い、同窓会を開くこともある）。

一方、ブルマのオランダ人の父は、ドイツ国境にほど近い北部フリースラント出身の牧師の息子だった。エッセイ「ドイツの破壊」の中でも触れられているように、ナチス占領時は大学の法学部に入ったばかりだったが、占領政府に忠誠を誓うのを拒んだためベルリンに強制移送され、劣悪な環境の工場で数年間の労働を余儀なくされた。無差別空襲を生き延び、やがてソヴィエト軍が侵攻してくると、ドイツ人に間違えられた彼は危うく銃殺されそうになる。銃が発砲される間際になって、英語を解するソヴィエト将校が状況を察知し命拾いをしたため、まさに歴史の生き証人となったのだった。

そんな父親の父は、プロテスタントの牧師とは言っても、非戦主義などリベラル思想で知られるメノナイト派で、特に戒律に厳しいというわけではなかった。戦後に息子がユダヤ系イギリス人と結婚することになっても、反対しなかったという。

このような両親の元に生まれたブルマと二人の妹は、きわめて世俗的かつ無宗教の家庭で育った。生活の拠点はハーグにあったものの、休みになればイギリスの家族とともに過ごし、長い夏のヴァカンスにはフランスやドイツやスペインを訪れ、異言語を身につけるという、ヨーロッパの「雑種」ならではの環境を享受して育ったのだった。それはまた著者が自然に、また必然的に「歴史」というものが、決して一つのグループの専売特許でなく、そこに不変の解釈はないことを、身をもって学べる環境でもあった。

祖父母、両親、そして自分自身を理解することに必要不可欠な「戦争」の歴史に向ける情熱は、第Ⅰ部のこれらのエッセイに特に色濃く反映されている。その視点は特定のコミュニティー、および国への忠誠心や偏見に惑わされない、容赦なくも理解ある眼差しに支えられていると言えるだろう。

ここに挙げたエッセイに興味を持たれた読者には、特にブルマによる戦争関連の著作をお勧めしたい。日独の戦争の歴史がどのように継承されているかを検証した『戦争の記憶――日本人とドイツ人』、世界で第二次世界大戦終戦がどのように受け入れられ、戦後国際秩序の構築が始まったかを研究した『廃墟の零年 1945』、戦争によって離れ離れになったイギリスの祖父母が、何年もの間ほぼ毎日交わした手紙をベースに書いた家族社会史『彼らの約束の地（*Their Promised Land*）』（未邦訳）の三作だ。

第Ⅱ部は、映画やその他視覚芸術を主題とする、文芸評論家としての著者の作品を扱っている。ブルマの伯父（母の兄）は、『真夜中のカーボーイ（*Midnight Cowboy*）』でアカデミー賞監督賞を受賞したジョン・シュレシンジャーで、そのきらびやかなキャリアやカリスマ性は、著者の少年時代の憧れだった。さらに叔母の一人もロイヤル・シェイクスピア・カンパニー専属の女優だったため、常に映画や演劇はブルマ少年の生活の一部であった。やがて大学生になると、日本の演劇や映画に強く惹かれて留学した経緯は、前書きで本人が述べている通りである。当時のブルマはまた、写真やアートなど視覚芸術一般に多大な興味を寄せていた。

初めて出版した本は彫り師の二代目彫文の作品に焦点を当てたドナルド・リチーとの共著『日本の刺青（*The Japanese Tatoo*）』だった。文章を書いたのはリチーで、ブルマは彫り師の作業工程や施術中の人の姿を捉えた、今となっては貴重な写真を提供している。その後、執筆家としてのキャリアをスタートさせたのも『ジャパンタイムズ』紙の映画評論欄の担当になったのがきっかけだった。つまり青年時代の著者は、文筆というよりは、よりアーティスティックな嗜好が強かったのである。

ここに登場する三編のエッセイは「戦争」と「芸術」という、著者の二つの情熱を見事に融合させている点で興味深い。クリント・イーストウッドの監督作品『父親たちの星条旗』と『硫黄島からの手紙』を論じた「イーストウッドの戦争」は、監督が勧善懲悪を超える大衆向けの戦争映画を撮ったことに、大いなる敬意を表している。「魅惑のナルシシズム――レニ・リーフェンシュタール」では、ナチスのお抱え映画作家ならびに写真家の奇妙な生涯と作品に思いを巡らす。「邪悪な政権に加担した芸術家の作品は真の芸術と呼べるのか」「芸術を政治や社会と切り離して評価できるのか」といった厄介かつ重要な芸術論が繰り広げられる。

エッセイ「愚か者、臆病者、それとも犯罪者?」は、鬼才マルセル・オフュルスの忘れかけられたドキュメンタリー映画『正義の記憶』を評論する。ナチスの戦争犯罪を含む二〇世紀の国際紛争における非人道行為をテーマにした映画だ。オフュルスはその中で、ブルマのエッセイでも頻繁に登場する「誰もが戦争犯罪人になり得るのか」という馴染みの問いかけを、全編を通して突き詰めていく。実にブルマとオフュルスは、世代こそ違うが情熱や興味を分かち合う同志なのだ。ブルマの批評が『ニューヨーク・レビュー』に掲載されると、フランスに住むオフュルスは「私の映画をよく理解してくれてありがとう」と感激の手紙を送ったが、それも何ら不思議でない。

少なくとももう一人、その映画への理解を共有する人物がいた。マーティン・スコセッシだ。オフュルスの『正義の記憶』は初公開が一九七六年だが、本文中にもあるようにそれが再び注目されたのは名作映画の収集家、修復家、擁護者としてのスコセッシの努力があってこそだった。そしてブルマは映画監督としてのスコセッシについても書いている。

映画『沈黙―サイレンス―』を批評した「日本――美しく、野蛮で、無言の国」だ。『沈黙』は一九八〇年代に遠藤周作の原作を読んで以来、必ずや映画化したいと願った監督が、紆余曲折の資金繰りを経て二〇一六年末にようやく発表できた作品だ。だが、アメリカでは評価が二分する傾向にあった。ネガティブな意見には「テーマが重すぎて共感できない」とか「拷問のシーンが生々しすぎる」といったものがあった。だがブルマは、その重さや生々しさこそが作品の普遍的な魅力になっていると指摘する。美しさの裏には残酷さがあり、また弱さの裏には高貴な自己犠牲もあるのだと。ブルマはこう評する。

「映画『沈黙―サイレンス―（*Silence*）』は一見、偉大な宗教絵画のようだ。松明や月の光で作られる明暗法（キアロスクーロ）、血と暴力の醸し出す、恐ろしくも美しい精神性の表現。カラヴァッジョのように、かつて司祭になりたいと願い、少年の日、ミサで司祭の侍者を務めたこともあるスコセッシは、最も神聖さからかけ離れた状況にも、福音の精神を注入できる、類い稀な能力を持っている。ニューヨークの中心から、一七世紀の日本の拷問部屋まで、そんな精神の発露は場所を選ばない。彼の手にかかれば、死刑が執行されて、切断された頭が砂地に血痕を残す様子でさえ、官能的に見えてしまう」

「宗教画」に凍結された残酷の瞬間はまた、それがどこでも起こり得るという意味で、ハンナ・アーレントがナチス戦争犯罪人アドルフ・アイヒマンの裁判で述べた「悪の凡庸さ」に通じると言えよう。そんな「悪の凡庸さ」がより際立つのが「インドネシアの凶暴な謎」だ。これは一九六五年から一九六六年に繰り広げられたインドネシア大虐殺をテーマにしたドキュメンタリー映画、ならびに小説を批評したエッセイだ。

近年ようやくインドネシア国内でも語られるようになったこの出来事を通して、ブルマはまたしても「歴史」をどう「記憶」するかという問いを提起する。大虐殺では、政府から殺しのライセンスを与えられたならず者たちが、「共産党員」と目された人々を、あらゆる残虐な方法で拷問し、殺害した。その殺人者たちは罰せられることもなく、かえって共産主義の毒牙から国を救った英雄として讃えられ、その後の人生を送ってきた。罪の意識の欠如からか、彼らは四〇年以上前に行った残虐行為の数々を、ほとんどの場合悪びれることもなくカメラの前で再現する。まさにどこにでもいそうな凡庸な人間、どこにでもありそうな凡庸な生活の表面下から、想像もつかないようなどす黒い「悪」が何ともなしに正体をちらつかせる瞬間だ。

そんなどす黒さを芸術として昇華させようとした試みが日本の前衛芸術だという見方を、ブルマは「東京の執着」で掘り下げる。ＭｏＭＡ（ニューヨーク近代美術館）で行われた展覧会をきっかけとして執筆されたこのエッセイは、またブルマ自身の日本体験と大いに呼応する。

「日本映画や演劇を研究する物好きなオランダ青年」というある種の外国人特権を活か

し、ブルマは日本滞在中、寺山修司、土方巽、唐十郎などエッセイに登場する数々のアーティストに知己を得た。彼らすべてに多かれ少なかれ影響を受けたが、中でも唐十郎との関わり合いは深く、「状況劇場」には旅公演に俳優として参加するまでのめり込んだ。そのあたりの経緯はブルマの青春記で最新作の『東京ロマンス（*A Tokyo Romance*）』（未邦訳）に詳しい。

その頃から現在まで一貫して言えることは、ブルマが日本のアバンギャルドシーンを「東洋的」とも、「エキゾチック」とも捉えなかったことだろう。ブルマが惹かれたのは、人間のおどろおどろしさ、醜さ、恐ろしさをも芸術で表現しようとしたアーティストたちの気概であり、彼らの生きる時代の精神だった。だが、そんな創造的活力に満ちた時代は長くは続かなかった。日本社会は冷戦構造の庇護の下に、異例の高度経済成長を成し遂げた。国民の多くは、前衛芸術家たちが場合によっては三島のように命がけで抵抗しようとした順応主義の安定の中に生きることを選んだのだった。

Ⅲ　政治と旅

インドネシア大虐殺と日本の前衛芸術の終焉を引き継ぐかたちで、このエッセイ集も徐々に現代政治の色合いが濃くなっていく。冷戦という「不安定な基盤の上に立てられた安定」が崩れ去った後、何が起こったのだろうか。

第Ⅲ部は、ポスト冷戦の世界を見る時事分析家としてのブルマのエッセイが集められている。いまだに二つの共産主義国家を宿す東アジアでは、ソヴィエト帝国の崩壊にもかかわらず、少なくとも軍事外交面では冷戦構造が継続している。それでも冷戦は世界の大部分で終結し、そのことが国際政治にもたらした影響は計り知れない。ブルマは通り一遍の政治分析をするのではなく、多角性と意外性に富んだ切り口はそのままに、旅人として、インタビュアーとして、文学や建築論なども交えてエッセイを展開する。

ブルマがポスト冷戦を語るにおいて、ジョン・ル・カレは格好のスタート地点を提供する。日本でもファンが多いこの英ベストセラー作家は、一般的には冷戦スパイ小説で知られている。興味深いのは、その作品の多くの舞台となった冷戦が終わった後、彼の世界観がどう変わっていったかだ。

「ル・カレのもう一つの冷戦」は、自叙伝的随筆集とアダム・シスマンによる伝記を中心に、冷戦とは何だったのか、またこれから世界はどこに行くのかを問う。ル・カレにとっての冷戦は大英帝国の黄昏時、イギリスがアメリカとの同盟によってまだ世界の秩序を良い方向に左右できるかもしれないと考えた、恐ろしくも希望のある時代だった。それが冷戦終結でアメリカひとり勝ちの時代が到来し、イラク戦争などのまずい対外政策が「せっかく冷戦で手にした平和を台無しにしてしまったのだ」とル・カレは述べる。

彼の対米嫌悪は、アメリカにへつらい追従する自国イギリスに向ける嫌悪とも重なる。ブルマの見解では、ル・カレは「イギリスにしろアメリカにしろ、もっとうまくやれたはずだと信じている」のだ。このエッセイはアメリカ政治の未来、英米同盟の未来が大きく揺れた二〇一六年秋に『ネイション』誌に発表されたが、問題はいまだ現在進行形といった感がある。

東西の緊張が高まった冷戦期には米ソのチェスボードの駒と擬えられた中東もまた、グローバル・テロリズムを筆頭に、大混乱の様相を見せている。だが、アラブ・イスラエル紛争に関しての米政策と言えば、イスラエル偏重の冷戦時代をそのまま引きずっていると言えるだろう。「夢を奪われて」は二〇一〇年から二〇一一年にかけてエルサレムに短期滞在した折のルポルタージュとして書かれた、パレスチナ問題を扱った小品である。ここでまた見えてくるのは「アラブ」にしろ「パレスチナ」にしろ「イスラエル」にしろ、それぞれを定義して理解するのがいかに困難かという点だ。

ラマラのレストランで働くアメリカ国籍を持ったキリスト教系パレスチナ人女性、ウェスタンに出てくるカウボーイさながらに拳銃でアラブ住民の土地を奪う南へブロンのイスラエル入植者たち（中にはイスラエルに帰化したヨーロッパ人も見られる）、パレスチナ人のボーイフレンドからアラブの窮状を知り救済活動を行うゲイのイスラエル人配管工、良心の呵責と自国への疑念に苛まれ、東エルサレムのアラブ系住民立ち退きに抗議するイスラエル人の大学生や知識人たちなどなど、エッセイの登場人物は様々である。それはまた、イスラエルのように結束していると思われがちな国家でさえ、その社会は一枚岩でないことを裏付けている。

そんな中、一筋の希望の光としてアルクーツ大学の学生たちが紹介される。エッセイ執筆時は建設が開始されたばかりで、学生たちが熱心に議論していた近代都市ラワビは、その後どうなったのだろう。「パレスチナ人によるパレスチナ人のため」のラワビ建設は、イスラエルとの妥協を恐れるパレスチナ人からも、テロを警戒するイスラエル入植者のいずれからも反対された。実質面でも水道確保や、イスラエルのチェックポイントがもたらす厳しい交通事情、道路の整備など様々な困難がつきまとった。それでも二〇一七年までには数千人のパレスチナ住民が移住するに至ったという。時間はかかったが、ひとまずは「このままではいられない」と、文字通り建設的な行動に打って出たパレスチナ人有志のイニシアティブを肯定する結果となった。

「このままではいられない」とは感じても、さてどうやって変えるのか、変わりたいのかを考えると、先が見えない場合も多い。まさに「日本の悲劇」で描かれる東日本大震災後の日本が、その最たる例だろう。これはおそらく著者が日本の読者に特に読んでもらいたいと願っている作品で、解説をするまでもなくそのまま心に響く内容だと思われる。

「ヨーロッパの首都より」もまた、様々な思惑や「このままではいられない」という焦燥感を反映したルポルタージュの秀作だ。著者は二〇一五年の秋に、ベルギー王立フランダース芸術科学学士院に招聘され「ヨーロッパの未来を考える」プロジェクトを牽引した。ブリュッセルは、まさにそんな思考を巡らせるのにうってつけの場所だった。醜さと美しさ、開放感と閉塞感といったコントラストが織りなす街の雰囲気が、著者の辿る散歩道の景色、建築などを通して非常に良く伝わってくる。

建築的視点から見たテーマパークとしてのアジアを論じる「アジア・ワールド」も、長年の旅やインタビュー経験からの考察が豊富で、様々な風景を感じ取れる異色の政治分析だ。アジア内外を問わず広く読まれるべきエッセイである。なお、ここで述べられている平壌の超高層ビル、柳京ホテルはドイツ資本の参入でオープンに漕ぎ着けるかとも言われたが、その話も立ち消えになり、二〇一八年現在では一部オープンの噂があるものの、未完成のままになっている。中国の円明園もまたしかり、建築物自体の再築はいまだ行われていないようだ。

本書の最終演目は、一番最近に書かれた「英米同盟の終焉」だ。この作品は二〇一六年一一月末、ドナルド・トランプが米大統領選挙に勝利した直後に『ニューヨーク・タイムズ』日曜版の表紙を飾り、大いに話題になった。ブレグジットとトランプ当選を経て、世界スケールで問われる「我々はどこに行くのだろう」という問題を提起している。それはまさしくル・カレの言うところの、冷戦で「勝った」はずの、「もっとうまくやれた」はずの西側諸国と、その軸となっていた英米同盟に直接関係している。

ヨーロッパ大陸とイギリスの両方にルーツを持つブルマはブレグジットに幻滅し、個人的な使命感からこの作品のための取材を開始したのだが、それに追い打ちをかけるようにトランプ当選のニュースがあった。それは著者の様々な不安を激増させる出来事だった。元来は自由民主主義国家と信じられてきたアメリカ、イギリス、オランダ、フランス、イタリア、オーストリアなどにも、排他主義や右傾化の波が押し寄せている。極右のノルベルト・ホーファーは、二〇一六年末のオーストリア大統領選で大接戦の末敗北を喫したが、すでに次回の出場に意欲的だ。

エッセイで特に強調されるのは、そのような変化が起こっているのにもかかわらず、人々がいかにその兆候に無関心であったり、警戒心がなかったり、現実逃避的であったりするかという点だ。その雰囲気は、著者に他でもない、ワイマール共和国の失敗を想起させるのだ。

エッセイ執筆以降の主たる変化と言えば、ドナルド・トランプの盟友として登場するブレグジットの立役者ナイジェル・ファラージの立ち位置だろうか。ファラージは国民投票での勝利を機にイギリス独立党（ＵＫＩＰ）党首の座から退き、私人の生活に戻った。だがいまだに「トランプに一番近いイギリス人」と目されワシントンを頻繁に訪れるため、英米メディアはその動向を見守っている。

二〇一八年二月に独立党首ヘンリー・ボルトンが辞任に追い込まれると、いよいよファラージが党首に返り咲くかと噂された。しかし、本人にその気はまったくないようで、『ニューヨーク・タイムズ』掲載の最新プロフィール記事によれば、目下の最大の興味は「ブレグジットへの道のり」を、ハリウッドで映画化することにあるという。そのような着眼点は、まさにポピュリスト政治家としてのファラージの資質を示すものであり、またブレグジットやトランプイズムが反エリート主義に突き動かされているとするブルマの考察を肯定するものでもあるだろう。

一方、フランスの極右政治家で国民戦線党（ＦＮ）党首のマリーヌ・ルペンは、二〇一七年の大統領選挙決選投票でエマニュエル・マクロンに敗北を喫した。それを受けて他政党との連携や党名変更などによる政権奪取の方法を全力で模索しており、このまま引き下がる様子はない。

右傾化は一時の勢いを失い、失速しているとする向きもある。だが、その台頭を後押しした欧州の経済問題、移民問題などに対する根本的な解決策が示されない限り、極右の政治信条はある層の人々にとって、ますます魅力的になるであろう。そして西ヨーロッパだけに留まらず、ハンガリー、インド、フィリピンなどにおいて、政治の右傾化はますます地域的な広がりを見せており、世界的な現象になりつつあるとも言える。

さてここで読者が忘れてはならないのは、日本とて例外ではないということだ。関係ない話ではないのだ。本書掲載エッセイの「日本の悲劇」でも詳しく述べられているように、日本は民主主義国家とはいえ政治的な抗議が異端視されやすく、反対意見が聞こえにくい社会である。その結果、安全保障や原子力発電の将来、移民問題、女性問題、その他様々なマイノリティー問題などについて徹底的に議論する場に欠けている。主流メディアでさえそれを率先して行わないことも、由々しき問題である。

既存の体制を揺るがしかねない話題であればあるほど、民主主義に必要不可欠であるオープンな話し合いを素通りする傾向にある。たとえ問題意識を持った勇気のある人が声をあげたとしても、その声をヘイトスピーチというさらに大きな怒号で押しつぶす、という悪循環が、昨今ますますエスカレートしているようだ。ここら辺で日本例外主義の幻想と決別し、自ら考え、聞き、議論するという努力を一人一人の日本人がしなければならないのだと思う。

右傾化や排他主義といった世界規模の問題を「対岸の火事」としてではなく、このようなエッセイを通して客観的に見据え自国の社会に当てはめて考える眼を培うことが、今の日本に、特に必要なのではないだろうか。

*

二〇一七年三月二〇日に、短い闘病生活を経て『ニューヨーク・レビュー』誌の編集長ボブ・シルバースが八七歳で亡くなった。病院のベッドでも次号に載せる作品を気にしていたということで、まさに生涯現役を全うしたのだった。この本に掲載されたイアン・ブルマによるほとんどのエッセイを編集し、出版したのはシルバースだった。ここでは、ブルマの作家人生に多大な影響を与えたシルバースと『ニューヨーク・レビュー』という月に二回刊行される雑誌について、馴染みの薄い日本の読者のために少し述べておきたい。

『ニューヨーク・レビュー』の創刊は一九六二年から六三年にかけての冬に、印刷工のストライキによって『ニューヨーク・タイムズ』をはじめとする多くの新聞が四ヶ月もの間、休刊に追い込まれたことに端を発している。当時出版業界で活躍していたシルバースを含む仲間がディナーパーティーで思いついたのが、「新聞が読めないのだったら、優れた文芸評論やジャーナリズムを発表する雑誌を自分たちで作ってしまおう」ということだった。そうしてW・H・オーデン、ウィリアム・スタイロン、ローバート・ローウェル、ゴア・ヴィダル、ノーマン・メーラー、エリザベス・ハードウィックといった錚々たるメンバーの寄稿で一九六三年二月には創刊号が発表されるに至った。

書評にこだわらず、オリジナルの文芸作品や詩、科学・経済・政策評論、ルポルタージュなど、常に話題を先取りし、それを洗練された文体で提供する『ニューヨーク・レビュー』は、瞬く間にインテリ層必読の評論誌としての地位を築き上げた。その重要性は時代とともに増していった。

たとえばイラク戦争勃発前には、そこから派生するであろうイラクの分裂や過激派テロリズム蔓延の問題をいち早く指摘していた。『ニューヨーク・タイムズ』や他の主要メディアが一様にブッシュ政権に追随していた中で、アメリカの良識を体現する言論姿勢が高く評価された一件だった。そのぶれない姿勢こそが、この雑誌が『ニューヨーク・レビュー・オブ・ブックス』という正式名でなく、『ニューヨーク・レビュー』、あるいは単純に『レビュー』という通称で信頼され、愛される理由である。

二〇〇六年に、当初から『レビュー』の共同編集長を務めていたバーバラ・エプスタイン（『アンネの日記』を世に出したことで知られる）が亡くなると、シルバースは単独で重責を担うことになった。社交家の彼は、仕立ての良いスーツに身を包んで様々なパーティーに顔を出すものの、ふと気づくとするっと抜け出し、真夜中でもタクシーでオフィスに戻るため、その仕事ぶりが伝説となっていた。衰えることのなかった好奇心、どんなに入り組んだ問題でも論点を直ちに見抜く鋭さ、考える人間としての責任感、そして編集に寄せる情熱は多くの作家を魅了し、彼ら、彼女らの『ニューヨーク・レビュー』への忠誠心を培った。

そんな晩年のシルバースの様子はスコセッシ監督による二〇一四年公開のドキュメンタリー『ニューヨーク・レビュー・オブ・ブックス　50年の挑戦』に淡々と、かつ感動的に描かれている。この映画には、ブルマもレギュラー寄稿者として登場する。一九八四年、香港で『ファー・イースタン・エコノミック・レビュー』誌の文化部編集長としてアジアを駆け回っていたブルマに、ドナルド・キーンの著作を批評しないかとシルバースから打診があったのが二人の密接な関係の始まりだった。

その後ブルマは『スペクテーター』誌の国際編集長に任命されてロンドンにベースを移し、その後もベルリンの高等学術研究所やワシントンD・Cのウィルソン・センターに籍を置き本の執筆に励んだり、フリーランスのジャーナリストとして様々な雑誌や新聞に作品を発表したりと、世界を転々としていた。

そんな慌ただしい生活の中でも、執筆家としてのブルマの知的、精神的錨は、常に『ニューヨーク・レビュー』ならびにボブ・シルバースとともにあり、何かに着想を得ればまずシルバースに電話で相談し、それはほぼ間違いなくここに収められたエッセイのような作品となって『レビュー』上で発表されるのだった。

二〇〇三年から、ブルマは米バード大学で教鞭を執るためニューヨークに移住し、シルバースとの関係は物理的な距離が縮まったことで、より強固なものとなった。電話をする代わりにオフィスに出向いたり、ランチやディナーをともにしたりすることでアイディアを交換する機会が増えた。シルバースの死去に際しブルマが『レビュー』に寄せた言葉にこうある。「ボブには曖昧な思考を指摘する鋭さがあった。彼の類い稀な才能はその明快さだった。「もっとしっかり考えなければ」とこちらが思わされるのだ。

彼の雑誌には、フワフワの、漠然とした「抽象概念」に割くスペースなどない。彼が求めるのは具体例であり、説明であり、確固とした考えだった。ボブがこの上なく理想的な読者であったために、書く方も彼を喜ばせようと必死になり、結果、それがより良い書き手を作るのだった」。ここに集められたエッセイは、ブルマとシルバースの長年にわたる「コラボ」の断面図と言ってもよいかもしれない。

この邦訳作品集の準備に取り掛かった矢先、残念ながらシルバースは亡くなってしまったが、それでも二人の関係はブルマの執筆活動を超えた分野で続けられている。二〇一七年九月より、ブルマは『ニューヨーク・レビュー』の編集長に就任し、偉大な遺産をどう継承し、また必要とあらば改良していくか、日々楽しみながらも奮闘している。

期せずしてオフィス通いのサラリーマンとなった現在でも、限られた時間には新聞のコラムや美術展のカタログエッセイなどの執筆活動を継続し、新作のプロモーションに奔走し、次回作の構想も練っている。ブルマの筆の速さと、それに影響されない作品の質の高さには、一読者として、また創作過程を目の当たりにする妻として、素直に脱帽させられるが、その一方で遅筆の我が身を呪い、焦燥感を募らせることにもなる。

今回の翻訳も作業が思うように進まず苦労したが、学びも大きかった。中でもエッセイストとしてのブルマを育てたボブ・シルバースの存在の大きさを改めて感じたことが心に残る。ここに収められたエッセイは、読み進むうちに論点をすり替えたり、読者をけむに巻いたりすることが決してない。それはやはりブルマが「この上なく最良の読者」をシルバースの中に見出したからこそであろう。原文の独特のスタイルを忠実に翻訳するには限りがあると思われるが、各エッセイに息づく明瞭さ、明快さが織りなすリズムの一端でも日本の読者に伝えることができたのであれば幸いだ。

本書の発案、翻訳、編集、出版すべての過程において、人文書院の赤瀬智彦氏にご尽力いただいた。その惜しみないご苦労に深い感謝を表したい。また草稿や原典のチェックなど、多忙にかかわらず快く引き受けてくれた母、堀田公子に改めて感謝を述べる。

［著者紹介］

イアン・ブルマ Ian Buruma

一九五一年、オランダ・ハーグ生まれ。ライデン大学で中国史、中国語を修めた後、文部省留学生として日本大学芸術学部に留学し日本の演劇、映画を研究。時事分析、文芸評論、政治など多岐にわたる分野で国際的に定評のある著述家で、現在は『ニューヨーク・レビュー』の編集長も務める。二作の小説を含む一七の著作には『戦争の記憶 日本人とドイツ人』（ＴＢＳブリタニカ、一九九四年）、『近代日本の誕生』（ランダムハウス講談社、二〇〇六年）、『廃墟の零年 １９４５』（白水社、二〇一五年）など二〇世紀日本に関連する著書も多い。二〇〇八年、ヨーロッパ文化、社会、学術への貢献を評されエラスムス賞を受賞。二〇一八年、アメリカ文学芸術アカデミー外国人名誉会員ならびにアメリカ芸術科学アカデミー会員に選出される。

©Merlijn Doomernik

［訳者紹介］

堀田江理（ほった・えり）

一九七一年、東京生まれ。プリンストン大学歴史学部卒業。オックスフォード大学より国際関係修士号、同博士号を取得。オックスフォード、国立政策研究大学院大学、イスラエル国立ヘブライ大学などで研究、執筆活動を継続し*Japan 1941: Countdown to Infamy*ならびに邦訳『１９４１ 決意なき開戦 ―― 現代日本の起源』（人文書院、二〇一六年）を上梓。このほか著書に、アジア主義思想と近代日本の対外政策決定過程に迫る*Pan-Asianism and Japan's War 1941-1945*がある。日英米メディアにコラムや書評などの寄稿を多数、行っている。

二〇一八年七月二〇日　初版第一刷発行
二〇一八年七月三〇日　初版第一刷発行

暴力とエロスの現代史
――戦争の記憶をめぐるエッセイ

著　者――イアン・ブルマ
訳　者――堀田江理
発行者――渡辺博史
発行所――人文書院
〒六一二-八四四七
京都市伏見区竹田西内畑町九
電話　〇七五（六〇三）一三四四
振替　〇一〇〇〇-八-一一〇三
装　丁――間村俊一
印　刷――創栄図書印刷株式会社

ISBN978-4-409-51078-0　C0022